中國史學基本典籍叢刊

宋史全文

二

汪聖鐸 點校

中華書局

宋史全文卷七上

宋仁宗一

癸亥天聖元年春正月丙寅朔，皇太后詔改元，上讀詔，號泣者久之，謂左右曰：「朕不忍遽更先帝之號也。」自宋興，而吴、蜀、江南、荆湖、南粤皆號富强，相繼降附，太祖、太宗因其畜藏，守以恭儉簡易。方是時，天下生齒尚寡，而養兵未甚蕃，任官未甚冗，佛老之徒未甚熾，外無夷狄金繒之遺，百姓亦各安其生，不爲巧僞放侈，故上下給足，府庫羡溢。承平既久，户口歲增，兵籍益廣，吏員益衆，佛老夷狄耗蠹中國，縣官之費數倍昔時，百姓亦稍縱侈，而上下始困於財矣。三司使李諮嘗奏事兩宫，言：「戍兵雖未可減，其末作浮費，宜一切裁損。」鹽鐵判官俞獻卿亦言：「天下穀帛日益耗，物價日益高，稻苗未立而和糴，桑葉未吐而和買。自天禧以來，日侈一日，宜與公卿大臣朝夕圖議而救正之。」上納其言。癸未，命御史中丞劉筠、提舉諸司庫務薛貽廓與三司同議裁減冗費。

講義曰：我朝之財始蠹於天禧、祥符，再蠹於寶元、慶曆。自禱祠之事興，而宫室之役起，内之帑藏稍已空竭，則省浮費之策，不得不申明於天聖之年也。自元昊叛於西，契丹擾於北，外之財用不免告匱，則節冗費之說，不得不條畫於慶曆之日也。

庚寅，計置司考茶法利害，請行貼射之法。以淮南十三場茶買賣本息，併計其數，罷官給本錢，使商人與園户自相交易，一切定爲中估，而官收其息。然必輦茶入官，隨商人所指而與之，給券爲驗，以防私售，故有貼射之名。

筆談曰：「舊傳茶有三說：見錢爲一說，犀角香藥爲一說，茶爲一說，此乃三說法。予在三司，求爲三說，乃是博糴、便糴、直便爲三說。博糴者，極邊糧草；便糴者，沿邊糧草；直便者，商人取便於沿邊入納見錢，於京師請領。」〔一〕自虛估之利入於商賈，而後行貼射之法。自邊糴償於見錢，府藏不繼，而後復用三說之法。然貼射之法雖通商，而官實盡其利，三說之法雖官鬻，而商實受其利。二法俱弊，而後以歲課均之茶户焉。夫以一歲之息均賦茶户，恣其賣買，所以均民力也，所以惠商賈也。官則無濫朽腐敗之弊〔二〕，茶則無草木塵煤之雜，其法善矣。然向時摘山者受錢於官，今使之納錢於官，向時冒法販禁者被罰，令均賦於民〔三〕，賦不得入，刑亦及之。向時商賈貿遷，州縣收其稅，今商賈不行則稅額不登，國用亦乏。夫其法方行於嘉祐之四年，而其害亦見於嘉祐之五年劉敞之疏〔四〕。又其後也，茶租猶故，榷法復生，此楊中立所以痛心於崇寧之變法也〔五〕。

三月，司天監上新曆，賜名崇天。保章正張奎、靈臺郎楚衍等所造也。

夏四月，上初即位，丁度上書論六事：一增勸講官。二增諫員。三補蔭用大功以上親。四選河北、河東役兵補禁軍。五籍令佐墾田爲殿最。六凡緣公事坐私罪杖者聽保任遷官。又嘗獻王鳳論於皇太后，以戒外戚云。

五月癸亥朔，太常博士鞠詠、王軫法當磨勘，審官引對，上閱其治狀，並除監察御史。

秋八月，太常博士曹修古爲監察御史，孔延魯、劉隨並爲左正言。延魯初爲寧州軍事推官，有蛇出天慶觀真武殿中，一郡以爲神。州將帥官屬往奠拜之，延魯以笏擊蛇，碎其首，觀者莫不歎服。後知仙源縣，主孔氏祠事。孔氏故多縱放者，延魯繩之以法。修古上四事，曰行法令，審故事，惜財力，辨忠邪，辭甚切至。甲寅，有芝生於天安殿柱，召輔臣觀之。監察御史鞠詠言：「陛下新即位，河決未塞，霖雨害稼，宜思所以應災變。臣願陛下以援進忠良、退斥邪佞爲國寶〔六〕，以訓勸兵農、豐積倉廩爲天瑞，草木之怪何足尚哉。」先是，錢惟演自河陽赴亳州，因朝京師，圖入相。詠奏惟演憸人，嘗與丁謂爲婚姻，緣以大用。後揣知謂姦將敗露，懼牽連及禍，因出力攻謂。今若遂以爲相，必大失天下，望太后遣内侍持奏示之。惟演猶顧望不行。詠語左正言劉隨曰：「若相惟演，當取白麻廷毀之。」惟演聞乃亟去。馮拯病，太后有復相王欽若意。上嘗爲飛白書王欽若字，太后因取字緘湯藥合，遣中人齎以賜，且口宣召之。

九月丙寅，馮拯罷爲武勝節度使、判河南府，欽若守司徒兼門下侍郎、平章事。拯爲相，氣貌嚴重，宦者傳詔至中書，不延坐。欽若再入中書，謂平時百官叙進皆有常法，爲叙遷圖以獻，冀便省覽。然欽若亦不復能大用事如真宗之時矣。戊寅，召輔臣於崇政殿西廡，觀馮元講論語，仍賜御飛白書。

閏九月戊戌〔七〕，寇準卒於雷州。初，太宗嘗得通天犀，命工爲二帶，一以賜準。及是，準遣人取自洛，既至數日，沐浴具朝服，束帶，北面再拜，呼左右趣設臥具，就榻而没。歸葬西京，道出荆南公安縣，人皆設祭於路，折竹植地，掛紙錢焚之。踰月，枯竹盡生笋，衆因爲立廟，號竹林寇公祠。癸丑，詔審官院，自今知州軍同判知縣人，並引對於便殿。

十一月，知漣水軍鄧餘慶受枉法贓〔八〕，三陽寨主荆信監倉自糴粟，監興平縣酒税何承勛、進賢鎮鹽酒税易著明並自盜官物，各杖脊，配廣南。壬寅，詔以餘慶等罪狀申警群吏。初，蜀民以鐵錢重，私爲券，謂之交子，以便貿易，富民十六户主之。其後富者稍衰，不能償所負，争訟數起。大中祥符末，薛田爲轉運使〔九〕，請官置交子務，以榷其出入。戊午，詔從其請，始置益州交子務。

吕中曰：此楮幣之始也。然其有錢以行楮，有楮以權錢，子母均通而無偏重之患。故民視錢猶楮，視楮猶錢。今則爲是幣而初無是錢，以虚架虚，宜乎楮幣之不行也。

十二月，江州民陳蘊聚居二百年，食口二千，而蘊年八十，且有行義，州以聞。上曰：「良民一鄉之表，旌之則爲善者勸矣。」授蘊本州助教。

甲子天聖二年春正月，命御史中丞劉筠等四人權知貢舉。戊申，吏部銓引對選人，前東鹿縣尉王得説歷官寡過，書考最多，而無保任者，上察其孤子，特擢爲大理寺丞。賈積善者十四考無公私過，雖無舉主，特擢爲京官。

二月乙酉，工部侍郎、知徐州李應機坐前知兖州貪暴不法，降授將作監分司南京。上曰：「外臺耳目所寄，當職靡言，咎將誰執？」丙戌，詔轉運使劉明恕、李允元、提點刑獄尚霖、郭位各贖銅二十斤。

三月，先是，上封者言：「經學不究經旨，乞於本科問策一道。」至是，對者多紕繆，帝以執經肄業，不善爲文，特令取其所長，用廣仕路。癸卯，王欽若等上真宗實録一百五十卷。乙巳，御崇政殿賜宋郊、葉清臣、鄭戩等一百五十四人及第、四十六人同出身。不中格者六人，以嘗經真宗御試，特賜同三禮出身。丙午，又賜諸科一百九十六人及第，八十一人同出身。郊與其弟祁俱以詞賦得名，禮部奏祁名第三，太后不欲弟先兄，乃推郊第一而置祁第十。劉筠得清臣所對策，奇之，故擢第二。國朝以策擢高第，自清臣始。

秋七月，遣殿中侍御史王碩、内殿押班朱緒點檢山場所積茶〔一〇〕。初，朝廷既用李諮等貼射法，行之期年，豪商大賈不能軒輊爲輕重，而論者或謂邊糴償以見錢，恐京師府藏不足以繼，争言其不便，會江淮制置司言：「茶有滯積壞敗者，請一切焚棄。」朝廷疑變法之弊，下書責計置司，因令碩等行視。既而諮等條上利害，願力行之，無爲流言所易。於是詔有司榜諭商賈，以推行不變之意。監察御史張逸爲益州路提點刑獄、勸農使。逸先知襄州鄧城縣，有能名，知州謝泌將薦逸，先設几案置章其上，望闕再拜曰：「老臣爲朝廷得一良吏。」乃奏之。

八月己卯，幸國子監，謁先聖文宣王，召直講馬龜符講論語。已而觀七十二賢贊述，閱三禮圖，問侍講馮元三代制度。又幸昭烈武成王廟。壬午，翰林學士承旨李維等請加上真宗謚曰文明武定章聖元孝。詔恭依。

十一月乙未，朝享玉清昭應宫、景靈宫。丙申，享太廟。丁酉，合祭天地於圜丘，大赦。乙巳，立皇后郭氏。

乙丑天聖三年春二月，禮部員外郎蔡齊、直史館章得象並知制誥。初，召齊等試中書，上閱其試文，謂宰臣曰：「兩制詞臣以文章爲職業，然須才識周敏，操履端方，乃可副朝廷中外任使也。」

夏四月，劉曄知河南府〔一〕。曄，先世代郡人，後魏遷都，因家河南。唐末五代之亂，衣冠舊族世系無所考〔二〕，惟劉氏自十二代祖北齊中書侍郎環雋，至曄十一世，皆葬河南，而世牒具存。曄嘗權發遣開封府事，獨召見，太后問曰：「知卿名族，欲一見卿家譜，恐與吾宗同也。」曄曰：「不敢。」他日數問之，曄無以對，因爲風眩仆而出，乃免。

五月己亥，賜杭州隱士林逋粟帛。

秋八月，知益州薛田言〔三〕：「本州解發舉人，自張詠以來，例給館券至京師。今得三司移文，乃責吏人償所給官物，恐非朝廷之意。」上曰：「漢貢士皆郡國續食，今獨不能行之遠方邪？其令悉蠲之。」李諮等既條上茶法利害，朝廷亦牓諭商賈以推行不變之意。然論者又争言其不便。辛未，命孫奭、夏竦、盧士倫、王碩、盧守懃再加詳定。

九月，詔見任並帶職京朝官磨勘，更立四年之限。

冬十月，翰林學士晏殊爲樞密副使。庚午，宰臣王欽若爲譯經使。

十一月，孫奭等言：「十三場茶積未售六百一十三萬餘斤，蓋許商人貼射，則善茶皆入商人，其入官者皆粗惡不時，故人莫肯售。又姦人倚貼射爲名，强市盜販，侵奪官利。其弊如此，不可不革。請罷貼射法，官復給本錢市茶，而商人入錢以售茶者宜優之。」庚辰，詔從奭等議。自是河北入中復用三説法，舊給東南緡錢者，以京師榷貨務錢償之。戊申，王欽若卒。皇太后臨奠，録親屬及所親信二十餘人。國朝以來，宰相恤恩未有欽若比者。欽若狀貌短小，項有附疣，時人目爲癭相，性傾險，敢爲矯誕，太后以先朝所寵異，故復命之。

十二月癸丑，樞密副使、尚書右丞張知白加工部尚書、平章事。國朝故事，叙班以宰相爲首，親王次之，使相又次之。樞密使雖檢校三師兼侍中、尚書中書令，猶班宰相下。乾興初，王曾由次相爲會靈觀使，曹利用由樞密使領景靈宮使，時以宮觀使爲重，詔利用班曾之上，然議者深以爲非。至是，曾進昭文館大學士、玉清昭應宮使，同集殿廬，將告謝，而利用猶欲班曾上，閤門不敢裁，帝與太后坐承明殿久，至遣押班江德明趣閤門。閤門惶惑莫知所出，曾抗聲目吏曰：「但奏宰相王曾等告謝。」班既定，利用鬱不平，帝與張士遜慰曉之。庚申，詔宰臣、樞密使序班如故事，而利用志驕，尚居次相張知白上。及聞召張旻於河陽爲樞密使，疑代己，始悔懼焉。殿前副指揮使楊崇勳嘗詣中書白事，屬微雨新霽，崇勳穿泥鞾直登階〔一四〕，曾領之，不以常禮延坐崇勳，退劾奏其失，送宣徽院問狀。翌日，對上請傳詔釋罪。太后問其故，曰：「崇勳武夫，不知朝廷之儀。舉劾者柄臣，所以振紀綱，寬釋者人君，所以示恩德，如此則仁愛歸於上，而威令肅於下矣。」癸亥，徙丁謂雷州司户參軍。

丙寅天聖四年春正月己亥，命知制誥章得象、侍御史知雜事韓億與吏部流内銓南曹同試百司人。上因曰：「比閱天下奏，吏出職者多敗官，何也？」王曾曰：「士人入流，必顧廉耻。若流外則畏謹者鮮。州縣雖卑，然最近於民，宜少澄其原。」乃詔得象等精加考試。

二月，詔官吏犯贓至流，而按察官不舉者，並劾之。壬戌，遣官祀九宫貴神。上問古今樂之異同，王曾曰：「古樂用於天地、宗廟、社稷、山川、鬼神，而聽者莫不和悦。今樂則不然，徒娱人耳目而蕩人心志。自昔人君流連荒亡者，莫不由此。」上曰：「朕於聲技，固未嘗留意，内外燕遊皆勉强爾。」

夏四月，還知寧州楊及所獻繡佛。初，及因乾元節來獻。上謂輔臣曰：「及佞人也，民安政舉乃守臣之職，焉用此爲！」江州言：「太平興國真君觀有盜神像金冠者，請更製。」上曰：「觀僻在山谷間，而以金爲冠，是誨人爲盜。宜代以銅而金塗之。」王曾退言：「慮民抵罪，而易金以銅，可謂仁矣。」

五月，判刑部燕肅上奏曰：「唐決死刑，京師五覆奏，諸州三覆奏，自是全活甚衆。貞觀四年，斷死罪二十九，開元二十五年，才五十八。今生齒未加於唐，而天聖三年斷大辟二千四百三十六，視唐幾至百倍。望準唐故事，天下死罪皆得一覆奏。」下其章中書，王曾以爲：「天下皆一覆奏，則必死之人徒充滿狴犴，而久不得決。請獄疑若情可矜者聽上請。」壬午，詔：「天下死罪情理可矜，及刑名疑慮者，具案以聞，有司毋得舉駁。」己亥，詔：「舉人雖文辭可采，而操檢不修者，州郡毋得薦送。」

閏五月，定江淮歲漕米課六百萬石。初，景德中，歲不過四百五十萬石，其後益至六百五十萬石，故江淮之間，穀常貴而民貧，於是都官員外郎吴耀卿請約爲中制，然東南灾儉，輒減歲漕數，或巨萬，或數十萬，又轉移以給他路者有焉。甲子，詔輔臣於崇政殿西廡觀宋綬等讀唐書。上曰：「朕覽舊史，每見功臣罕能保始終者。若裴寂、劉文静皆佐命元功，不免誅辱。」王曾對曰：「寂等之禍，良由功成而不知退也。」詔增西川、廣南東西路諸州軍進士解額有差。又詔命官鎖廳應舉，自今更不先試所業。下第者免責罰，仍聽再舉。其歷任有贓私罪及停廢責降衝替未經叙用人，即不許應舉。舊制，鎖廳應舉者，先於所屬選官考試所業，方聽取解。至禮部程文紕繆者勒停，其不及格者猶贖銅，永不得應舉。至是，上欲開誘進士之路，下近臣參議，而降是詔。

六月庚寅，大雨震雷，平地水數尺，壞京城民舍，壓溺死者數百人。辛卯，上避正殿，減常膳。丁酉，德音：「降天下囚罪一等，徒以下釋之。」畿内、京東西、淮南、河北民田被水者蠲其租，流徙者所在撫存之。詔三司所在官物爲水漂失者，皆蠲除之。水之作也，宰執方晨朝未入，俄有旨放朝。王曾亟附中使奏曰：「天變甚異，乃臣等燮理無狀，豈可退安私室，恬然自處。」亟請入見，陳所以備禦之道。同列有先歸者，聞曾如是，皆愧服焉。時又傳言汴口決水，且大至，都人恐，皆欲東奔。上以問曾，曾曰：「河決恐未至此，第民間訛言，不足慮。」已而果然。

秋七月，罷永興軍、秦、坊等州新醋務〔一五〕。初，陝西轉運司置務榷之，請推其法天下。王曾曰：「榷酒蓋出於前代之不得已，未能省去，若又榷醋，則甚矣。」故罷之。辛未，詔：「兩川所造錦綺、鹿胎、透背、欹玉等歲減上供之半，其大小綾及花紗仍令改織絹以供邊費。」上嘗謂輔臣曰：「比以大暑罷講讀，適已召孫奭等説書。卿等公事退，可暫至經筵。」王曾曰：「陛下萬幾之暇，留意經術，雖炎暑不輟，有以見聖學之高明也。」

九月戊申，三司請市糴芻粟。上因問輔臣：「諸坊監牧馬幾何？」王曾對曰：「當今比五代馬多數倍，計芻秣費歲不下數百萬，蓋措置利害失其要。若以陝西蕃部入中馬立定數，餘聽民間市易，二三年間，必大蕃息，此與畜之外厩無異也。」上然之。辛未，廢襄、唐二州營田務，以田賦民，每頃輸税五分。壬申，命翰林學士夏竦、蔡齊、知制誥程琳等重删定編敕。帝問輔臣曰：「或謂先朝詔令不可輕改，信然乎？」王曾曰：「此憸人惑上之言也。咸平中删太宗朝詔令，十存一二，蓋去其煩密之文以便於民，何爲不可？今有司但詳其本末〔一六〕，又須臣等審究利害，一一奏稟，然後施行也。」上然之。

冬十月辛巳，出内藏庫緡錢二十萬，下京西路糴軍儲。

十二月，詔京城物價翔貴，其令三司出廩米，散置糴場數十，第取半價。民争赴之。凡出米六十萬斛。三司下畿縣買素食物料，提點公事張嵩以畿内灾歉，乞收糴於市〔一七〕。上問輔臣曰：「此何所用？」王曾等對曰：「御庖所須也。」上曰：「豈可以口腹擾民，其悉罷之。」

丁卯天聖五年春正月壬寅朔，上率百官上皇太后壽於會慶殿。癸丑，命樞密直學士、禮部侍郎劉筠權知貢舉。己未，詔：「禮部貢院比進士以詩賦定去留，學者或病聲律，而未得騁其才。其以策論兼考之。諸科毋得離摘經注以爲問目。」〔一八〕庚申，降樞密副使晏殊知宣州。先是，太后召張耆爲樞密使，殊言耆無勳勞，天下有私徇非才之議，太后不悦。於是從幸玉清昭應宫，從者持笏後至，殊怒，撞以笏，折其齒。監察御史曹修古、王沿等劾奏，殊坐是免。尋改知應天府。殊至應天府，乃大興學。范仲淹方居母喪，殊延以教諸生。自五代以來，天下學廢，興自殊始。

大事記曰：干父之蠱易，干母之蠱難。以太后親政之時，而晏殊、仲淹、修古之徒敢於忤旨，則直言之風雖奮發於慶曆之時，而實胚胎於天聖之初矣。

二月，知寧州楊及上所修五代史，上謂輔臣曰：「五代亂離，事不足法。」王曾曰：「雖然，安危之迹，亦可爲鑒也。」

三月，賜進士王堯臣等一百九十七人及第，八十一人同出身，七十一人同學究出身，二十八人試銜。丙寅，賜諸科及第並出身者六百九十八人。

夏四月，試特奏名進士、諸科同出身凡三百四十二人。辛卯，賜新及第人聞喜宴於瓊林苑，遣中使賜御詩及中庸篇一軸。上先命中書録中庸篇，令張知白進讀，至修身治人之道，必使反復陳之。壬辰，壽寧觀火。

六月，宰臣張知白言：「按五行志宮室盛則有火災。請自今罷不急營造，以答天戒。」上納其言。

秋七月，王曾等言：「夏秋大旱，毒氣中人，此洪範所謂僭常暘若也，皆臣等輔政無狀，以致厥咎。」上曰：「朕亦夙夜循省，其變豈徒然哉？當與卿等共修政事，以答天戒爾。」

八月，先是，司天監主簿苗舜臣等嘗言，土宿留參，太白晝見。詔日官同考定。日官奏：「土宿留參，順不相犯。太白晝見，日未過午。」舜臣等坐妄言災變被罰。監察御史曹修古言：「日官所定，希旨悦上，不足爲信。今罰舜臣等，其事甚小，然恐自此人人畏避，佞媚取容，以災爲福，天變不告，取損至大。」禁中以翡翠羽爲服玩，詔市於南越，修古以爲重傷物命。且真宗嘗戒採狨毛，故事未遠，宜罷之。時方崇建塔廟，議營金閣，費不可勝計，修古極陳其不可。壬申，修古出知歙州。

九月，陝西轉運使言：「同、華等州旱，蝗蝻蟲食苗。」秘閣校理謝絳上疏曰：「去年京師大水，今年苦旱，此皆大異也，宜下罪己之詔，修順時之令，宣群言以無壅，斥近倖以損陰。而聖心優柔，重在改作，號令所發，未聞有以當天心者。夫風雨寒暑之於天時，爲大信也。近日制命有信宿輒改，適行遽止，而欲風雨以信，其可得乎？」己未，知制誥程琳爲諫議大夫。權御史中丞宰相張知白最善琳，當除命，喜曰：「不辱吾筆矣。」琳上疏請罷諸土木營造，蠲被火郡縣逋租。

冬十月丙申，滑州言塞決河畢。

十一月，百官稱賀，遂燕崇德殿。自天禧三年河決，至是積九載乃復塞。始役既興，朝議以歲飢，將復罷。知州寇瑊言：「病民者特芻藁爾，幸調率已集，若積之經年，則朽腐爲棄物。」乃詔訖役。癸丑，合祭天地於圜丘，大赦，賀皇太后於會慶殿。

十二月，左正言、直史館孔道輔爲左司諫、龍圖閣待制，時使契丹猶未還，契丹優人以文宣王爲戲，道輔艴然徑出。虜使主客者邀道輔還坐〔一九〕，且令謝。道輔正色曰：「中國與北朝通好，以禮文相接。今俳優之徒侮慢先聖而不之禁，北朝之過也。道輔何謝？」虜君臣嘿然，又酌大巵謂曰：「方天寒，飲此可以致和氣。」道輔曰：「不和固無害。」既還，言者以爲生事，且開争端。上問其故，道輔曰：「契丹比爲黑水所破，勢甚蹙，每漢使至，輒爲侮慢，若不校，恐益易中國。」上然之。

戊辰天聖六年春正月，詔諸路提點刑獄朝臣交割本職公事與轉運使副。或言提點刑獄官過爲煩擾，無益於事故也。庚申，上封者言：「進士及第，本以辭藝進，而比來多乞賜子孫科名。又閤門祗候，太宗朝其員至少，今權要之家比援恩例，而濫進者多。請一切罷之。」從之，仍著爲令。

二月，同知禮院王皞言：「謚者，行之表也。善行有善謚，惡行有惡謚。蓋聞謚知行，以爲勸戒。近日臣寮薨卒，雖官品合該擬謚，其子弟自知父祖别無善狀，慮定謚之際斥其繆戾，皆不請謚。欲乞今後臣寮薨謝，並令有司舉行。如此則隱匿無行之人有所沮勸。」詔從之。工部尚書、平章事張知白卒。知白在相位，惜名器，無毫髮私，常以盛滿爲戒，雖顯貴，其清約如寒士。

三月壬子，樞密副使張士遜爲禮部尚書、平章事。癸丑，姜遵爲樞密副使。己未，范雍爲樞密副使，仍班姜遵之上。壬戌，詔於順天門外八角鎮建西太一宫。

夏四月甲申旦，有星大如斗，自北流至於西南，光照殿庭，有聲如雷，尾長數丈。久之，散爲蒼白雲。庚寅，德音，以星變，齋居不視事五日。降畿内囚死罪，流以下釋之。罷諸土木功，賑河北流民過京師者。時命僧道禬禳於文德殿，殿中侍御史李紘奏曰：「文德殿，布政會朝之位。每灾異，輒聚緇黄讚唄其間，何以示中外。」監察御史鞠詠條上應變五事。

六月乙酉，出内藏庫緡錢二十萬，下京西轉運司市糴軍儲。

秋七月，以左司諫劉隨知濟州。隨在諫職，前後所論甚衆。帝既益習天下事，而太后猶未歸政，隨請軍國常務專稟帝旨。太后不悦。會隨請外，因命出守。丙辰，以蔡齊爲龍圖閣學士、知河南府。羅崇勳趣齊上修景德寺記，曰：「參知政事可得也。」齊故遲其記不上。崇勳怒，讒於太后，命齊出守。參知政事魯宗道固争留之，不能得。尋以親老易密州。太后諭宰相取記，齊始上之。

八月，詔河北水灾州軍免今年秋税。初，王曾曰：「邊郡數大水，蓋洪範所謂不潤下之證，宜寬民賦以答天災。」故有是詔。張九齡九代孫錫以九齡告身及明皇批答來獻〔二〇〕。上謂輔臣曰：「九齡，唐名相也，宜旌其後。」即授試國子四門助教。

九月，太常少卿、直昭文館陳從易爲左司郎中，兵部郎中、集賢院修撰楊大雅，並知制誥。自景德後，文士以雕靡相尚，一時學者向之。而從易獨自守不變，與大雅特相厚，皆好古篤行，無所阿附。朝廷欲矯文章之弊，故並進從易及大雅，以風天下。

冬十一月，翰林學士宋綬等上所撰天聖鹵簿記十卷。初，郊祠，綬攝太僕卿，陪玉輅，帝問儀物典故，占對辨洽，因使綬集官撰記。

十二月甲子，以大理評事范仲淹爲秘閣校理。初，仲淹遭母喪，上書執政，請擇郡守〔二一〕，舉縣令，斥游惰，去冗僭，遴選舉，敦教育，養將才，實邊備，保直臣，斥佞人，使朝廷無過，生靈無怨，以杜姦雄。凡萬餘言。王曾見而偉之，亦知仲淹乃晏殊客也，於是，殊薦人充館職，曾謂殊曰：「公實知仲淹，捨而薦此人乎？已爲公置不行，宜更薦仲淹也。」殊從之。丁卯，賜故杭州處士林逋謚曰和靖先生。逋臨終，賦詩云：「茂陵他日求遺藁，猶喜曾無封禪書。」辛巳，上封者請稅緡錢以助經費。上曰：「貨泉之利，欲流天下而通有無，何可算也！」不許。

己巳天聖七年春正月，樞密使曹利用罷判鄧州。初，太后臨朝，利用奏抑內降恩，或屢卻而復下，則有僶俛從之者。或紿白太后曰：「蒙恩得内降雖屢卻於樞密院，今利用之家媪陰諸臣請，其必可得矣。」太后始疑其私，頗銜怒。會利用從子汭爲趙州兵馬監押，而州民趙德崇詣闕告汭不法事，獄具，汭坐被酒衣黄衣，令軍民呼萬歲，且傅致汭辭云〔三〕，利用實教之。丙辰，貶利用爲左千牛衛上將軍、知隨州，杖殺汭。

二月庚申朔，參知政事魯宗道卒。太后臨朝，宗道屢有獻替。太后問：「唐武后何如主？」對曰：「唐之罪人也，幾危社稷。」后嘿然。時有上言請立劉氏七廟者，太后以問，輔臣衆不敢對，宗道獨曰不可。謂同列曰：「若立劉氏七廟，謂嗣君何？」帝、太后將同幸慈孝寺，欲以太安輦前帝行，宗道曰：「婦人有三從：在家從父，嫁從夫，夫殁從子。」太后命輦後乘輿行。貴戚用事者莫不憚之，時目爲魚頭參政，因其姓且言骨鯁如魚頭也。丙寅，禮部尚書、平章事張士遜罷知江寧府。士遜得宰相，曹利用之薦也。利用憑寵自恣，士遜未嘗有是非之言，時人目之爲和鼓。參知政事吕夷簡以本官平章事。始王曾薦夷簡可相，久不用，曾因對言：「以臣度聖意，不欲其班樞密使張耆上爾。耆一赤脚健兒，豈容妨賢至此。」太后曰：「吾無此意，行用之矣。」丁卯，以夏竦爲參知政事，陳堯佐爲樞密副使，薛奎爲參知政事。初，曹利用領景靈宫使，令主事蘇藏用等主宫中公使錢，而利用嘗私貸錢，癸酉，再貶利用爲崇信節度副使，房州安置。仍命内侍楊懷敏護送之。

閏二月，至襄陽驛，懷敏以語逼之，利用素剛，遂自經死。

論曰：前輩多謂大臣功高權盛，禍患之來，有非智慮之所能防。如曹利用襄陽之死是矣。切以爲不然。殺人者必見殺，賊人者還自賊。昔者李斯譏韓非於秦，非死之後，斯亦不免，而斯之遇禍尤慘於非。鮑高譖穰苴於齊〔三〕，苴死之後，鮑高之徒亦不免，而高之遇禍尤慘於苴。利用與丁謂譖寇萊公有不臣議，準既南遷，而二公相繼貶黜，丁有朱崖之行，曹有襄陽之禍，天之報應有甚影響，非其自取與？古人有言：好謀之士敗於謀，好辯之士窮於辯，道德正直之士爲無所窮。斯言得之。

戊申，上謂輔臣曰：「比建慈孝寺，蓋以薦福先帝，及太一宫爲民祈禳。自今京城惟倉庫、營房、官舍弊壞者修完之，餘毋得擅興力役。」壬子，詔復置賢良方正能直言極諫科、博通典墳明於教化科〔四〕、才識兼茂明於體用科、詳明吏理可使從政科、識洞韜略運籌決勝科、軍謀宏遠材任邊寄科，凡六，又置書判拔萃科以待選人，高蹈丘園科、沉淪草澤科、茂材異等科，以待布衣被舉應書者。又置武舉以待方略智勇之士。癸丑，置理檢使，以御史中丞爲之。其登聞檢院匭函改爲檢匭。如指陳軍國大事、時政得失，並投檢匭，晝時進入。常事五日一進。其稱冤濫枉屈，而檢院、鼓院不爲進者，並許詣理檢使審問以聞。時上封者言：「自至道三年廢理檢院，而朝廷得失、天下冤枉，寖不能自達。」夏竦因請復置使領，上從其議。

三月戊寅，上謂輔臣曰：「王欽若久在政府，察其所爲，真奸邪也。」王曾曰：「欽若與丁謂、林特、陳彭年、劉承珪時號爲五鬼，其姦邪憸詖之迹，誠如聖諭。」契丹歲大飢，民流過界河。上曰：「皆吾赤子也，可即賑救之。」乃詔轉運司分送唐、鄧、襄、汝州，處以閒田。所過州縣給食，人二升。癸未，詔百官轉對，極言時政闕失如舊儀。在外者實封以聞。既而上謂輔臣曰：「所下詔宜增朋黨之戒。」群牧判官龐籍因轉對言：「平時百官奏事上前，不自批章，止得送中書、樞密院，蓋防偏請，以啓倖門。近歲傳宣內降寖多於舊，臣恐法度自是隳也。」群牧判官司馬池因轉對言：「唐制，門下省詔書出有不便者，得以封還。今門下雖有封駁之名，而詔書一切自中書下，非所以防過舉也。」甲申，上封者言：「茶鹽課虧，請更議其法。」帝以問三司使寇瑊，瑊曰：「議者未知其要爾。河北入中兵食，皆仰給於商旅。若官盡其利，則商旅不行，而邊民困於餽運矣。法豈可數更。」帝然之，因謂輔臣曰：「茶鹽民所食，而强設法以禁之，致犯法者衆，但緣經費尚廣，未能弛之，又安可數更其法也。」丙戌，遣官祈晴。上因謂輔臣曰：「昨令視四郊，而麥已損腐，民何望焉。此必政事未當天心也。古者大辟，外州三覆奏，京師五覆奏，蓋重人命如此。其戒有司，審獄議罪毋或枉濫。」又曰：「赦不欲數，然捨是無以召和氣。」

夏四月，赦天下，免河北被水民賦租，京師自三月朔雨不止，前赦一日而霽。

五月己未朔，詔禮部貢舉。庚申，詔曰：「朕試天下士，以言觀其趣向。而比來流風之弊，至於會粹小説，磔裂前言，競爲浮誇。靡曼之文，無益治道，非所以望於諸生也。禮部其申飭學者，務明先聖之道，以稱朕意焉。」甲子，上曰：「群臣請對者，多求進，少求退，何也？」王曾曰：「苟抑奔競，崇靜退，則庶幾有難進之風矣。」上然之。已巳，詔以新令及附令頒天下。

六月丁未，大雷雨，玉清昭應宮災，獨長生崇壽殿存焉。太后對輔臣泣曰：「先帝力成此宫，一夕延燔殆盡，猶幸一二小殿存爾。」范雍度太后有再興葺意，乃抗言曰：「不若燔之盡也。先朝以此竭天下之力，遽爲灰燼，非出人意。如因其所存又將葺之，則民不堪命，非所以祇天戒也。」宰相王曾、吕夷簡亦助雍言。夷簡又推洪範災異以諫，太后默然。太廟齋郎蘇舜欽上疏曰：「前志曰：『積陰生陽，陽生則災見焉。』乘夏之氣發洩於玉清宫，震雨雜下，烈焰四起，樓觀萬疊，數刻而盡，非慢於火備，乃天之垂戒也。陛下當降服減膳，避正寢，責躬罪己，下哀痛之詔，罷非業之作，拯失職之民。察輔弼及左右，無裨國體者罷之，竊弄威權者去之。念政刑之失，收芻蕘之論，庶幾可以變災爲佑。浹日之間，未聞爲此，而將計工役以圖修復〔二五〕，都下之人，聞者駭惑，聚首横議，咸謂非宜。願陛下恭默内省而追革之，罷再造之勞，述前世之法，天下幸甚。」甲寅，門下侍郎、平章事王曾罷知兖州。始，太后受尊號册，將御大安殿，曾執不可。太后左右姻家稍通請謁，曾多所裁正，太后滋不悦。會玉清昭應宫災，曾累表待罪，乃罷，尋改青州。是月，河北大水，壞澶州浮橋。

秋七月，初，太后怒玉清宫守衛者不謹，悉下御史獄，欲誅之。中丞王曙上言：「昔魯桓僖宫災，孔子以爲桓親盡當毁者也。遼東高廟及高園便殿災，董仲舒以爲高廟不當居陵旁。今所建宫非應經義，灾變之來，若有警者。願除其地以應天變。」而右司諫范諷亦言此實天變，不當置獄窮治。上及太后感悟，遂薄守衛者罪。又言山木已盡，人力已竭，雖復修必不成。己巳，下詔不復修，改長生崇壽殿爲萬壽觀。乙酉，罷輔臣所領諸宫觀使名。

八月丁亥朔，日有食之。詔罷天下職田，官收其入，以所直均給之。先是，上封者言：「職田有無不均，請罷之。」乃降是詔。己亥，詔命官犯正入己贓者，自今毋使親民。

冬十月，詔知州軍文武升朝官，歲舉見任判官、主簿、尉，有罪非贓私，有出身三考，無出身四考，堪縣令者各一人。轉運使副不限以數。先是，流内銓引選人朝辭，有老耄者，授縣令，上謂宰臣曰：「縣令之職，有民有社，一邑刑政輕重皆得自專。若非其人，爲害不細。雖遠方僻郡，尤當擇人宣朝廷德意。此輩皆昏耄，使之臨民，必有貪墨疲懦之弊。」會有上言乞奏舉以充縣令，乃降是詔。丁未，詔淮南江浙荆湖制置發運使奏計京師，毋以土物饋要近官。

十一月冬至，上率百官上皇太后壽於會慶殿。祕閣校理范仲淹奏疏言：「天子有事親之道，無爲臣之禮。有南面之位，無北面之儀。若奉親於内，行家人禮可也。今顧與百官同列，虧君體，損主威，不可爲後世法。」疏入不報。晏殊初薦仲淹爲館職，聞之大懼，召仲淹詰以狂率邀名，且將累薦者。仲淹正色抗言曰：「仲淹緣辱公舉，每懼不稱，爲知己羞，不意今日反以忠直獲罪門下。」殊不能答。仲淹退又作書遺殊，申理前奏，不少屈。殊卒愧謝焉。又奏疏請皇太后還政，亦不報，遂乞補外。尋出爲河中府通判。

庚午天聖八年春正月，命資政殿學士晏殊權知禮部貢舉。甲戌，真定府定州路都部署曹瑋卒。瑋將兵幾四十年，未嘗少失利。契丹使過天雄，部勒其下曰：「曹公在此，毋縱騎馳驅也。」渭州有告戍卒叛入夏國者，瑋方對客弈棋，遽曰：「吾使之行也。」夏人聞之，即斬叛者，投其首境上。環慶屬羌田多爲人所市，致單弱不能自存，因没虜中〔三六〕。瑋盡令還其故田，後有犯者遷其家內地。所募弓箭手使馳射，較强弱，勝者予田二頃，再更秋穫，課市一馬，馬必勝甲，然後官籍之，則加田五十畝，至三百人以上，團爲一指揮。要害處爲築堡，使自塹其地爲方田，環之，立馬社，一馬死衆爲出錢市馬。屬羌降者既多，因署其首領爲軍主，使統其族帳，止於本軍叙進，以其習知虜情與地利，不可徙他軍也。瑋爲將不如其父，寬猛自成一家。

三月，御崇政殿試禮部奏名進士。丙寅，試諸科。丁卯，賜進士王拱壽等二百人及第，四十九人同出身。己巳，賜諸科及第同出身者又五百七十三人。拱壽詔更其名曰拱辰。

六月，監修國史呂夷簡等上新修國史於崇政殿。

秋七月乙巳，御崇政殿試書判拔萃及武舉人。戊申，以書判拔萃人余靖爲將作監丞，尹洙爲武勝節度掌書記。武舉人張建侯等十二人補三班奉職、借職。丙午，御崇政殿策試賢良方正能直言極諫、太常博士何詠，茂才異等富弼，所對策並及第四等。丁丑，以詠爲祠部員外郎、同判永興軍，弼爲將作監丞、知長水縣。

九月，罷百官轉對。自復轉對，言事者頗衆，大臣不悦也，故復罷之。

冬十月，有上書言：「縣官榷鹽得利微而爲害博。兩池積鹽爲阜數莫可校，請通商平估以售，少寬百姓之力。」乃詔盛度、王隨議更其制度。隨與胡則畫通商五利上之。丙申，詔罷三京二十八州軍榷法，聽商賈入錢若金銀京師榷貨務，交鹽兩池〔一七〕，自是雖商賈流行，而歲課之入官者耗矣。壬寅，置天章閣待制，位龍圖閣待制之下。

十一月戊辰，合祀天地於圜丘，大赦。

十二月，以丁謂爲道州司户參軍。丁未，定難節度使趙德明遣使來獻馬。

辛未天聖九年春二月，詔復給職田。

秋七月，以翰林侍讀學士孫奭爲工部尚書、知兖州。帝每御經筵，設象架庋書策外向以便侍臣講讀。奭年高視昏，或陰晦即爲徙御座於閣外。奭講至前世亂君亡國，必反復規諷。帝竦然聽之。常畫無逸圖以進，帝施於講讀閣。奭三請致仕，召對敦諭之。奭以年踰七十固請，故優拜焉，仍詔頒宴而後行。甲戌，右正言陳執中諫院供職。國朝承五代之弊，官失其守，故官職、差遣離而爲二。今之官裁用以定俸入爾，而不親職事。諫議大夫、司諫、正言皆須别降敕許赴諫院供職者，乃曰諫官。

八月，出内藏庫絹六十萬，下陝西、河北、河東市糴粮草。戊戌，又出内藏庫緡錢五十萬，河北市粮草。

九月，詔出内藏庫絹六十萬，下河北折糴軍儲。庚午，以王曾爲彰德節度使，仍知天雄軍。契丹使者往還肅車徒而後過，無敢大聲疾呼者。人樂其政，爲畫像而生祠之。

冬十月，以翰林學士宋綬爲龍圖閣學士、知應天府。時太后猶稱制，五日一御承明殿，垂簾決事，而上未始獨對群臣也。綬言：「唐先天中，睿宗爲太上皇，五日一受朝，處分軍國重務，除三品以上官，決重刑。明皇日聽朝，除三品以下官，決徒刑。今宜約先代制度，令群臣對前殿，非軍國大事及除拜，皆前殿取旨。」書上，忤太后意，故命出守。侍御史知雜事劉隨、殿中侍御史郭勸並言綬有辭學，當留本朝，不宜處外。不聽。丙戌，詔曰：「公卿大夫，所宜勵名節，以厚風化。而或枉己以近名，行險以沽寵，詆訕執政，干撓有司藩臣，多所徼求。使者弛於刺舉，營私冒祿，朕何望焉。凡在位之臣，其務修警，毋蹈邪枉，以速邦憲。」

閏十月，司天監上重修崇天曆。癸亥，鹽鐵副使司封員外郎王嘏、戶部副使刑部員外郎杜衍並爲天章閣待制。初，馬季良建言：「京師賈人常以賤價居茶鹽交引。請官置務，收市之。」季良方用事，有司莫敢忤其意，嘏獨不可曰：「與民競利，豈國體邪？」他日上見嘏，勞之曰：「官市交引，賴卿力言，罷之甚善。有司臨事當如是也。」薛顏死，其家屬衍爲墓誌，衍卻之。及在三司，因奏事，上謂衍曰：「薛顏有醜行，卿不與誌墓，誠清識也。」自是有意大用。

壬申明道元年春二月，監修國史呂夷簡上三朝寶訓。庚戌，知許州、定國節度使張士遜爲刑部尚書、平章事，呂夷簡加中書侍郎。丁卯，以真宗順容李氏爲宸妃。是日，宸妃薨。宸妃始生帝，皇太后即以爲己子，宸妃嘿嘿處先朝嬪御中，未嘗自異。帝不自知宸妃所出也。疾革，乃進位。始宮中未治喪，宰相呂夷簡朝奏事，因曰：「聞有宮嬪亡者。」太后瞿然曰：「宰相亦與宮中事邪？」引帝偕起，有頃，獨出曰：「卿何間我母子也？」夷簡曰：「太后他日不欲全劉氏乎？」有司希太后旨，言歲月未利。夷簡黜其説，請發哀成服，備宮仗葬之。時有詔欲鑿宮城垣以出喪，夷簡遽求對，太后揣知其意，遣内侍羅崇勳問何事。夷簡言：「鑿垣非禮喪，宜自西華門出，宸妃誕育聖躬，而喪不成禮，異日必有受其罪者。莫謂夷簡今日不言也。」崇勳懼，馳告太后，乃許之。

三月戊戌，詔曰：「江淮之間，仍歲旱暵，民之失職，朕甚憫焉。比遣使安撫，其與長吏慮繫囚，流以下降一等，杖、笞釋之。」

六月，殿中侍御史張存上疏曰：「陛下嗣統以來，延納至言，罔有忌諱。自前秋忽詔罷百官轉對。去冬黜降御史曹修古等，昨又聞進士林獻可因奏封事竄遠方，人心皇惑，中外莫測。臣恐自今忠直之言，與理亂安危之端，蔽而不達。」因歷引周昌、朱雲、辛慶忌、辛毗事以廣帝意。

七月，許壽州立學，仍賜九經。知州朱諫請之也。辛卯，以門下省爲諫院。先朝雖除諫官，而未嘗置院。及陳執中爲諫官，屢請之，置諫院自此始。是月，太白晝見，終月。

八月，以三司使晏殊爲樞密副使。壬戌，大內火，延燔八殿。乙丑，詔群臣直言闕失。先是，百官晨朝，而宮門不開，輔臣請對，帝御拱宸門，追班百官拜樓下。宰相呂夷簡獨不拜，帝使問其故，曰：「宮庭有變，群臣願一望清光。」帝舉簾見之，夷簡乃拜。時宦者置獄治火事，得縫人火斗，已誣伏，下開封府使具獄。權知府事程琳辨其不然，乃命工圖其火經處，且言：「後宮人多，此殆天災，不可以罪人。」監察御史蔣堂亦言：「火起無迹，安知非天意，陛下宜修德應變，今乃欲歸咎宮人。且宮人付獄，何求不可，而遂賜之死，是重天譴也。」帝爲寬其獄，卒無坐死者。殿中丞滕宗諒言：「國家以火德王天下，火失其性，由政失其本。」因請太后還政。祕書監劉越請太后還政，言尤鯁直，皆不報。

九月庚寅，重作寶册。以舊册寶爲宮火所焚也。

十一月，上以修內成，恭謝天地於大安殿，遂謁太廟，大赦，改元。定難節度使西平王趙德明封夏王。德明凡娶三姓：米母氏生元昊，小名嵬埋〔二八〕，羌語謂惜爲嵬，富貴爲埋。性凶鷙猜忍，通蕃漢文字，數諫德明無臣中國。德明曰：「吾族三十年衣錦綺衣，此聖宋天子恩，不可負也。」元昊曰：「英雄之生，當王霸爾，何錦綺爲？」德明死，元昊繼立。癸亥，制授元昊特進、檢校太師兼侍中、定難節度、夏銀綏宥静等州觀察處置押蕃落使、西平王，元昊既襲封，即陰爲反計。

十二月，詔以來年二月躬耕藉田。先請皇太后恭謝宗廟，權罷南郊之禮。及議皇太后謁廟儀注，太后欲純被帝者之服，薛奎獨争曰：「太后必御此，見祖宗若何拜？」固執不可，雖終不納，猶少殺其禮焉。

癸酉明道二年春二月戊戌，司天監言：「含譽星見東北方，其色黄白，上有光芒，長二尺然。」觀者皆以爲彗云。庚子，詔淮南、江南民被災傷而死者，官爲瘞埋。甲辰，皇太后宿齋垂拱殿。乙巳，服褘衣花釵冠，乘玉輅以赴太廟。改衮衣、儀天冠，内侍贊導，享七室。皇太妃亞獻，皇后終獻。帝赴東郊。丁未，祀先農，行藉田禮。禮儀使張士遜奏，皇帝三推而止。帝既躬耕，不以古禮爲式，願推終畝。士遜固請，乃耕十二步而止。辛亥，上作藉田詩賜近臣。

三月庚寅，以皇太后不豫，大赦，丁謂特許致仕。

吕中曰：古之赦者赦無罪，後之赦者赦有罪。祖宗郊恩雖厚，贓吏有赦不原。奸臣如丁謂亦不原。赦則非赦有罪也。至崇、觀，奸臣反其鋒而用之，而元祐、元符之黨不以赦原矣。

甲午，皇太后崩，遺詔尊太妃爲皇太后，軍國大事與太后内中裁處。乙未，帝號慟，見輔臣曰：「太后疾不能言，而猶數引其衣，若有所屬，何也？」奎曰：「其在衮冕也。然服之何以見先帝乎！」帝悟，以后服斂。既宣遺誥，閤門趣百官賀太后，御史中丞蔡齊正色謂臺吏毋追班，入白執政曰：「上春秋長，習天下情僞，今始親政，豈宜使女后相繼稱制乎？」

夏四月，詔删去遺誥之語。太后既崩，左右以宸妃事聞，上號慟累日，追尊爲皇太后。庚戌，以流人林獻可爲三班奉職。明道初，獻可抗言請太后還政，太后怒，竄於嶺南。至是，特録之。壬子，群臣上表請御正殿，表三上，乃從之。詔内外毋得進獻以祈恩澤，及緣親戚通章表，若傳宣有司實封覆奏内降除官，輔臣審取處分。帝始親攬庶政，裁抑僥倖，中外大悦。召知應天府宋綬、通判陳州范仲淹赴闕。己未，門下侍郎吕夷簡罷爲武勝節度使、判澶州。樞密使張耆罷爲左僕射、判許州。尋改陳州。樞密副使夏竦罷爲禮部尚書、知襄州。尋改潁州。參知政事陳堯佐罷爲户部侍郎、知永興軍。樞密副使范雍罷爲户部侍郎、知荆南府。尋改揚州，又改陝州。樞密副使趙稹罷爲尚書左丞、知河中府。參知政事晏殊罷爲禮部尚書、知江寧府。尋改亳州。帝始親政，夷簡手疏陳八事，曰：正朝綱，塞邪徑，禁賄賂，辨佞壬，絶女謁，疏近習，罷力役，節冗費。其勸帝語甚切。帝與夷簡謀以耆、竦等皆太后所任用，悉罷之。退告郭皇后，后曰：

「夷簡獨不附太后邪？ 但多機巧，善應變爾。」由是並夷簡罷，及宣制，夷簡方押班，聞唱其名，大駭不知其故。 而夷簡素厚内侍閻文應，因使爲中詗，久之乃知事出皇后云。工部尚書李迪以本官平章事，户部侍郎王隨爲參知政事，禮部侍郎李諮爲樞密副使，步軍副都指揮使王德用爲檢校太保、簽書樞密院事。 始太后臨朝，有求内降補軍吏者。德用曰：「補吏，軍政也，敢挾此以干軍政？」卒不奉詔。 太后崩，有司請衛士坐甲。德用曰：「故事無爲太后喪坐甲者。」又不奉詔。 上奇之，以爲可大用，故擢任樞密。 權御史中丞蔡齊權三司使事。 天章閣待制范諷爲右諫議大夫、權御史中丞。 先是，諷出知青州，時山東旱蝗，前宰相王曾家多積粟，諷發取數千斛濟飢民，因請遣使安撫。 太常博士范仲淹爲右司諫。

[五月]辛未，龐籍爲殿中侍御史。 籍奏請下閤門取垂簾儀制盡焚之。 又奏：「陛下躬親萬機，用人宜辨邪正，防朋黨，勿使受恩人主，歸感權臣。 進擢近列，願采公論，毋令出於執政。」孔道輔嘗謂人曰：「言事官多觀望宰相意，獨龐君可謂天子御史也。」

講義曰：天聖之初，此一時也。 明道二年之後，此又一時也。 天聖之初，政在東朝，天下猶未見人主之德。 明道二年四月親政之後，抑内降，正朝綱，擯斥張耆、夏竦、陳堯佐之徒，而擢用范仲淹、孔道輔、龐籍輩，天下駸駸向治矣。 嗚呼！ 明道二年之親政，積而爲慶曆、嘉祐之盛。元祐八年之親政，變而爲紹聖、元符之紛紛。人主可不謹其機乎？

罷群牧制置使〔二九〕。時上封者言：「群牧既自有使，而武臣領樞密兼制置事，不時決。」故罷之。（五月）〔庚寅〕許大名府立學〔三〇〕，仍賜九經。從王曾之請也。

秋七月，先是，右司諫范仲淹以江淮、京東災傷，請遣使循行。未報。仲淹請間曰：「宫掖中半日不食當如何？今數路艱糴，安可置而不恤。」甲申，命仲淹安撫江淮，所至開倉廩，賑乏絶，禁淫祀，奏蠲廬、舒折役茶、江東丁口鹽錢。飢民有食烏蛛草者，擷草進御，請示六宫貴戚，以戒侈心。

八月，贈工部員外郎曹修古爲右諫議大夫。修古鯁直有風節，當莊獻時，權倖用事，人人顧望畏忌，而修古遇事輒言，無所回撓。初，貶同判杭州，未行，改知興化軍。卒於官。貧不能歸葬，賓佐賻錢五十萬。季女泣白其母曰：「奈何以是累吾先人也？」卒拒不納。帝思修古忠，故優贈之。修古無子，録其壻劉勳爲試將作監主簿。丁巳，置端明殿學士，班翰林資政學士之下，以宋綬爲之。綬因上言：「帝王御天下，在總攬威柄。自陛下躬親萬機，懲違革弊以新百姓之耳目，而賞罰號令未能有過於垂拱之日。頃者恩出太后，今又自大臣出。大臣市恩以招權，小人趨利以售進，此風寖長，有蠹邦政。太宗常曰：『外憂不過邊事，皆可預防，惟姦邪共濟，若爲内患，可深懼也。』真宗亦云：『唐朝朋黨尤盛，以至王室卑弱。』願陛下思祖宗訓戒，念王業艱難，整齊紀綱，正在今日。」三司言：「自藉田後，繼有賞賚，用度不足，請假於內藏庫。」庚申，出緡錢百萬賜之。因謂宰相張士遜曰：「國家禁錢，本無內外，蓋以助經費耳。」士遜對曰：「不然，則有司未免侵漁百姓也。」

九月，判河南府錢惟演落平章事，赴本鎮。初，惟演欲爲自安計，御史中丞范諷劾奏惟演在莊獻時權寵大盛，與后家連姻，請行降黜。上諭輔臣曰：「先后未葬，朕不忍遽責惟演。」諷即袖告身入對，曰：「陛下不聽臣言，願納此不敢復爲中丞矣。」上不得已，可之。

冬十月甲辰，詔曰：「先王不以浮靡示天下。今兩川歲貢綾錦、羅綺、透背、花紗之屬，皆女工蠹也。其以三之二易爲紬絹供軍須。」時上富於春秋，左右或欲以巧白媚，後苑珠玉之工頗盛於前日。殿中侍御史龐籍言：「今螽螟爲灾，民憂轉死，北有耶律，西有拓拔，陛下安得不以儉約爲師，奢靡爲戒，重惜國費，以循民之急。」上深納其言。辛亥，上諭輔臣曰：「近歲進士所試詩賦多浮華，而學古者或不得以自進。宜令有司兼以策論取之。」戊午，門下侍郎張士遜罷爲左僕射、判河南府，樞密使楊崇勳罷爲河陽三城節度使、判許州〔三〕。先是，天下蝗旱，仍見士遜居首相不能有所發明，遂與崇勳俱罷。然制辭猶以均勞逸爲言也。判陳州吕夷簡爲門下侍郎兼吏部尚書、平章事，知河南府王曙加檢校太傅充樞密使，簽書樞密院事王德用爲樞密副使，刑部侍郎宋綬爲參知政事，權三司使事蔡齊爲樞密副使，權知開封府程琳爲御史中丞，右諫議大夫、權御史中丞范諷權三司使事。琳辭中丞不拜，乃授翰林侍讀學士、知開封府。前知開封者苦其治劇，或不滿歲輒罷，不然被謗譏，或以事去，獨琳居數歲，久而治益精明，一歲中獄常空者四五。

十一月，孔道輔爲右諫議大夫、權御史中丞，代程琳也。道輔時守南京，召用之。寇準以責死，甲戌，贈中書令，復萊國公。

［十二月］丙申，上謂輔臣曰：「每退朝，凡天下之奏必親覽之。」吕夷簡曰：「若小事皆關聽覽，恐非所以輔養聖神。」上曰：「朕承先帝之託，況以萬幾之重，敢自泰乎？」又曰：「朕日膳不欲事珍美，衣服多以縑繒爲之，至屢經澣濯，而宮人或以爲笑。太官進膳，有蟲在食器中，朕掩而不言，恐罪及有司也。」始天聖六年，罷諸路提點刑獄官，八月復置，又權停。於是，上謂輔臣曰：「諸路刑獄既罷提點官，轉運司不能一一躬往讞問，恐寖致冤濫。宜選賢明廉幹不生事者委任之，則民受其賜矣。」乃復置諸路提點刑獄官，仍參用武臣。甲辰，以京東飢出内藏庫絹二十萬，下三司代本路上供之數。丁未，出侍御史張沔知信州，殿中侍御史韓瀆知岳州。先是，宰相李迪除二人爲臺官，言者謂

臺官必由中旨，乃祖宗法也。既數月，吕夷簡復入，因議其事於上前。上曰：「祖宗法不可壞也。宰相自用臺官，則宰相過失無敢言者矣。」迪等皆皇恐。詔自今臺官有缺，非中丞、知雜保薦者，毋得除授。戊申，出宫人二百。上時屢出宫人，因曰：「曩者太后臨朝，臣僚戚屬多進女口入宫，今已悉還其家矣。」初，郭皇后之立非上意，寖見疏。宫人尚氏、楊氏驟有寵。尚氏常於上前出不遜，語侵后，后不勝忿，起批其頰，上亦起救之，后誤批上頸。上大怒，有廢后意，内侍閻文應白上，出爪痕示執政。吕夷簡以前罷相故怨后，乃定議廢后。夷簡先敕有司毋得受臺諫章疏。乙卯，詔：「皇后願入道，特封淨妃玉京沖妙仙師，名清悟。别居長寧宫。」范仲淹、孔道輔、孫祖德率蔣堂、郭勸、楊偕、馬絳、段少連、宋郊、劉涣詣垂拱殿門伏奏：皇后不當廢。守殿門者闔扉不爲通，道輔撫銅環大呼。尋詔宰相召臺諫，諭以皇后當廢狀。道輔等悉詣中書，衆譁然争致其説。夷簡曰：「廢后自有故事。」道輔及仲淹曰：「公不過引漢光武勸上耳。上堯舜之資，而公顧勸之效昏君所爲，可乎？」夷簡不能答，拱立曰：「諸君更自見上力陳之。」道輔將以明日留百官，揖宰相廷争，而夷簡即奏逐道輔等。丙辰，詔道輔出知泰州，仲淹知睦州，祖德等各罰銅。仍詔諫官、御史自今毋得相率請對，駭動中外。偕奏乞與道輔、仲淹俱貶，勸及少連再上疏，皆不報。將作監丞富弼上疏曰：「陛下舉一事而獲二過於天下：廢無罪之后，一也；逐忠臣，二也。此二者皆非太平之世所行，臣實痛惜之。」疏入不報。

大事記曰：國初，官以定俸，實不親職。有諫議大夫、司諫、正言，特以寓禄耳。故赴諫院者方爲諫官〔三二〕，則諫官之權猶未重也。國初，三院領外任而不任風憲。興國中，任風憲而不領言事，則臺官之權亦未重也。端拱初，以補闕爲司諫，以拾遺爲正言，所以舉諫官之職。天禧初，置言事御史，所以舉臺官之職。然當時臺諫之權雖重，而臺諫之職未振也。自仁祖即位〔三三〕，劉中丞令臺屬各舉糾彈之職，而後臺臣之職始振。自孔道輔、范仲淹敢於抗夷簡，唐介敢於抗彥博，一梁適之用事，則馬遵率數人言之，一劉沆之得政〔三四〕，則張昇凡十七章論之〔三五〕，而後臺諫之權敢與宰相爲敵矣。是何臺諫之職在國初則輕，在仁宗之時則重，在國初則爲具員，在仁宗之時則爲振職，何邪？蓋仁祖不以天下之威權爲紀綱，而以言者之風采爲紀綱。故其進退臺諫，公其選而重其權，優其遷而輕其責，非私之也，蓋以立國之紀綱，實寄於此。

校　證

〔一〕此以下非夢溪筆談文字，沈括於紹聖二年去世，不會言及崇寧年間事。此段文字自「筆談曰」至段終，全係引録宋大事記講義卷一一文字。此前係吕中轉録夢溪筆談文字，此下乃爲吕中自撰。段前脱「吕中曰」或「講義曰」等。

〔二〕濫朽　再造本、文海本均同，宋大事記講義卷一一作「爛朽」。

〔三〕令　再造本、文海本均同。宋大事記講義卷一一作「今」，似是。

〔四〕亦見於　再造本、文海本均同。宋大事記講義卷一一作「已見於」，似是。

〔五〕楊中立　原作「楊中心」，再造本、文海本均同，宋大事記講義卷一一作「楊中立」。楊中立即楊時（字中立），曾批評崇寧年變茶法。「心」應係涉下文「痛心」而誤，今據以校正。

〔六〕邪佞　原作「邪佞」，據再造本、文海本及長編卷一〇一校改。

〔七〕閏九月　「閏」字原脱，使得九月重出，再造本、文海本同，據長編卷一〇一、宋史卷九仁宗紀校補。

〔八〕漣水軍　李校：原作「連水軍」，據長編卷一〇一、宋史地理志四改。汪按：再造本字殘，似「漣水軍」，文海本作「運水軍」。陳均皇朝編年綱目備要卷九、宋大事記講義卷一〇、王珪華陽集卷六〇趙槩墓誌銘均作「漣水軍」。

〔九〕薛田　原作「薛由」，據再造本、文海本、長編卷一〇一、皇朝編年綱目備要卷九、宋大事記講義卷一一等校改。

〔一〇〕内殿押班　再造本同，文海本作「丙殿押班」，長編卷一〇二作「内殿承制」。「内殿押班」、

「丙殿押班」均不見他處記載，「内殿承制」則頗常見，疑作「内殿承制」是。

〔一〕劉曄　即前卷之「劉燁」，暫依原書不改。

〔二〕世系　原作「出系」，據再造本、文海本、長編卷一〇三等校改。

〔三〕薛田　原作「薛由」，再造本、文海本同。據本書前後文及長編卷一〇三、彭百川太平治迹統類卷二七祖宗科舉取人、章如愚群書考索後集卷三七士門貢舉類、宋史卷三〇一薛田傳校改。

〔四〕泥鞾　再造本、文海本、長編卷一〇三、王稱東都事略卷五〇楊崇勳傳均作「泥鞾」。

〔五〕州　原無「州」字，再造本、文海本同，據長編卷一〇四、范鎮東齋記事卷三補。記事「坊」後又有「同」字。

〔六〕詳其　再造本、文海本同，長編卷一〇四作「詳具」。

〔七〕收羅　原作「收采」，文海本同，據再造本、長編卷一〇四校改。

〔八〕離摘經注　原作「離掇經注」，據再造本、文海本、長編卷一〇五、群書考索後集卷三七士門貢舉類校改。

〔九〕虜　原作「北」，下文「虜君臣」之「虜」，原作「敵」，均據再造本、文海本回改。

〔一〇〕來獻　李校：原作「米獻」，據長編卷一〇六改。汪按：再造本、文海本、王林燕翼詒謀録卷二均作「來獻」。

〔二一〕擇郡守　李校：原作「釋郡守」，據長編卷一〇六改。汪按：再造本作「擇郡守」，文海本「擇」字殘，難辨。太平治迹統類卷一〇、龔明之中吴紀聞卷一范文正公均作「擇郡守」。

〔二二〕傅　原作「傳」，再造本、文海本同，據長編卷一〇七、皇朝編年綱目備要卷九、徐自明宋宰輔編年録卷四校改。

〔二三〕穰苴　原作「穰苴」，據宋大事記講義卷八、史記卷六四司馬穰苴傳校改。

〔二四〕明於教化　李校：原作「明宣於教化」，「宣」字衍，據長編卷一〇七删。汪按：再造本、文海本有「宣」字。而宋史卷一五六選舉志、太平治迹統類卷二六祖宗制科取人、岳珂愧郯録卷一一制舉科目、文獻通考卷三三選舉考均無「宣」字，删「宣」是。

〔二五〕計工役　原作「設工役」，據再造本、文海本、長編卷一〇八、宋史卷四四二文苑傳蘇舜欽傳校改。

〔二六〕虜　此「虜」與本月下文二「虜」原均作「敵」，據再造本、文海本回改。

〔二七〕交鹽兩池　再造本、文海本、太平治迹統類卷二八用度損益同，長編卷一〇九、皇朝編年綱目備要卷九、宋史卷一八一食貨志、玉海卷一八一食貨、文獻通考卷一六征榷考均作「受鹽兩池」。作「受」近是。

〔二八〕崖埋　原作「嵬理」，與此相聯，下文相應地爲「羌語謂惜爲嵬，富貴爲理」，今點校本宋史卷四八五外國傳夏國同。然本書再造本、文海本及點校本長編卷一一一、皇朝編年綱目備要卷九均作「崖埋」，下文作「羌語謂惜爲崖，富貴爲埋」。據校改。

〔二九〕李校：罷群牧制置使，長編卷一一二在本年五月。汪按：不但本條，前文辛未條以下長編均在五月，今據此於「辛未」前加「五月」。

〔三〇〕許大名府立學　此句前原有「五月」二字，因與前補「五月」重疊，故應删。另據長編卷一一二補「庚寅」繫日。

〔三一〕河陽　李校：原作「河南」，據長編卷一一二改。汪按：再造本、文海本亦作「河南」，宋史卷二九〇楊崇勳傳、宋宰輔編年録卷四則作「河陽」。宋無「河南三城節度使」而有「河陽三城節度使」，李改「河陽」是。另此事載長編在卷一一三，而非卷一一二。

〔三二〕方爲諫官　再造本、文海本同，宋大事記講義卷九作「方得爲諫官」。

〔三三〕仁祖　再造本、文海本同，宋大事記講義卷九作「仁宗」，因下文復見「仁祖」，或不須校。

〔三四〕劉沆　原作「劉抗」，再造本、文海本同，宋大事記講義卷九作「劉沆」，宋仁宗時執政有「劉沆」無「劉抗」，據校改。

〔三五〕張昪　原作「張昇」，再造本、文海本同。宋大事記講義卷九作「昪」。長編卷一八四、本書卷九下均述及張昪彈劾劉沆事。可證「昇」爲「昪」形近誤，據改。

宋史全文卷七下

宋仁宗二

甲戌景祐元年春正月甲子，許京兆府立學，賜九經，仍給田五頃。丁丑，命翰林學士章得象等五人權知貢舉。詔：「去歲飛蝗所至遺種，令民掘蝗子，每一升給菽米五升。」又詔：「比禁京城穀出門，其弛之。諸路毋得閉糴。」以淮南歲饑，出内藏絹二十萬，下三司代其歲輸。始置崇政殿説書，命賈昌朝、趙希言、王宗道、楊安國爲之，日以二人入侍講説。初，孫奭出知兖州，上問誰可代講説者。奭薦昌朝等，因命中書試説書，至是，特置此職以處之。趙元昊始寇府州。

二月，罷書判拔萃科，更不御試，自今幕職州縣官經三考以上，非緣邊及川、廣、福建者，並許應賢良方正能直言極諫等六科。諸科被黜者，毋得復應茂才異等三科及武舉。用知制誥李淑之議也。淑嘗上時政十議，其一議國體，其二議灾旱，其三議言事，其四議大臣，其五議擇官，其六議貢舉，其七議制科，其八議閲武，其九議時令，其十議入閣。先是，召知鳳翔府司馬池知諫院。池上表懇辭。上謂宰相曰：「人皆嗜進，池獨嗜退，亦難能也。」加直史館，復知鳳翔。詔禮部貢院，諸科舉人應七舉者，更不限年，並許特奏名。

三月，御崇政殿，試得進士張唐卿、楊察、徐綬等五百一人，諸科二百八十二人，特奏名八百五十七人。

夏四月，龐籍爲開封府判官。尚美人遣内侍稱教旨免二人市租。籍言：「祖宗以來，未有美人稱教旨下府者。」帝爲杖内侍，切責美人。詔有司自今宮中傳命，毋得輒受。丁未，出内藏絹三十萬，下河北市糴粮草。詔置殿中侍御史、監察御史裏行，舉三丞以上嘗歷知縣人。從中丞韓億之請也。然唐制亦有侍御史裏行，今獨遺之。

五月乙丑，翰林侍讀學士程琳爲三司使。先是，三司併合田賦沿納諸名器爲一物〔二〕，琳謂：「借使牛皮、食鹽、地錢合爲一，穀、麥、黍、豆合爲一，易於勾校，可也。然後世有興利之臣，復用舊名增之，是重困民無已時也。」琳在三司，尤謹出入，禁中有所取，輒覆奏罷之。内侍表言琳專，琳聞之，自直於帝曰：「三司財賦皆朝廷有也。臣爲陛下惜爾。」帝然之。琳又上疏論：「兵在精不在衆，河北、陝西軍儲數匱而招募不已，其住營一兵之費可給屯駐三兵，昔養萬兵者今三萬兵矣。河北歲費芻粮千二十萬，其賦入支十之三，陝西歲費千五百萬，其賦入支十之五，自餘悉仰給京師。自咸平逮今，二邊所增馬步軍指揮使百六人〔二〕，計騎兵一指揮所給歲約費緡錢四萬三千，步兵費三萬二千，合新舊兵，所費不啻千萬緡，此國用所以日絀。願罷河北、陝西募住營兵，遇闕即選廂軍精鋭者補之，仍漸徙營内郡，以便粮餉。無事時番戍于邊，緩急即調發便近，如此則疆埸無事而國用有餘矣。」〔三〕帝嘉納焉。禁民間織錦背、繡背及遍地密花透背，西川歲織上供者亦罷。祕書丞張宗誼、孫沔並爲監察御史裏行。監察御史裏行始此。

壬申，出内藏庫緡錢一百萬，賜三司。以河南府府學爲國子監。

六月，淮南制置發運使劉承顏獻輪扇浴器，同知諫院郭勸言：「承顏欲以此媚上爾。」甲辰，詔還之。己酉，策試賢良方正蘇紳、才識兼茂吳育、茂才異等張方平及武舉人於崇政殿。育所對策入第三等，紳、方平並第四等。癸丑，詔尚書省官嘗歷知州而無贓私罪者，自今並除左曹。凡吏部、户部、禮部爲左名曹，司封、司勳、考功、度支、金部、倉部、祠部、主客、膳部爲左曹，兵部、刑部、工部爲右名曹，職方、駕部、庫部、都官、比部、司門、屯田、虞部、水部爲右曹。辛酉，命翰林學士張觀知制誥，李淑、宋祁編三館祕閣書籍。壬午，罷後苑所作玳瑁龜筒〔四〕。從度支判官謝絳之言也。絳又言：「内藏庫歲受鑄錢百餘萬緡，而歲給左藏庫，及三年一郊，度歲出九十萬緡，所餘無幾。請以天下所鑄錢，盡入三司十年，責以移用，使聚穀實邊，而茶鹽香礬之利悉歸京師。又邇來用物滋侈，賜予過制，禁中須索數多於前比。詔裁節費用，而有司但求咸平、景德簿書，臣以爲不若推近及遠，遞考歲用而裁節之，不必咸平、景德爲準也。」又請罷内降，凡詔令皆由中書、樞密院然後施行。乙酉，詔西京留守推官歐陽脩爲鎮南節度掌書記、館閣校勘。樞密使王曙所薦也。始錢惟演留守西京，脩及尹洙爲官屬，皆有時名。脩等游宴無節，惟演去，曙繼至，嘗厲色謂脩等曰：「諸君知寇萊公晚年之禍乎，政以縱酒過度爾。」脩對曰：「寇公之禍，政以老而不知止耳。」曙默然終不怒，更薦脩及洙，置之館閣，議者賢之。

秋七月，監察御史裏行高若訥爲殿中侍御史裏行。殿中侍御史裏行始此。乙未，御崇政殿〔五〕，召近臣觀景祐乾象新書。樞密使王曙加同平章事。

八月，資政殿學士薛奎卒。奎在政府，謀議無所迴避，或時不得如志，歸輒嘆咤不食。家人笑曰：「何必如是。」奎曰：「吾仰慚古人，俯愧後世爾。」尤善知人。范仲淹、龐籍、明鎬自爲吏部選人，皆以公輔許之，後卒如其言。歐陽脩、王拱辰皆其女壻也。壬戌，有星孛於張翼，長七尺，闊五寸，十二日而没。癸亥，樞密使、同平章事王曙卒。參知政事宋綬以帝富於春秋，天下無事，慮燕樂有所漸。乃上言：「自古守成之君，皆兢兢抑畏，不忘顧省。故立防於無事之始，銷變於未萌之前。又馭下之道有三：臨事尚乎守，當機貴乎斷，兆謀先乎密。能守則姦莫由移，能斷則邪莫由惑，能密則事莫由變。斯安危之所繫，願陛下念之。」庚午，天平節度使王曾同平章事。南京留守推官石介貽曾書曰：「聞既廢郭皇后，寵幸尚美人宫〔八〕，聖體因是嘗有不豫。相公方自外來，聖眷正深，宜即以此爲戒。若執管仲不害霸之言，則遂啓成亂階，恐無及矣。伏惟相公留意焉。」辛未，以星變，大赦，避正殿，減常膳。郭后既廢，尚、楊二美人益有寵，上體爲之弊，中外憂懼。楊太后亟以爲言。入内都知閻文應早暮侍上，言之不已，上不勝其煩，乃頷之。文應即命氈車載二美人出。初，蔡齊力争削遺誥中太后參决軍國大事之語，呂夷簡嘆曰：「蔡中丞不知，吾豈樂爲此哉？上方年少，恐禁中事莫有主張者爾。」及二美人争寵恣横，卒賴太后排遣之。然議者以爲人主既壯，而母后聽政，白非國家令典。雖或能整齊禁中，而垂簾之後，外戚用事，亦何所不至。齊之力争不爲失也。乙酉，龎籍、滕宗諒並坐言宫禁事不實，出籍爲廣東轉運使，宗諒知信州。宗諒嘗以上體多疾奏疏諫曰：「陛下日居深宫，流連荒宴，臨朝則多羸形倦色，决事如不掛聖懷。」語太切直，故出。

九月，初，二美人之出宫也，帝令宋綬面作詔云：「當求德門以正内治。」既而左右引壽州茶商陳氏女入宮，綬諫曰：「陛下乃欲以賤者正位中宮，不亦與前日詔語戾乎。」後數日，王曾入對，又奏引納陳氏爲不可。上曰：「宋綬亦如此言。」卒罷陳氏。甲辰，詔立皇后曹氏，贈尚書令冀王彬之孫女也。

冬十月，罷淮南江浙荆湖制置發運使。仍詔淮南轉運使兼領，其制置茶鹽礬税各歸逐路轉運司。丁卯，詔中書提點五房公事及堂後官參擇選人爲之。趙元昊僭益甚，私改元曰開運，人告以石晉敗亡年號也，乃更廣運。母米氏族人山喜謀殺元昊，事覺，元昊酖其母殺之，沈山喜之族於河，遣使來告哀。

十一月，滎州刺史曹琮爲衛州團練使。琮女兄爲后，禮皆琮主辦。於是奏曰：「陛下方以至公厲天下，臣既備后族，不宜冒恩澤，亂朝廷法。族人敢因緣請託，願寘於理。」時論稱之。

［十二月癸未］監察御史裏行孫沔言：「竊見上封事人同安縣尉李安世輒因狂悖，妄進瞽言，雖曰狂愚，猶勝諂佞。況自道輔、仲淹被黜之後，龐籍、范諷致對以來，凡在搢紳，盡思緘嘿，伏乞少霽天威，用存國體。」後七日，責知潭州衡山縣。

大事記曰：廢后者，非仁祖之本心也，而夷簡實贊之。諫官伏閤，乃祖宗美意也〔七〕，而夷簡實沮之。此夷簡入相之初，而國論爲之一變也。

沔未知有責命，復上書曰：「累歲以來，和氣猶鬱，水旱相荐，蟲蝗屢生，粟麥不登，田疇幾廢，九夏多寒，三冬無雪，星變上天，河決東郡，疾疫流離，生靈困憊。」又曰：「去秋以聖體愆和，臣心啓沃，愛君有從宜之制，雙日申不坐之請，交泰之誠遽臻，有喜宴安之戒，豈可爲常。是則一歲之中，率無百餘日視事。宰臣上殿奏事止於數刻，天下萬務得不曠哉。今退朝之後，深宮之中，侍左右者刀鋸虧殘之餘，悅耳目者綺紈艷冶之色。扃鐍九重〔八〕，叫閽千仞，宸禁晝嚴，乘輿天遠。」又曰：「天下之本在民，民之豪者皆兼併，而貧者無置錐。天下之大在兵，兵之下者負饑寒，而驕者不敢役。郡守縣令臧否無別，蠹耗靡窮，邪佞退而復興，忠諫黜而未用。」又曰：「宜霈然下令，誕告多方，外則逐刺史縣令無狀老懦貪殘之輩，以利於民，內則罷公卿大夫不才諂諛詭誕之士，以肅於朝。掖庭之中，簡去幽曠，以求餘羨之慶。宦寺之內，抑損重任，以防昵近之私。」書奏，再責永州監酒。

乙亥景祐二年春正月，鹽鐵副使任布請鑄大錢一當十。癸丑，置邇英、延義二閣，寫尚書無逸篇於屏。是日，御延義閣，召輔臣觀盛度進讀唐書，賈昌朝講春秋。

二月，燕肅等上考定樂器。戊午，御延福宮，臨閱奏郊廟五十一曲。因問李照：「樂何如？」照言：「王朴律準視古樂高五律，視禁坊樂高二律。擊黃鐘則爲仲吕，擊夾鐘則爲夷則。是冬興夏令，春召秋氣。又編鐘、鎛鐘無小大輕重厚薄長短之差，非中度之器。相傳以爲唐舊鐘，亦有朴所製者。昔軒轅氏命伶倫截竹爲律，復令神瞽協其中聲，然後聲應鳳鳴，而管之參差亦如鳳翅。其樂傳之夐古不刊之法也。願聽臣依神瞽律法，試鑄編鐘一簴，可使度量權衡協和。」有詔許之，仍就錫慶院鑄。庚申，太常博士、直史館宋祁上大樂圖義二卷。丁卯，范諷責授武昌行軍司馬，龐籍降知臨江軍。先是，籍爲御史，數劾諷。宰相李迪右諷，反左遷籍。籍既罷，益追劾諷不置，諷亦請辨，乃詔即南京置獄訊之。籍坐所劾諷有不如奏，法當免，諷當以贖論。呂夷簡疾諷，且欲因諷以傾迪，故特寬籍而重貶諷。戊辰，工部尚書、平章事李迪罷知亳州〔九〕。先是，上召呂夷簡、宋綬決范諷獄。以迪素黨諷，不召，迪皇恐還第。翌日，遂罷相。迪性淳直，實不察諷之多誕也。樞密使王曾爲右僕射兼門下侍郎、平章事，門下侍郎平章事呂夷簡加右僕射，參知政事王隨知樞密院事，樞密副使李諮知樞密院事，樞密副使王德用同知樞密事，參知政事宋綬爲樞密副使，給事中蔡齊參知政事，翰林學士承旨盛度爲參知政事，御史中丞韓億同知樞密院事。〔壬午〕知天雄軍杜衍爲御史中丞〔一〇〕。衍奏：「中書、樞密古之三事大臣，所謂坐而論道者也。止隻日對前殿，何以盡天下之事。宜迭召見，賜坐便殿，以極獻替。」

三月，以杜衍權判吏部流內銓。先是，選補科格繁長，主判不能悉閱，吏多受賕出縮爲姦。衍既視事，即敕吏取銓法，問曰：「盡乎？」曰：「盡矣。」乃閱視，具得本末曲折。明日，曉諸吏無得升堂，各坐曹聽行文書，銓事悉自予奪，由是不能爲姦利。後改知審官，其裁制如判銓法。

講義曰：人言宋朝任法而不任人，信吏而不信士大夫。然吾觀賈積善十四考無公私過，雖無舉主，特與改官；李師錫以王德用甥，雖薦舉凡三十人〔一〕，止令循資〔二〕。是銓選有定法，而未嘗拘於法也。賈黯判流內銓，則有三年不通父問，而廢歸田里者。杜衍權典選銓，則裁制如法，而文吏聽行文書者。是銓法雖受成於吏，而未嘗盡委於吏也。故當時蘇紳上疏：「審官之職，宜擇主判官，付以事權。或有異材，許別論奏。」如寇準判銓，錢若水等三人以選人遷朝官。此又不可以常法論，而真得法外之意也。

夏四月丁巳，李照言：「奉詔製玉律，以候氣，請下潞州求上黨縣羊頭山秬黍，及下懷州河內縣取葭莩。」從之。戊辰，命吕夷簡、王曾都大管勾鑄造大樂編鐘，宋綬、蔡齊、盛度同都大管勾，仍以入內都知閻文應提舉。始照既鑄成編鐘一簴，遂建請改制大樂，取秬黍累尺成律鑄鐘。審之，其聲猶高，更用大府布帛尺爲法。乃下太常四律，照自爲十二管律法。戊寅，命馮元、聶冠卿、宋祁同修樂書。

五月甲申朔，詔曰：「王者奉祖宗，尚功德。共惟太祖皇帝〔三〕，受天命，建大業，可謂有功矣。太宗、真宗二聖，繼統重熙累洽，可謂有德矣。其令禮官考合典禮，辨崇配之序，定二祧之位。」庚子，太常禮院言：「太祖經綸草昧，遂有天下，功宜爲帝者祖。太宗動靜制作，真宗財成治定，德宜爲帝者宗。三廟並萬世不遷，宜布天下，以示後世。至於升侑上帝，請自今以太祖爲定配，二宗爲迭配。將來皇帝親祠，且請三聖皆侑。此後迭配，還如前議。至日圜丘、仲夏皇地祇，配以太祖。孟春祈穀、夏雩祀、冬祭神州，配以太宗。孟春感生帝，配以宣祖。季秋太享，配以真宗。」詔恭依。

六月，先是，太常鐘磬每十六枚爲一簴，而四清聲相承不擊。乙丑，李照言：「十二律聲已備，餘四清聲乃鄭衛之樂，請去四清鍾。」馮元駁之曰：「前聖制樂，取法非一。故有十三管之和，十九管之巢，三十六簧之竽，二十五弦之瑟，十三弦之箏，九弦七弦之琴，十六枚之鐘磬，各自取義，寧有一之於律呂、專爲十二之數也。且聖人既以十二律各配一鐘，又設四清聲以附正聲之次，蓋爲夷則至應鐘四宮而設也。夫五音：宮爲君，商爲臣，角爲民，徵爲事，羽爲物。聲重大者爲尊，輕清者爲卑，卑者不可加於尊，古今之所同也。故列聲之尊卑者，事與物不與焉。何則？事爲君治，物爲君用，不能尊於君故也。惟君、臣、民三者則自有上下之分，不得相越。故四清聲之設，正爲臣民相避，以爲尊卑也。臣以爲如舊制便。」帝令權用十二枚爲一格，且詔俟有知音者有司別議以聞。丁卯，出内藏庫紬絹一百萬，下三司市糴軍儲。辛未，御崇政殿，召輔臣觀新樂。先是，帝親製樂曲。

秋七月甲申，詔特賜寇準謚曰忠愍。庚子，侍御史曹修睦言：「李照所改歷代樂，頗爲迂誕，而其費甚廣。請付有司按劾之。」帝以照所作鐘磬頗與衆音相諧，但罷其增造。知杭州鄭向言：「鎮東節度推官阮逸頗通音律。」上其所撰樂論十二篇并律管十三。詔令逸赴闕。

八月壬子朔，詔改强盜法，不持杖不得財徒二年，得財爲錢萬及傷人者死，餘定罪有差。自是盜法惟京師加重，餘視舊益寬矣。辛酉，上作警嚴曲付太常肄習，名曰振容歌，從李照之請也。尋改名奉禋。丁丑，内出景祐樂髓新經六篇賜群臣。其一，釋十二均；二，明所主事；三，辨音聲；四，圖律吕相生，並祭天地、宗廟所用律及陰陽數配；五，十二管之長短；六，歷代度量衡。皆本之於陰陽，配之於四時，建之於日月，通之於鞮竺，演之於壬式遁甲之法。己卯，知兖州孔道輔爲龍圖閣直學士。時近臣有獻詩百篇者，執政請除龍圖閣直學士，上曰：「是詩雖多，不如孔道輔一言。」遂以命道輔。議者因是知前日之斥，果非上意也。初命朝臣爲江浙荆湖福建廣南等路提點銀銅坑冶鑄錢公事。

九月乙未，詔司天監製百刻水秤，以測候晝夜。初，諸王邸散居都城，非朝謁從祀不得會見。己酉，詔即玉清昭應宫舊基建宫，合十位聚居，賜名睦親宅。

冬十月，復置朝集院，以待外官之還京師者。壬子，許蔡州立學。癸丑，復置群牧制置使，仍詔自今止以同知樞密院或副使兼領之。己巳，出内藏庫緡錢七十萬、左藏五十萬，下河北市軍儲。許蘇州立學，仍給田五頃。

十一月朔，以應天府書院爲府學，仍給田十頃。戊子，郭氏薨。后之獲罪也，上直以一時之忿，既而悔之，累遣使勞問。於是，又爲樂府詞以賜后，后和答，語甚悽愴。會后小疾，閻文應與太醫診視，數日遽不起，中外疑文應進毒，然不得其實。時上致齋南郊，不即以聞，及聞，深悼之。詔以后禮葬。右司諫王堯臣請窮治侍醫者，不報。乙未，祀天地於圜丘，以太祖、太宗、真宗並配。

十二月，閻文應落内都都知，爲秦州鈐轄。尋改鄆州鈐轄。其子士良罷御藥院。時諫官姚仲孫、高若訥劾文應，方命宿齋太廟，而文應叱醫官。郭皇后暴薨，中外莫不疑文應置毒者，請並士良出之。范仲淹劾奏其罪。上卒聽仲淹言，竄文應嶺南。尋死於道。范仲淹爲吏部員外郎、權知開封府。仲淹自還朝，言事愈急。宰相陰使人諷之曰：「待制侍臣，非口舌任也。」仲淹曰：「論思政侍臣職，余敢不勉。」宰相知不可誘，乃命知開封，欲撓以劇煩，使不暇它議，亦幸其有失，亟罷去。仲淹處之彌月，京邑肅然稱治。甲子，左侍禁桑懌爲閤門祇候〔四〕，賞平蠻獠之功也。懌辭，不許。或譏懌好名，懌嘆曰：「若欲避名，則善皆不可爲也。」許孟州立學，仍給田五頃。辛未，詔孔聖祐弟北海縣尉宗愿爲國子監主簿，襲封文宣公。先是，御史臺辟石介爲主簿，介上疏論赦書不當求五代及諸僞國後，不合意，罷不召。歐陽脩貽書責中丞杜衍曰：「介一賤士，用不用當否未足害政，然可惜者，中丞舉動也。主簿於臺中非言事官，然大抵居臺中者必以正直剛明、不畏避爲稱職。介足未履臺門之閾，而已用言事見罷，其可謂正直剛明不畏避矣。度介之才不止爲主簿，直可爲御史也。今斥介而它舉，必亦擇賢而舉。夫賢者固好辨，若舉而入臺又有言，則又斥而它舉乎！如此則必得愚闇懦默者而後止也。」衍卒不能用。

丙子景祐三年春正月壬寅，追册故金庭教主沖靜仙師郭氏爲皇后，鹵簿儀物並用孝章皇后故事。己酉，許洪州、密州立學，仍各賜田五頃。

二月，先是，上以三司胥吏猥多，或老疾不知書計，詔中丞杜衍與三司差擇之。已而三司後行朱正、周貴、李逢吉等數百人詣宰臣呂夷簡第喧訴。夷簡拒不見。又詣王曾第。曾以美言諭之，因使列狀自陳。既又詣衍第，投瓦礫肆醜言乃去。明日，衍對，請下有司推究。而曾具得其姓名。乙卯，正、貴杖脊配沙門島，逢吉等二十二人決配遠惡州軍牢城，其爲從者皆勒停。

呂中曰：太祖嘗汰吏四百人，真宗又汰諸路吏萬有餘人，何其易，而景祐欲汰三司吏反失國體，何耶？論者皆以爲勢之弱至此，不知當時韓魏公嘗汰兵數萬人，不聞有爲亂者。兵且可汰，況於吏乎！是小人之欲害君子，先煽鼓夫諸吏之虛聲以中衍也〔一五〕。

丙辰，詔翰林學士馮元、禮賓副使鄧保吉與阮逸、胡瑗較定舊鐘律。瑗以經術教授吴中，范仲淹前知蘇州，薦瑗知音，白衣召對，與逸俱命。

三月，許潞州、常州立學。是月，李諮等請罷河北入中虛估，以實錢償芻粟，實錢售茶，皆如天聖元年之制。又以北商持券至京師，舊必得三司符驗然後給錢，三司吏稽留爲姦。乃悉罷之，命商持券徑趣榷貨務驗實，立償以錢。詔皆可之。又詔前已用虛估給券者給茶如舊，仍給景祐二年以前茶。諮等又言：「奭等變法，五年之間，河北入中虛費緡錢五百六十八萬。今一旦復用舊法，恐豪商不便，依託權貴以動朝廷。請先期申諭。」〔一六〕於是帝爲下詔戒敕，而縣官濫費自此少矣。

夏四月，許衡州立學。

五月，范仲淹言：「西洛帝王之宅，負關河之固，邊方不寧，則可退守，宜漸營廩食，太平則居東京通濟之地，急難則居西洛險固之宅。」丙戌，仲淹落職知饒州。時呂夷簡執政，仲淹言進退近臣不宜全委宰相，又上百官圖指其次第曰：「如此爲序遷，如此爲不次。如此爲公，如此則私，不可不察也。」夷簡滋不悦。帝嘗以遷都事訪諸夷簡，夷簡曰：「仲淹迂闊，務名無實。」仲淹聞之，爲四論以獻：一曰帝王好尚，二曰進賢任能，三曰近名，四曰推委。大抵譏時政。夷簡大怒，訴仲淹越職言事，薦引朋黨，離間君臣。由是降黜。侍御史韓瀆希夷簡意，請以仲淹朋黨牓朝堂，戒百官越職言事。從之。

講義曰：此仲淹之所以言事去也。此夷簡爲相而國論爲之再變也。昔歐陽脩言於仁宗曰：「自古人臣進諫有難有易，自仲淹貶饒州後，至今凡二十餘年間，逐臺諫者多矣，未聞有規諷人主得罪者〔一七〕。臣故謂方今諫人主則易，言大臣則難。」然嘉祐之前，諫人主者固甚易，言大臣者亦豈難哉。仲淹以言夷簡去，而夷簡亦以仲淹罷。唐介以言彦博去，而彦博亦以唐介罷。介猶御史職也，仲淹乃以待制知府，而敢於言大臣，則當時容養敢言之氣可知矣。

許許州立學。祕書丞余靖言：「陛下自專政以來，三逐言事者，恐非太平之政也。」壬辰，靖落職監筠州酒税。許潤州立學。乙未，館閣校勘尹洙監郢州酒税。先是，洙上言：「臣常以范仲淹直諒不回，義兼師友。仲淹既以朋黨得罪，臣固當從坐。」宰相怒，遂逐之。戊戌，貶館閣校勘歐陽脩爲夷陵縣令。初，右司諫高若訥言：「范仲淹貶職之後，歐陽脩貽書責臣不能辨仲淹非辜，臣愚以爲仲淹狂言，自取譴辱，豈得謂之非辜。恐中外聞之，謂天子以迕意逐賢人，所損不細。」因繳進脩書，脩坐是貶西京留守推官。蔡襄作四賢一不肖詩傳於時。四賢，指仲淹、靖、洙、脩，不肖斥若訥也。泗州通判陳恢尋上章乞根究作詩者罪。左司諫韓琦劾恢越職希恩，宜重行貶黜，庶絶姦諛。不報。而襄事亦寢。光禄寺主簿蘇舜欽上疏言：「臣睹丁亥詔書戒越職言事，播告四方，無不驚惑。蓋陛下即位屢求直言，今詔書頓異前事，豈非大臣壅蔽陛下聰明、杜塞忠良之口。夫納善進賢，宰相之事，蔽君自任，未或不亡。今諫官、御史悉出其門，但希旨意即獲美官，多士盈庭，噤不得語。陛下拱嘿，何由盡聞天下之事乎？前孔道輔、范仲淹剛直不撓，非不知緘口數年坐得卿輔，蓋不敢負陛下委注之意，而皆罹中傷，竄謫而去。使正臣奪氣，鯁士咋舌，目睹時弊，口不敢論。望陛下發德音，寢前詔，勤於采納，下及芻蕘，可以常守隆平，保全近輔矣。」

六月，許越州立學。壬子，許階州立學，皆給田五頃。丙辰，以新修樂書爲景祐廣樂記。壬戌，禁以鹿胎皮爲冠。甲子，許真定府、博州、鄆州立學，各給田五頃。

秋七月，馮元獻金華五箴。戊子，元等又上景祐廣樂記八十一卷。庚寅，孫沖上所撰五代紀七十七卷，降詔褒答。乙未，初置大宗正司，以江寧節度使允讓知大宗正事，彰化留後守節同知大宗正事。時諸王子孫既聚居睦親宅，故於祖宗後各擇一人，使司訓導，糾違失。庚子，太平興國寺災。是冬，大雨震電，火起寺閣中。朝廷始議修復，崇政殿説書賈昌朝言：「易震卦之象曰：洊雷震，君子以恐懼修省。春秋傳曰：人火曰火，天火曰灾。切惟近年寺觀屢灾，此殆天賜譴告，獨可勿繕治，以示畏天戒愛人力之意。」從之。

八月，許并州立學。右司諫韓琦言：「祖宗已來，通用王朴之樂，天下無事垂八十載。頃燕肅妄加磨鑢，適會李照至闕，謂其音未諧。陛下許之改作。洎逸、瑗繼至，盛言照樂穿鑿，再令造律，則又圍徑乖古。鄧保信續上新法，亦復長廣未合。臣慮後人復有從而非之者。不若窮作樂之源，爲致治之本，使政令平簡，民純熙洽，斯乃治古之樂，可得以器象求乎。且西北二垂久弛邊備，犬戎之性豈能常保。此陛下與左右大臣宜先及之，緩兹求樂之議，移訪安邊之策，然後將王朴、逸、瑗、保信三法別詔稽古之臣，取其中合典志者，以備雅奏，固亦未晚。」詔丁度等速詳定以聞。

九月，許絳州立學。丁亥，丁度等言：「鄧保信所製尺類皆差舛不同周、漢。逸、瑗所製又復不同。」詔悉罷之。己酉，出内藏庫緡錢五十萬〔一〇〕，下河北轉運司市糴邊儲。

賜河南府新修太室書院名曰「嵩陽書院」。壬辰，以阮逸爲鎮安節度掌書記、知城父縣胡瑗試校書郎。初召逸、瑗作鐘磬律度，與古多不合，猶推恩而遣之。乙未，以崇政殿説書王宗道、國子監説書楊中和並爲睦親宅講書。睦親宅講書始此。

冬十一月，許江州立學。戊寅，保慶皇后崩。始上起居飲食，后必與之俱，所以擁祐扶持，恩意勤備，性慈仁，謙謹寡過。上未有嗣，后從容勸上選宗子養宮中，由是英宗自宮邸未齠齓養后所。

十二月，詔宣敕劄子非經通進銀臺司，毋得直下諸處。初，李紘領銀臺司〔一九〕，具言宣敕劄子皆不經本司，封駁之職遂廢不舉，請用舊制申明之。丙寅，知樞密院事李諮卒。丁卯，同知樞密院事王德用知樞密院事，翰林學士承旨章得象同知樞密院事。得象爲人莊重，度量宏廓，初爲楊億所稱，以爲有公輔器。或問之，答曰：「閩士多輕狹，而得象渾厚有容，此所以貴也。」趙元昊改廣運三年曰大慶，再舉兵攻回紇，陷瓜、沙、蘭三州，將謀入寇。

丁丑景祐四年春正月戊寅，賜蔡州學田十頃。甲午，内藏庫言：「歲斥緡錢六十萬以助三司，蓋始於天禧三年，時詔書切戒三司，毋得復有假貸。自明道二年距今才四年，而所借錢帛凡九百十七萬二千有餘。請以天禧詔書申飭之。」奏可。

二月，賜常州學田五頃。

三月朔，以賈昌朝、王宗道、馬希言、楊安國並兼天章閣侍講，預內殿起居。天章閣置侍講自此始。

夏四月，賜宣州學田五頃。甲子，右僕射兼門下侍郎、平章事呂夷簡罷判許州，右僕射兼門下侍郎平章事王曾罷判鄆州，參知政事宋綬罷爲尚書左丞，參知政事蔡齊罷爲吏部侍郎歸班。夷簡專決事不少讓，曾不能堪，論議多不合。曾數求去，言夷簡招權市恩。帝詰夷簡，夷簡乞置對，而曾言亦有失實者，帝不悅。綬素與夷簡善，齊議事間附曾，故並綬、齊皆罷。知樞密院王隨、知鄭州陳堯佐並爲平章事，呂夷簡嘗密薦二人可用故也。參知政事盛度知樞密院事，同知樞密院事韓億、三司使程琳、翰林學士承旨石中立並爲參知政事，樞密直學士王鬷爲同知樞密院事。乙丑，召宋綬入侍經筵。

閏四月，知徐州李迪言欲祠岱岳，並至景靈宮祝聖算、禱皇嗣。上謂參知政事韓億等曰：「大臣當詢民間利病，以分朝廷之憂，祈禱之事豈爲政耶？」詔止之。丁謂卒。王曾語人曰：「斯人智數不可測，在海外猶用詐得還，若不死，數年未必不復用，斯人復用，則天下之不幸可勝道哉。」

五月丙寅，有芝生於化成殿柱，召近臣、宗室觀之，仍出御製瑞芝詩賜宰臣王隨以下。翌日，儒臣並爲賦頌以獻。右司諫韓琦言：「春秋之法，但記灾異，至於祥瑞，略而不書。豈不以君閱瑞牒則意安，睹灾符則心懼，意安則政怠，心懼則德修，聖人垂戒之深，其旨斯在。臣愚望陛下特以灾異爲重，一政教之間，思所未至者，隨其變而應之。至於珍祥奇瑞，雖陛下仁愛所感，亦望以日慎一日〔二〇〕，雖休勿休爲念。則昊穹降鑒答陛下寅畏之心，生靈遂宜蒙陛下慈惠之澤，自然時和歲豐，家給人足，永獲上瑞之報也。」

六月，以御製神武祕略賜河北、河東、陝西緣邊部署、鈐轄、知州軍，每得代，更相付授。始韓億同知樞密院事，建言：「武臣宜知兵書，而禁不傳，請纂集其要者賜之。」上於是作神武祕略凡三十篇，分十卷，仍自作序焉。詔國子監以翰林學士丁度所修禮部韻略頒行。

秋七月戊申，有星數百，皆西南流，其最大者一星，至東壁没〔二一〕，光燭地久之不散，已而黑氣長丈餘，出畢宿下。

八月，出内藏絹三十萬，下河北路市糴軍儲。甲午，詔：「天下常平倉錢穀，自今三司及轉運司無得借支。」戊戌，許華、福二州立學。

九月，御邇英閣，讀唐書，因詔唐書列傳止取事義切於規戒者讀之。

冬十月，御邇英閣，讀正説謹罰篇，述後漢光武罷梁統從重之奏。帝曰：「深文峻法，誠非善政。」宋綬對曰：「王者峻法則易，寬刑則難。夫以人主得專生殺，一言之怒則如雷如霆，是峻易而寬難也。」丙子，御邇英閣，讀正説養民篇。帝曰：「尸子言：君如杅，民如水，何也？」〔三〕丁度對曰：「水隨器之方圓，若民從君之好惡。是以人君謹所好焉。」甲午，邇英閣講春秋。上曰：「春秋自昭公之後，魯道陵遲，家陪用政，記載雖悉，而典要則寡，宜刪去蔓辭，止取君臣政教事節講之。」因謂宋綬等曰：「春秋經旨在於奬王室，尊君道。丘明作傳，文義甚博，然其間録詭異，則不若公羊、穀梁二傳之質。」綬等對曰：「三傳得失，誠如聖言。臣等自今凡丘明所記事稍近誣及陪臣僭亂無足勸誡者，皆略而不講。」

十一月，出内藏庫紬絹五十萬，下河北、陝西路市糴軍儲。

十二月，給真定府、潞州學田各五頃。乃詔自今須藩鎮乃許立學，它州勿聽。甲申，忻、代、并三州言地震壞廬舍，覆壓吏民。自是河東地震連年不止，或地裂泉涌，或火出如黑沙狀，一日四五震，民皆露處。乙酉，命侍御史程戡體量安撫。左司諫韓琦上疏曰：「臣伏睹鄉者興國寺雙閣灾，延及開寶祖殿。復聞仰觀垂象，或失經行。蓋人事之已形，致天變之嗣發。臣謂陛下宜虚佇以求直言，側身以修庶政，有功則賞，有罪則罰，旌別賢愚，撙節財用，抑宴私過度之樂，休營造不急之務，決獄使之無濫，出令斷於必行，斯所以念祖宗之艱難，答天意之警悟也。而陛下眷三京以肆赦宥，走群望以罄祠祝，內自禁掖，外及寺觀，並與祭醮，逮越晦朔。矧今北道數郡繼以地震上聞，即命使軺，就崇法供。雖陛下欽順上天之誠可謂至矣，其於消伏災眚之道則猶未然。夫弛刑綱以貸頑悖之民，損國貲以奉游惰之輩，將欲召丕貺、感靈心，是猶卻行以求前，揚湯而止沸，無益之驗信昭昭矣。」復上疏言：「近聞大慶殿及諸處並建道場，且大慶殿者，國之路寢，朝之法宮，陛下非行大禮、被法服，則未嘗臨御，臣下非大朝會則不能一至於庭，豈容僧道凡庸之人，繼日累月，喧雜於上，非所謂正法度而尊威神也。望今後凡有道場設醮之類，並於別所安置。」給徐州學田五頃。壬辰，徙知饒州范仲淹知潤州，監筠州稅余靖監泰州稅，夷陵縣令歐陽脩爲光化縣令。上諭執政令移近地故也。先是，京師地震，直史館葉清臣上疏曰：「天以陽動，君之道也。地以陰静，臣之道也。天動地静，主尊臣卑，易此則亂，地爲之震，乃十二月二日丙夜，京師地震移刻而止，定、襄同日震，至五日不止。屬者熒惑犯南斗，一歲之中，灾變仍見，必有下失民望，上戾天意。陛下徒使內侍走四方治佛事，治道科，非所謂消伏之實也。頃范仲淹、余靖以言事被黜，天下之人齚舌不敢議朝政者，行將二年，願陛下深自咎責，詳延忠直敢言之士，庶幾明威降鑒而善應來崇也。」書奏數日，仲淹等皆得近徙。

戊寅寶元元年春正月，直史館同知禮院宋祁上疏曰：「臣伏見頃歲以來，災眚數見，若乃群星流散，則民人蕩析之象也。月行黃道，地震州邑，邊戎窺閒，臣下擅恣，后妃將盛，年穀且饑之兆也。去年火焚興國寺浮屠，延燔藝祖神御殿，已而盜壞宗廟釦器者再，則神不昭格之意也。陛下試一念之，假有蕩析，以何策固安？假有飢窣，以何理振救？脱致窺閒，可任之將謂誰〔三〕？儻令擅恣，可防之奸有幾？」丙午，以災異屢見，下詔求直言。庚戌，命翰林學士丁度等權知禮部貢舉。乙卯，大理評事蘇舜欽詣匭通疏曰：「臣聞河東地大震裂。既而孟春之初，雷電暴作。臣切見綱紀隳敗，政化缺失，其事甚衆，不可概舉，謹條大者二事以聞。一曰正心。夫治國如治家，治家者先修己，修己者先正心。心正則神明集而萬務理。今民間傳陛下比年稍邇俳優賤人，燕樂踰節，賜予過度。燕樂踰侈則蕩，賜予過度則侈。蕩則政事不親，侈則用度不足。今陛下春秋鼎盛，實宵衣旰食求治之秋，而乃隔日御殿，此政事不親也。又府庫匱竭，民鮮蓋藏，誅斂科率殆無虚日，此用度不足也。二曰擇賢。夫明主勞於求賢而逸於任使。然盈庭之士不須盡擇，在擇一二輔臣及御史、講官而已。昨王隨自吏部侍郎平章事，超越十資復爲上相，而隨虚庸邪諂，非輔相之器。降麻之後，物論沸騰，故疾纏其身，災仍於國。陛下左右尚如此，天下官吏可知也。又張觀爲御史中丞，高若訥爲司諫，二人者皆溫和軟懦無剛鯁敢言之氣，斯皆執政引拔建置，欲其緘嘿不敢舉揚其私。時有所言，則必暗相關説，旁人窺之甚可笑也。」直史館蘇紳上疏曰：「星之麗天，猶萬國之附王者。下之畔上，故星亦畔天。天者，陽之氣；地者，陰之體。其有越陰之分、侵陽之政，則應以變動。雷者，天之號令，所以開發萌芽，辟除陰害，萬物須雷而解，須雨而潤。惟人君崇寬大、順春令，則應節，否則動於冬。今方春而雷發聲，天其或者欲陛下出號令以震動天下，宜及於早，而矯臣下舒緩之咎。凡朝廷事無巨細，無內外，取其先急者悉關聖慮，而振肅之不可緩也。夫星變既有下畔上之象，地震又有陰侵陽之證者，天意若曰：夷狄將有畔上之釁，恐陛下未悟也。又以震雷警之，欲陛下先事爲備，則患禍消而福祥至矣。」葉清臣上疏曰：「臣聞王者之所以橫制六合、撫有萬民者，在握刑賞之權，不授人以柄而已。今則不然，爵賞、刑罰陛下所有也，比及於人，則天下之人族談囂然，不曰自陛下出，而曰由宰相，得非臣陰之盛而易天地之序者乎？」校書郎張方平陳七事：一曰密機事，二曰用威斷，三曰廣言路，四曰重圖任，五曰正有司，六曰信命令，七曰示戒懼。御史中丞張觀上四事：一曰知人，二曰嚴禁，三曰尚質，四曰節用。

二月，詔自今後日御前殿視事。用蘇舜欽之言也。甲戌，賜鄆州學田五頃。右司諫韓琦上疏言：「宰臣王隨登庸以來，衆望不協，差除任性褊躁傷體。自宿疹之作，幾涉周星，安卧私家，備禮求退，貪禄竊位之計亦已窮矣。次則陳堯佐男述古監左藏庫，官不成資，未經三司保奏，而引界滿酬獎之條，擢任三門白波發運使。參知政事韓億初乞男綜不以資叙，回授兄綱，將朝廷要職從便退换，如已家之物，紊亂綱紀，舉朝非笑。又石中立本以藝文進居近署，但滑稽談笑之譽爲人所稱，處於翰墨之司，固當其職，若參決大政，則誠非所長。乞從罷黜，以慰具瞻之望。」

三月戊戌朔，門下侍郎、平章事王隨罷爲彰信節度使，户部侍郎、平章事陳堯佐罷爲淮康節度使、判鄭州，户部侍郎、參知政事韓億罷歸本班，禮部侍郎、參知政事石中立罷爲資政殿學士。初，吕夷簡罷，密薦隨與堯佐二人爲相，其意引援非才居己下者用之，度它日上意見思而復相己。及隨與堯佐、億、中立等議政，數忿争於中書，隨尋屬疾在告，而堯佐復年高，事多不舉，時有中書番爲養病坊之語。琦論隨等凡十上，堯佐亦先自援漢故事求策免。於是四人者俱罷。判河南府張士遜爲門下侍郎兼兵部尚書、平章事，户部侍郎、同知樞密院事章得象以本官平章事，知樞密院事盛度加寧武節度使、檢校太傅，同知樞密院王鬷、工部侍郎李若谷並爲參知政事，權三司使王博文、知永興軍陳執中同知樞密院事。初，韓琦數言執政非才，上未即聽。琦又言曰：「豈陛下擇輔弼未得其人故耶？若杜衍、孔道輔、胥偃、宋郊、范仲淹，衆以爲忠正之臣，可備進擢。不然嘗所用者王曾、吕夷簡、蔡齊、宋綬亦人所屬望，何不圖任也。」上雖聽琦罷王隨等，更命士遜及得象爲相，士遜猶以東宫舊恩，或言又夷簡密薦之。得象入謝，上謂曰：「往者太后臨朝，群臣邪正朕皆嘿識，惟卿清忠無所附，且未嘗有干請。今日用卿由此也。」知制誥宋郊爲翰林學士。上初欲用郊爲同知樞密院事，中書言：故事無知制誥除執政者，乃先召入。翰林學士李淑害其寵，欲以奇中之，言於上曰：「宋受命之號也，郊，交也，合姓名言之爲不祥。」它日以諭郊，因改名庠。甲寅，御崇政殿試禮部奏名進士。庚辰，賜進士吕溱等二百人及第，一百十人同出身，特奏名一百六十五人同諸科出身及爲諸州長史。辛酉，賜諸科四百十四人及第並出身。其特奏名被恩賜者又九百八十四人。瓊林宴初賜大學篇，范鎮禮部奏名爲第一，故事，禮部第一人賜第未有第二甲者，雖近下猶升之，吴育、歐陽脩殿庭唱第過三人亦抗聲自陳，鎮獨默然，至第七十九人乃出拜，退就列無一言。衆以是賢之。禮部第一人在第二甲，自鎮始。初，薛奎知益州還朝，與鎮俱，或問奎入蜀所得，奎曰：「得一偉人，當以文學名世也。」

夏四月，給事中、權御史中丞張觀同知樞密院事。賜河南府嵩陽書院田十頃。乙未，詔自今試舉人，非國子監見行經書毋得出題。

六月己卯，建州言：「自正月雨至四月谿水大漲入州城，壞民廬舍。」帝留意農事，每以水旱爲憂。甲申，詔天下州郡每旬上雨雪狀，著爲令。戊子，權知司天少監楊惟德等言：「來歲己卯閏十二月則庚辰歲正月朔，日當食。請移閏於庚辰歲。」上曰：「閏所以正天時而授民事，其可曲避乎？」不許。

秋七月，賜襄州學田五頃。右司諫韓琦言：「前奉詔詳定鐘律，嘗覽景祐廣樂記，睹李照所造樂不合古法，朝廷因而施用，識者久以爲非。今將親祀南郊，不可重以違古之樂上薦天地、宗廟。」詔宋綬、晏殊同兩制詳定以聞。綬等言：「李照新樂比舊樂下三律，衆論以爲無所考據。願如琦請，郊廟復用和峴所定舊樂。」乃詔太常舊樂悉仍舊制，李照所造勿復施用。壬戌，御崇政殿策試賢良方正能直言極諫著作佐郎田況、大理評事張方平，茂才異等邵亢。況所對入第四等，方平四等次。亢與宰相張士遜連姻報罷。

八月，復置淮南江浙荆湖制置發運使。

冬十月，詔戒百官朋黨。初，吕夷簡逐范仲淹等，士大夫爲仲淹言者不已。於是，内降劄子曰：「向貶范仲淹，蓋以密請建立皇太弟，非但詆毁大臣。今中外臣寮屢有稱薦范仲淹者，事涉朋黨，宜戒諭之。故復下此詔。」參知政事李若谷建言：「近歲風俗薄惡，率以朋黨污善良。蓋君子、小人各有類。今一以朋黨目之，恐正臣無以自立。」帝然其言。鹽鐵副使工部郎中司馬池歲滿當遷，中書進名，上曰：「是固辭諫官者。」遂命爲天章閣待制、知河中府。甲戌，趙元昊築壇受册，僭號大夏始文英武興法建禮仁孝皇帝，改大慶二年爲天授禮法延祚元年。

十一月庚戌，祀天地於圜丘，大赦，改元。戊午，鄆州言資政殿大學士、左僕射王曾卒。曾入朝進止有常處，平居寡言，自奉廉約，人莫敢干以私。執政十年，其所進退士人莫有知者。范仲淹嘗以問曾，曾曰：「夫執政者恩欲歸己，怨使誰當？」皇祐中，上爲篆其墓碑曰「旌賢之碑」。大臣碑得賜篆自曾始。

十二月甲子，京師地震。丙寅，鄜延路都鈐轄司言趙元昊反。癸酉，命夏竦爲奉寧節度使、知永興軍，范雍爲振武節度使、知延州。

己卯寶元二年春二月，許明州立學，仍給田五頃。

三月，編修院與三司上歷代天下户數。先是，上御邇英閣，讀真宗皇帝所撰正說養民篇見歷代户口登耗之數，顧謂侍臣曰：「今天下民籍幾何？」翰林侍讀學士梅詢對曰：「先帝所作，蓋述前代帝王恭儉有節則户口充羨，賦斂無度則版圖衰減。自五代之季，生齒凋耗，太祖受命而太宗、真宗繼聖承祧，休養百姓，今天下户口之數蓋倍於前矣。」因詔三司及編修院檢討以聞。至是上之。庚戌，都官員外郎王素爲侍御史。中丞孔道輔薦之。素，旦子也。丙辰，許泉州立學，仍給田五頃。趙元昊爲書及錦袍、銀帶投鄜延境上，以遺金明李士彬，且約以叛。候人得之，諸將皆疑士彬。副都部署夏元亨獨曰：「此行間爾。若有私約，豈使衆知耶！」乃召士彬與飲，厚撫之，士彬感泣。不數日，果擊賊取首馘羊馬自效。

夏四月，放宫人二百七人。上因諭宰臣張士遜等曰：「不獨矜其幽閉，亦可省禁掖浮費也。」

五月，右司諫韓琦言：「唐之斜封，今之内降，蠹壞綱紀，爲害至深。乞特降詔諭，今後臣僚或有奏請事件，輒敢因緣請託，及自於内中陳乞，特批指揮，即望降出姓名，並爲奏求人並送有司勘劾，重行貶責。」癸卯，天章閣侍講賈昌朝上書曰：「今西夏僭狂，此不足慮。而國家用度素廣〔二四〕，民力頗困，是則可憂。自天聖以來，屢詔有司節省用度，未有施行。臣嘗治畿邑，有禁兵三千，而留萬户賦輸僅能取足，其三年賞給，仍出自内府。況它郡邑兵不啻此。臣又嘗掌京廩，計江淮歲運粮六百餘萬，以一歲之入，僅能充朝廷之用。三分二在軍旅，一在冗食。儻有水旱頻仍之灾，軍戎調度之急，計將安出哉。願取景德以來，迄於景祐，校其所入出之數，約以祖宗舊制，其不急皆省罷之。」詔張若谷、任師中、韓琦與三司定奪減省以聞。韓琦言：「減省浮費莫如自宫掖始。」

六月壬戌，詔曰：「比命近臣議省浮費，自乘輿服御及宮掖所須，務從簡約。」庚午，上封者言：「審官院缺有限，而奏舉選人日益多。或至四考五考改京官者。請自今須六考以上方許磨勘，嘗犯私罪者加一考。」從之。先是，詔知永興軍夏竦議西鄙事。丙子，竦上十策：一教習强弩以爲奇兵，二羈縻屬羌以爲藩籬，三詔唃厮囉父子并力破賊，四度地形險易遠近增減屯兵，五詔諸路互相應援，六募土人爲兵以代東兵，七增置弓手、壯丁、獵户以備城守〔二五〕，八並邊小寨毋積芻粮、賊攻急則入保大寨，九關中民坐罪若過誤者許入粟贖罪，十損並邊冗兵、冗官及減騎軍以紓饋運。

秋八月庚午，上謂宰臣張士遜曰：「帝王之明在擇人之邪正〔二六〕，則天下無不治矣。」兩川自夏至秋不雨，民大饑。庚辰，命知制誥韓琦爲益利路體量安撫使，吏部員外郎蔣堂爲梓夔路體量安撫使。

九月，御史中丞孔道輔性鯁特立，遇事彈劾無所阿避，出入風采肅然。及再執憲，權貴益憚之。

冬十月，宗正寺修玉牒官李淑上所修皇帝玉牒二卷，皇子籍一卷。丙寅，上御延英閣，觀講左氏春秋及讀正説終。上曰：「春秋所述前世治亂之事，敢不鑒戒。正説先帝訓言，敢不遵奉。」丁度等拜伏而言曰：「陛下德音若此，誠天下之福也。」上復問度洪範酒誥二篇大義，度悉以對。因詔度講周易，李淑讀三朝寶訓。丁度、李仲容讀所編經史規鑒事迹。

十一月戊子朔，出內庫真珠，估緡錢三十萬，賜三司。上諭輔臣曰：「此無用之物，既不欲捐棄，不若散之民間，收其直助糴邊儲，亦可少紓吾民之斂也。」丁酉，知樞密院事盛度爲尚書右丞、知揚州，參知政事程琳爲光禄卿、知潁州，御史中丞孔道輔爲給事中、知鄆州。初，張士遜素惡琳，而疾道輔不附己，將並逐二人，察帝有不悦琳意，即謂道輔：「上顧程公厚，今爲小人所誣，宜見上爲辨之。」道輔入對，言琳罪薄不足深治。帝怒，以道輔朋黨大臣，故特貶焉。辛丑，許建州立學，仍給田五頃。壬寅，參知政事王鬷爲工部侍郎、知樞密院，刑部員外郎宋庠爲諫議大夫、參知政事。同修起居注宋祁次當知制誥，以兄庠在中書，乃授天章閣待制、同判禮院。時陝西用兵，調費日蹙，祁上疏論三冗三費曰：「天下有定官，無限員，一冗也。廂軍不任戰而耗衣食，二冗也。僧道日益多而不定數，三冗也。何謂三費？一曰道場齋醮無日不有；二曰京師寺觀或多設徒卒，或增置官司，衣粮所給三倍它處；三曰使相節度不隸藩要，貪取公用以濟私家。」西賊寇保安軍，鄜延鈐轄盧守懃等擊走之。

十二月乙丑，賞保安軍守禦之功，盧守懃爲左騏驥使，都巡檢司指使狄青爲右班殿直。青功最多，故超四資授官。孔道輔既貶鄆州，始知爲張士遜所賣，頗憤惋，行至韋城，發病卒。然天下皆以遺直許之。元昊復遣賀九言齎嫚書，納旌節。直史館蘇紳陳便宜八事：一曰重爵賞，二曰精選擇，三曰明薦舉，四曰異服章，五曰適才宜，六曰擇將帥，七曰辨忠邪，八曰修備預。帝嘉納之，尋除史館修撰。

庚辰康定元年春正月丙辰朔，日有食之。知諫院富弼請罷宴徹樂，雖遼使在館，亦宜就賜飲食而已。參知政事宋庠以爲不可。弼曰：「萬一北虜行之〔二七〕，爲朝廷羞。」後使虜還者云虜罷宴如弼言，上深悔之。元昊詐乞和，范雍信之，不爲備，元昊攻保安軍，自土門路入。壬申，聲言取金明寨。翌日奄至，李士彬父子俱被禽，遂乘勝抵延州城下。雍先以檄召鄜延環慶副都部署劉平，使至保安，與鄜延副都部署石元孫合軍趨土門。及是，雍復召平、元孫還軍救延州。至三川口遇賊，平與元孫皆被執。賊圍延州凡七日，會大雪，賊解去。

二月己丑，入内副都知王守忠爲陝西都鈐轄。知諫院富弼言：「有唐之衰，遂以内臣監軍，取敗非一。昨用夏守贇已失人望，願罷守忠勿遣。」不聽。辛卯，天文官李自正上星變圖，且言月與太白俱犯昴，當有邊兵大起。上謂輔臣曰：「陰陽占候，中否參半。紂以甲子亡，武王以甲子興。王者當祗畏天道，尤要在人事應之何如爾。」知制誥韓琦自蜀歸，論西兵形勢甚悉，即命琦爲陝西安撫使。乙巳，詔京畿、京東西、淮南、陝西路括市戰馬。韓琦言：「陝西科擾頻仍，請免括此一路。」從之。丁酉，詔樞密院，自今邊事並與宰相張士遜、章得象參議之。翰林學士丁度嘗建言：「二府分兵民之政，若措置乖異，則天下無適從，非國體也。請軍旅重務二府得通議之。」知諫院富弼又言：「邊事繫國安危，不當專委樞密院，而宰相不與。乞如國初，令宰相兼樞密使。」上參取其言，而降是詔。士遜等以詔納上前曰：「恐樞密院謂臣等奪權。」弼曰：「此宰相避事爾，非是奪權也。」自范仲淹貶，禁中外越職言事。知諫院富弼因論日食，以謂：「應天變莫若通下情，願降詔求直言，盡除越職之禁。」上嘉納之。癸丑，降知延州范雍爲吏部侍郎、知安州。坐失劉平、石元孫也。

三月丙辰，詔兩府及執政舊臣俾條上陝西攻守之策。同知樞密院事陳執中言：「元昊乘天下久不用兵，而竊發西垂。范雍納詭詐之說，失於戒嚴。劉平任輕躁之心，喪其所部。塞門至金明二百里，須列修三城，每城屯精卒千人。寇大至則保城壘，小至則自驅逐。別以諸司使爲蘆關一路都巡檢，仍以兵二千人屬之，使爲三寨之援。」内子，大風晝暝，經刻乃復。是夜，有黑氣長數丈，見東南。丁丑，申詔中外言缺政。先是，改元詔求直言，群下猶未有所獻故也。戊寅，知樞密院王鬷、陳執中、同知樞密院事張觀並罷。天聖中，曮嘗使河北，過真定見曹瑋，瑋謂曰：「君異日當柄用，願留意邊防。」曮曰：「何以教之？」瑋曰：「吾聞趙德明嘗使人榷易漢物，不如意欲殺之，元昊諫曰：『我戎人，本從事鞍馬間，而與漢榷易不急之物已非策，又從而斬之，失衆心不可。』德明爲貰不殺。吾使人覘元昊狀貌異常，它日必爲邊患。」曮時莫究所謂。比再入樞密院，元昊果叛。帝數問邊計，不能對。及劉平、石元孫等敗，議刺鄉兵，久不決。於是，三人同日罷。三司使、刑部尚書晏殊、禮部尚書知河南府宋綬並知樞密院事，保安節度使王貽永同知樞密院事，吏部員外郎、知越州范仲淹復天章閣待制知永興軍。始用韓琦之言也。庚辰，詔參知政事同議邊事。

夏四月庚子，重修祖宗玉牒成。既而修玉牒所言：「請自今歲一貼修，十歲一編録，仍以其副留中。」奏可。詔河北轉運使姚仲孫、安撫使高志寧密下諸州軍添補强壯。初，知制誥王拱辰使契丹，還言契丹不畏官軍而畏土丁，故降是詔。出左藏、内藏庫緡錢各十萬，下陜西給軍須。范仲淹未至永興，癸丑，改爲陜西都轉運使。

五月丁巳，復知楚州孫沔爲監察御史。尋詔爲右正言。先是，揀下都輦官爲禁軍，輦官千餘人遮宰相、樞密使喧訴。張士遜方朝，馬驚墮地。己未，御史中丞柳植等奏其事，請付有司治。時軍興，機務填委，士遜位首相無所補，諫官以爲言。士遜不自安，上章請老。壬戌，優拜太傅致仕。本朝以宰相得謝者自士遜始。判天雄軍呂夷簡行右僕射兼門下侍郎、平章事。甲子，元昊陷塞門寨，執寨主内殿承制高延德，監押左侍禁王繼元死之。甲戌，陝西都轉運使范仲淹言：「今緣邊城寨有五七分之備，而關中之備無二三分。若昊賊深入，乘關中之虛，或東阻潼關，隔兩川貢賦，則朝廷不得高枕矣。莫若且嚴邊城，使持久可守，實關内使無虛可乘。若寇至，使邊城清野，不與大戰，關中稍實，豈敢深入。使弓馬之勁無所施，牛羊之貨無所售，二三年間，彼自困弱。待其衆心離叛，自有間隙，則行天討，此朝廷之上策也。」徙夏竦爲陝西都部署兼經略安撫使、緣邊招討使、知永興軍。己卯，以起居舍人知制誥韓琦、陝西轉運使范仲淹並爲陝西經略安撫副使。初，仲淹與呂夷簡有隙，帝諭仲淹使釋前憾，仲淹頓首曰：「臣向所論蓋國事，於夷簡何憾也。」

呂中曰：夷簡之罪莫大於因私憾而預瑶華之議，因北事而忌富弼之能。夷簡之功莫大於釋仲淹之宿怨，容孫沔之直言。君子論人，功罪不相掩可也〔二八〕。

以太常博士林瑀、殿中丞王洙並爲天章閣侍講〔二九〕。景祐末，災異數起，上憂之，深自貶損。瑀言：「災異皆有常數，不足憂。」又依周易推演五行陰陽之變，爲書上之，大抵皆諛諂之詞，緣飾以陰陽。上大好之。於是，天章閣侍講缺，端明殿學士李淑等薦洙，而内批用瑀，執政皆怒瑀，吕夷簡欲探上意堅否，乃曰：「瑀上所用，洙臣下所薦爾，不若並進二人，唯上所擇。」乃以洙、瑀名進。上問：「洙何如？」夷簡言：「洙博學明經。」上曰：「吾已用瑀矣，若何？」夷簡請並用二人。上許之。既而右正言梁適劾瑀於内降除官，請治其罪。上令以適章示之，卒不罪瑀。壬午，斬輦官曹榮、陳吉於市，以倡率其徒遮宰相喧訴者也。從者配牢城卒。揀輦官爲禁軍如初詔。

六月，鄜延副都部署任福爲環慶副都部署兼知慶州。辛亥，復權武成軍節度判官歐陽脩爲館閣校勘。始范仲淹副夏竦爲陜西經略安撫招討，辟脩掌書記。脩以親爲辭，且曰：「今世所謂四六者非脩所好，兼此末事，有不待脩而能者。」又曰：「古人所與成事者，必有國士共之。非惟在上者以知人爲難，士雖貧賤，以身許人，固亦未易。欲其盡死必深相知，知之不盡，士不爲用。今奇怪豪傑之士往往已蒙收擇，顧用之如何爾。然尚患山林草莽有挺特知義慷慨之士未盡出門下也，宜少思焉。」翰林學士丁度言：「中國抗夷狄，可以智勝，不可以戰鬬。蓋地形、武技與中國異也。羌戎上下山阪，出入溪澗，中國之馬不如也。隘險傾側，且馳且射，中國之技不如也。風雨罷勞，饑渴不困，中國之人不如也。爲今之計，莫若謹亭障、遠斥候，控扼要害，爲制勝之全策。」因條上其策，名曰備邊要覽。

秋七月癸亥，鄜延鈐轄張亢上疏言：「諸路部署、鈐轄、都監多至十四五員，少亦不減十員，權均勢敵，不相統制，凡有議論，互執不同。請别創使名，其已係路分部署、鈐轄、都監者，並屬新置使處分，所貴出於一。」又請逐路以馬步軍八千以上至萬人，擇才位兼高者爲統領。其下分爲三將，賊小入則一將出，大入則大將出，量賊數多少。又使鄰路出兵而應援之。此所謂常山蛇勢也。又諸路騎兵不能馳險，要計其芻粟，馬之費可養步軍五人。馬高不及四尺三寸者，宜悉還坊監，止留十之二，以步人代之。其後多施用者。

八月戊申，權知開封府杜衍同知樞密院事。庚戌，陝西經略安撫副使范仲淹兼知延州。先是，詔分邊兵，部署領萬人，鈐轄領五千人，都監三千人，有寇則官卑者先出。仲淹曰：「不量賊衆寡而出戰以官爲先後，取敗之道也。」爲分州兵爲六將，將三千人，分部教之。量賊衆寡使更出禦賊，賊不敢犯。既而諸路皆取法焉。賊相戒曰：「無以延州爲意。今小范老子腹中自有數萬兵甲，不比大范老子可欺也。」大范蓋指雍云。都監周美言於范仲淹曰：「賊新得志，其勢必復來。金明當邊衝，我之蔽也。今不亟完，將遂失之。」仲淹因屬美復城如故。數日，賊果來，其衆數萬薄金明，陣於延州城北三十里。美領衆二千力戰，會暮援兵不至，乃徙軍山北，多設疑兵，賊望見以爲救至，即引去。

九月戊午，參知政事李若谷罷爲提舉會靈觀事。宮觀置提舉自若谷始。知樞密院事宋綬爲兵部尚書，起復翰林學士晁宗慤並參知政事。起居舍人鄭戩爲同知樞密院事。己未，右正言、知制誥葉清臣權三司使事。中書進擬三司使，清臣不在選。帝曰：「葉清臣才可用。」遂以命之。清臣始奏編前後詔敕，使吏不能欺，簿帳之叢冗者一切刪去。内東御門厨皆内侍領之，凡所呼索，有司不敢問。乃爲合同以檢其出入。丙寅，西賊寇三川寨、鎮戎軍，西路都巡檢楊保吉死之，並陷乾溝、乾河、趙福三堡。戊辰，知樞密院事晏殊爲檢校太傅充樞密使，同知樞密院事王貽永、刑部侍郎杜衍、右諫議大夫鄭戩並爲樞密副使。庚午，大理寺丞、簽書定國節度判官事种世衡爲内殿承制、知延州青澗城。世衡，放兄子，幼從放學，任氣有材略。壬申，環慶副都部署任福等攻西賊白豹城，克之。合奉宸五庫爲一庫，在延福宮内，舊名宜聖殿五庫。

冬十月戊子，詔自今内降指揮與臣僚遷官及差遣者，並令中書、樞密院具條執奏以聞。上性寬仁，宗戚、近幸有求内降者，或不能違故也。癸巳，命館閣校勘刁約、歐陽脩同修禮書。

十一月丙辰，内出御撰洪範政鑑、審樂要記、風角集占以示輔臣，仍以風角集占賜陝西諸路部署司。壬戌，有大星流西南，聲如雷者三。丁卯，鄜延路部署指揮使〔三〇〕、右班殿直狄青爲右侍禁、閤門祗候、涇州都監。青每臨敵，披髮面銅具，出入賊中，皆披靡無敢當者。尹洙爲經略判官，青以指使見洙，與談兵，善之，薦於副使韓琦、范仲淹，曰：「此良將才也。」二人一見奇之，待遇甚厚。仲淹以左氏春秋授之曰：「將不知古今，匹夫勇爾。」青折節讀書，悉通秦漢以來將帥兵術，由是益知名。

十二月，出内藏庫銀一百萬，下三司助邊費。詔天下諸縣凡掘飛蝗遺子一升者，官給以米豆三升。乙未，徙知隨州王德用知曹州。德用道過許州，梅詢謂德用曰：「道輔害公者，今死矣。」德用曰：「孔中丞以其職言，豈害德用耶。朝廷亡一忠臣，可惜也。」

上以手詔問師期，夏竦等乃畫攻守二策，遣副使韓琦、判官尹洙馳驛至京師求決於上。乙巳，詔鄜延、涇原兩路取正月上旬同進兵入討西賊。上與兩府大臣共議用攻策也。樞密副使杜衍獨以爲僥倖出師，非萬全計。争論久之，不聽。遂求罷，亦不聽。始晁宗慤即軍中問攻守策，衆欲大舉，經略判官田京曰：「虜蓄謀久矣，未易亟破也。今欲驅不習之師，深入虜地，與賊鋭鋒争一旦之勝，此兵家所忌，師出必敗。」或曰宜與講和。京又曰：「賊兵未嘗挫，安肯和也。」館閣校勘歐陽脩上書曰：「自元昊叛逆，三十萬之兵食於西者二歲矣，又有十四五萬之鄉兵，不耕而自食其民。自古未有四十五萬之兵，連年仰食，而國力不困者也。夫兵攻守而已，然皆以財用爲强弱也。臣以爲通漕運，盡地利，權商賈三術並施，財用足而西人紓，國力完而兵可久，以守以攻，惟上所使。」戊申，通判河中府皮仲容知商州兼提點采銅鑄鐵錢事。仲容嘗建議鑄大錢一當十，謂可權行以助邊費，故有是命。三司使葉清臣言：「新茶法未適中，請擇明習財利之臣別行課校。」上以號令數更，民聽眩惑，乃詔即三司裁定，務優販者。然亦卒無所變也。初，明道二年，復用天禧舊制，聽商人入錢粟京師及淮、浙、江南、荆湖州軍易鹽，及景祐二年，三司言諸路博易無利，乃罷之，而入錢京師如故。

校　證

〔一〕名器　再造本、文海本同，長編卷一一四、陳均皇朝編年綱目備要卷一〇作「名品」，義差强。

〔二〕百六人　再造本、文海本、皇朝編年綱目備要卷一〇同，長編卷一一四、宋史卷一九四兵志、文獻通考卷一五二兵考、歷代名臣奏議卷二一九均作「百六十」。

〔三〕疆場　原作「彊埸」，再造本、文海本此字不規範，據長編卷一一四及文義校改。

〔四〕後苑　原作「後院」，據再造本、文海本、長編卷一一四校改。

〔五〕御崇政殿　李校：原脱「御」字，據長編卷一一五補。汪按：再造本、文海本「御」字不脱。

〔六〕寵幸尚美人宮　再造本、文海本同，按此句不文，長編卷一一五此句作「寵幸尚美人，宮庭傳言……」，疑「宮」字衍。

〔七〕祖宗　再造本、文海本同，呂中宋大事記講義卷九作「仁祖」。

〔八〕扃鐍　再造本、文海本同，長編卷一一五、趙汝愚宋朝諸臣奏議卷二〇孫沔上仁宗乞每旦親政振舉綱目、皇朝編年綱目備要卷一〇作「扃鑰」。

〔九〕亳州　原作「毫州」，按宋無「毫州」有「亳州」，據再造本、文海本、長編卷一一六校改。

〔一〇〕壬午　二字原脱，據長編卷一一六補。

〔一一〕薦舉　再造本、文海本同，宋大事記講義卷一〇作「薦主」。

〔一二〕止令　原作「止合」，再造本、文海本同，據宋大事記講義卷一〇、皇朝編年綱目備要卷九、潘自牧記纂淵海卷三六仕宦校改。

〔一三〕共惟　再造本、文海本同，長編卷一一六作「恭惟」，宋會要輯稿禮二五之七四、宋大詔令集卷一三八祖宗升配詔均作「恭以」，似作「恭惟」是。

〔一四〕桑懌　原作「桑擇」，再造本、文海本字不規範難辨。據長編卷一一七、皇朝編年綱目備要卷一〇、曾鞏隆平集卷一九武臣、王稱東都事略卷一一〇忠義傳、宋史卷三二五任福傳附桑懌校改。下文三「擇」字依此。

〔一五〕煽鼓夫諸吏之虛聲 再造本作「唱盡黜諸吏之虛聲」，文海本此句字模糊，似與再造本略同，宋大事記講義卷一〇作「唱盡黜諸吏之先聲」，清徐乾學資治通鑑後編卷四二引「呂中曰」同再造本，難定孰是，待考。

〔一六〕申諭 原作「申論」，不文，文海本同，據再造本、長編卷一一八、皇朝編年綱目備要卷一〇、宋史卷一八四食貨志校改。

〔一七〕規諷 再造本、文海本、宋大事記講義卷九又卷一〇、徐乾學資治通鑑後編卷四四引「呂中曰」均作「規諫」。

〔一八〕五十萬 原作「五千萬」，文海本同。據再造本、長編卷一一九、章如愚群書考索後集卷四三兵制門兵食卷六四財賦門内庫校改。又按：緡錢五千萬比此時期宋朝每年財政總收入還要多，故不可能一次支如此多的錢給河北。

〔一九〕紘 原作「紞」，再造本、文海本同，據長編卷一一九、彭百川太平治迹統類卷二九官制沿革校改。另李紘事迹史籍頗多記載，可參。

〔二〇〕日慎一日 長編卷一二〇、皇朝編年綱目備要卷一〇、宋朝諸臣奏議卷三六韓琦上仁宗論金芝均作「日謹一日」。再造本、文海本作「日講一日」，「講」當爲「謹」之形近訛。

〔二一〕東壁 原作「東北」，據再造本、文海本、長編卷一二〇、文獻通考卷二九二象緯考、宋史卷五七天文志校改。

〔二二〕尸子　原作「荀子」，據再造本、文海本、長編卷一二〇、後漢書卷一〇宦者呂强傳、范祖禹帝學卷四等校改。

〔二三〕謂誰　原作「爲誰」，據再造本、文海本、宋祁景文集卷二七請下罪己詔并求直言疏等校改。

〔二四〕素廣　原作「日廣」，據再造本、文海本、長編卷一二三、太平治迹統類卷八仁宗經制西夏要略、宋朝諸臣奏議卷一〇一賈昌朝上仁宗乞減省冗費校改。

〔二五〕增置　原作「增直」，文海本字不清，據再造本、長編卷一二三、太平治迹統類卷八仁宗經制西夏要略、宋史卷二八三夏竦傳校改。

〔二六〕擇人之邪正　再造本、文海本作「擇人卞邪正」，長編卷一二四、羅從彦豫章文集卷五遵堯録仁宗作「擇人辨邪正」，似後者爲是。

〔二七〕北虜　此「虜」與下文「使虜」之「虜」、「虜罷宴」之「虜」，原均作「遼」，據再造本、文海本回改。

〔二八〕君子論人功罪不相掩可也　再造本、文海本同，類編皇朝大事記講義卷八、資治通鑑後編卷五二引「吕中曰」及本書下卷引「吕中曰」均作「君子論人，功不掩罪，罪不掩功可也」。

〔二九〕王洙　原作「王沬」，據再造本、長編卷一二七校改。

〔三〇〕鄜延路部署指揮使　李校：長編卷一二九作「鄜延路部署司指揮」，是。汪按：點校本長編已校正此八字爲「鄜延路部署司指使」。「指使」爲級別很低的軍官。

宋史全文卷八上

宋仁宗三

辛巳慶曆元年春正月，朝廷既用韓琦等所畫攻策，先戒師期。知延州范仲淹言：「正月内起兵，塞外雨雪大寒，暴露僵仆，使賊乘之，所傷必衆。賊界春暖則馬瘦人饑，其勢易制，及可擾其耕種之務。縱出師無大獲，亦不至有它虞。且元昊被姦人所誤，謂國家太平日久，不知戰鬬，邊城無備，所向必破，以恣桀慢之心。今邊備漸飭，度其已失本望。」又言：「鄜延是舊日進貢之路，蕃漢之人頗相接近，願朝廷存此一路，令諸將勒兵嚴備。賊至則擊，但未行討伐，容臣示以恩意，歲時之間，或可招納。苟歲月無效，遂舉重兵，取綏、宥二州，擇其要害而據之，屯兵營田，作持久之討。如此則茶山、橫山蕃漢人户可以招降。或即奔竄，則是去西賊之一臂也。」戊午，詔從仲淹所請。仲淹又言：「鄜延路入界，比諸路最遠。若先修復城寨，卻是遠圖。乞遣使命，令臣督諸將於二月半出兵，先修復廢寨，别置戍守，既逼近蕃界，彼或點集人馬，朝夕便知，大至則閉壘以待隙，小至則扼險以制勝。」仲淹前後凡六奏，卒城承平等十二寨〔一〕，蕃漢之民相踵復業。是月，元昊乞和。又遣寨主高延德詣延州，與范仲淹約言，仲淹不敢聞於朝廷，乃自爲書諭以逆順。

二月辛巳，夏竦乞早差近上臣僚監督鄜延一路進兵，同入賊界，免致落賊姦便。詔以竦奏示仲淹。陝西簽書經略安撫判官田況言：「昨韓琦等畫攻守二策，其守策最備，可以施行。不意朝廷便用攻策，其不可者有七事，乞召兩府大臣定議，但令嚴設邊備，若更有侵掠，即須出兵邀擊，或探得賊界謹自守備，不必先有輕舉。」陝西經略安撫副使韓琦言：「中夏之弱，自古未有，聞臣僚堅執守議以爲必勝之術者，今其異議已阻師期，且令諸路訓飭兵馬，俟及秋初，若范仲淹招懷未見其效，則別命近臣以觀賊隙。如須討擊，便可進兵。」朝廷終難之。元昊寇渭州，韓琦命任福等禦於好水川，戰敗，福及耿傅〔二〕、桑懌、王珪、武英等死之。方元昊傾國入寇，而福所統皆非素撫循之師，臨敵受命，法制不立。既又分出趨利，故至甚敗。是日，西賊再寇劉璠堡。詔京東西、淮南、兩浙、江南東西、荊湖南北路招置宣毅軍，大州兩指揮，小州一指揮，爲就糧禁軍。丙午，京師雨藥。

三月，任福等既敗，朝議因欲悉罷諸路行營之號，明示招納，使賊驕怠，仍密收兵深入討擊。詔范仲淹體量士氣勇怯。仲淹言：「任福已下，皆邊上有名之將，尚不能料賊。今之所選，往往不及，更令深入，禍未可量。」於是行營之號卒不罷，兵亦不復出。元昊始僭，兵未動也，朝廷即欲討之。著作佐郎、通判睦州張方平上言：「國家自景德以來，既與契丹盟，天下忘備殆三十年矣。若驟用兵，必有喪師蹶將之憂。兵連民疲，必有盜賊意外之患。」議者皆不謂然。」兵既交，天下騷動。方平又獻平戎十策，宰相呂夷簡見之，謂參知政事宋綬曰：「大科得人矣。」然不果用其策。至是，召對，辛巳，除集賢院，尋遷太常丞、知諫院。

夏四月辛巳，降韓琦爲右司諫、知秦州，職如故。任福軍敗，琦即上章自劾。諫官孫沔等請削琦官，仍居舊職，俾立後效。會夏竦奏琦嘗以檄戒福見利輕進，於福衣帶間得其檄。上知福果違節度取敗，罪不專在琦。手詔慰撫之。及是，乃奪琦使權。癸未，降范仲淹爲户部員外郎、知耀州，職如故。元昊爲書報仲淹，辭益慢，仲淹對使者焚其書，大臣皆謂仲淹不當輒與元昊通書，又不當輒焚其報。宋庠因言於上，曰：「仲淹可斬也。」杜衍曰：「仲淹本志蓋忠於朝廷，欲招納叛羌爾，何可深罪。」上悟，乃薄其責。甲申，以右諫議大夫陳執中爲同陝西都部署兼經略安撫、緣邊招討等使、知永興軍，仍詔夏竦判永興軍如故，徙秦鳳副都部署曹琮爲陝西都部署兼經略安撫沿邊招討副使。

五月，左正言孫沔奏：「天聖之間，多有内降。景祐初元，首革前弊，澄清仕塗。近歲已來，此路復啓，中有佞人得以希意。伏望特發宸衷，止絶内降。如有合自中出之事，令兩府及諸司依公執奏。」沔累奏皆與大臣牾，又薦田況、歐陽脩、張方平、曾公亮、蔡襄、王素可任諫官自代。甲子，沔罷爲提點兩浙路刑獄。出内藏庫緡錢一百萬，助三司給陝西軍費。辛未，參知政事宋庠守本官知揚州，樞密副使鄭戩加資政殿學士、知杭州。先是，夷簡當國，同列不敢預事，獨庠數與争論，夷簡不悦。上顧庠頗厚，夷簡忌之，巧求所以傾庠未得。及范仲淹擅通書元昊，又焚其報，夷簡從容謂庠曰：「人臣無外交，希文何敢如此？」庠以夷簡誠深罪仲淹也，它日，於上前議其事，庠遽請斬仲淹。庠謂夷簡必助己，而夷簡終無一言。上問夷簡，夷簡徐曰：「杜衍之言是也。止可薄責而已。」上從之，庠遂倉皇失措，論者喧然皆咎庠，然不知實爲夷簡所賣也。於是用朋黨事，與戩俱罷。知制誥王舉正爲參知政事，既入謝，上曰：「卿恬於進取，未嘗干朝廷以私，故不次用卿。」知益州任中師、知河南府任布並爲樞密副使。詔陝西經略安撫招討使、知永興軍夏竦屯鄜州〔三〕，同陝西經略安撫招討使知永興軍陳執中知涇州〔四〕。時兩人議邊事不合，故分任之。壬申，徙知耀州、龍圖閣直學士范仲淹知慶州兼管勾環慶路部署司事。初，元昊陰誘屬羌爲助，環慶酋長六百人約與賊爲鄉道，後雖首露，猶懷去就。仲淹至部，即奏行邊，以詔書犒賞諸羌，閲其人馬，立條約，諸羌受命悦服，自是始爲漢用。太常丞、直集賢院、簽書陝西經略安撫判官田況上兵策十四事，上嘉納之。

六月壬午，改新知河中府范雍知永興軍。初，命夏竦判永興，又以陳執中知永興，及兩人分出按邊，而領府事猶如故，及復雍守京兆，於是一府三守，公吏奔趨往來不勝其擾，自昔未嘗有也。陝西體量安撫使王堯臣言：「范仲淹、韓琦皆天下選，其忠義智勇名動夷狄，不宜以小故置散地。」由是忤宰相意，並它議多格不行。

秋七月戊申朔，出御製觀文鑒古圖記以示輔臣。癸丑，上謂輔臣曰：「古之良將，皆能察士卒之好惡，而同其甘苦，故衆心親附。切聞邊臣多執獨見，偏裨之屬罕蒙聽納。其密諭朕意，令將佐日夕博議軍政。庶下情可通，而士樂爲用也。」是月，元昊寇麟、府州。

八月，荆湖南路轉運使王逵率民輸錢免役，得緡錢三十萬，進爲羨餘，蒙獎詔。由是他路競爲掊克，欲以市恩。上謂輔臣曰：「昨造一小殿禁中，而有司不諭朕意，過爲侈麗。然不欲毁其成功，今大相國寺方造殿，藏太宗御書寺額，可遷置之。」因言：「朕内寢多以黄布爲茵褥。」吕夷簡等對曰：「陛下孝以奉先，儉以率下，雖聖人之盛德，孰加乎此。」元昊破寧遠寨，寨主王世亶、兵馬監押王顯死之。又徙圍豐州。乙未，元昊陷豐州，知州王餘慶、權兵馬監押孫吉、三班借職侯秀死之。

九月，知諫院張方平言：「羌賊叛命，王師致討，故授夏竦陝西招討等使，四路軍政實節制之，空國事邊，於兹三歲。師惟不出，出則喪敗，寇惟不來，來必得志。安有權握大衆，坐玩寇敵，至於覆軍殺將，蹙國損威而曰我不預知，是安用名爲統帥也。」庚戌，鄜延都鈐轄張亢爲并代鈐轄專管勾麟府軍馬公事。時元昊引兵屯琉璃堡，縱騎鈔麟、府間，亢始謀擊琉璃堡，諜伏賊寨旁草中，見老羌方炙羊髀，占吉凶，驚，曰：「明日當有急兵，且趣避之。」皆笑曰：「漢兒方藏頭股間，何敢至此。」亢知無備，夜引兵襲擊，大破之。壬子，知永興軍范雍請於河東產鐵州軍鑄大錢，以助陝西軍費。從之。戊午，杖殺中書守當官周卞於都市。坐於内降度僧敕内僞益童行三十四人也。事既覺，開封府止按餘人，而不問堂吏。知制誥富弼時糾察刑獄，白執政，請以吏付開封。執政指其坐曰：「公即居此，無爲近名。」弼正色不受其言，曰：「必得吏乃止。」初，劉從德之妻遂國夫人者〔五〕，蒙正女也，獲譴奪封。既而有詔復封遂國，弼繳還詞頭，封命遂寢。唐制，惟給事中得封還詔書，中書舍人繳還詞頭，蓋自弼始也。乙亥，詔天下立義倉。自乾德初置義倉，未久而罷。明道二年，詔議復之，不果。景祐中，王琪上疏引隋唐故事，請復置，令五等已上户計夏秋二斗別輸一升。事下有司，會議者異同而止。於是，琪復上其議。上納之，已而衆論紛然，遂詔第令上三等户輸粟，尋復罷之。

講義曰：常平、義倉均之爲荒政良法也。然義倉之置，自乾德始，亦自乾德而止。自慶曆置，亦自慶曆而罷。何耶？蓋常平出於官，義倉出於民，出於官者，官自斂之，官自出之，其弊也，雖不足以利民，亦不至於病民。出於民者，民實出之，官實斂之，其弊也，不惟民無所出，而官從而病之。此祖宗之亟行亟罷，非爲一時慮也，爲異日慮也。若夫常平之法，自景德、祥符而始立，固已纖悉曲盡。撥上供以充之，防擾民也。隸司農，而不屬三司，防移用也。沿邊分置，慮其防遏糴也〔六〕。經二歲則以新易陳，慮其有腐粟也。減價而糶，仍不得追本錢，慮其失陷糴本也。加以仁祖之恭儉愛人，其所積愈久而愈多矣。然孰知嘉祐常平之利民，反而移爲青苗取民之本歟。

冬十月甲午，徙夏竦判河中府，陳執中知陝州。諫官張方平亦請罷竦統帥。執中又言：「千里稟命，非所以制勝。」於是兩人俱罷。始分陝西爲四路焉。壬寅，張方平言：「自元昊爲寇三年，雖常得浧，而絕其俸賜，禁諸關市〔七〕，今賊中尺布可值錢數百，以此揣賊情，安得不困。倘有悔心，勢未能自通。今因南郊大禮，宜特推曠恩，以示綏懷。或特降一詔，或著之赦文，願陛下延召大臣，商愚計而施行之。」上喜曰：「是吾心也。」命方平以疏付中書呂夷簡讀之。拱手曰：「公言及此，社稷之福也。」

十一月丙辰，以京城穀貴，發廩粟一百萬斛賤價出糶，以濟貧民。丙寅，祀天地於圓丘，大赦，改元。是月，梁適自陝西還，知慶州范仲淹附奏攻守二議。

十二月丁丑，司天監上所修崇天萬年曆。己丑，翰林學士王堯臣等上新修崇文總目六十卷。戊戌，詔資政殿大學士自今定置兩員，學士三員。

壬午慶曆二年春正月丁巳，命翰林學士聶冠卿權知貢舉。自元昊反，軍興用度不足，羽毛、筋角、膠漆、鐵炭、瓦木之類〔八〕，一切以鹽易之。猾商與官吏爲姦。至是，詔復京師榷法。知慶州范仲淹前奏攻守二議，詔答以「將帥累經挫衄，若幸於或勝，恐非良籌。假令克獲，又煩守備」。仲淹復奏曰：「議攻者謂守則示弱，議守者謂攻必速禍。今臣思之，乃知攻有利害，守有安危。蓋攻其遠者則害必至，攻其近者則利必隨。守以土兵則安，守以東兵則危。又睹赦文謂，彼無騷動則我不侵掠。臣願朝廷於守策之外，更備攻術，寧有備而不行，豈當行而無備也。且自古兵馬精勁，西戎之所長也。金帛阜富，中國之所有也。禮義之不可化，干戈之不可取，則當任其所有，勝其所長。臣前知越州，每歲納稅和買絹餘三十萬，儻以啖戎，是費一郡之入而息天下之弊也。」詔陝西諸路經略招討司參議以聞。

二月丁丑，召權御史中丞賈昌朝侍講邇英閣。故事，臺丞無在經筵者。上以昌朝長於講說，特召之。契丹謀遣使致書，求關南地。知保州王果先購得其書稿以聞，且言契丹潛與昊賊相結，將必渝盟，請預爲控守。詔劄付河北安撫司密修邊備。知制誥富弼言：「省試有三長，殿試有三短。唐武后始有殿試，此何足法。必慮恩歸有司，宜使禮部次高下以奏，而引諸殿廷唱名賜第，則與殿試無所異矣。」辛巳，詔罷殿試。而翰林學士王堯臣、同修起居注梁適皆以爲祖宗故事不可遽廢。越三日，癸未，詔復殿試如舊。詔河北諸州强壯自三月後並赴州閲習，委知州擇其强壯者刺手背爲義勇軍，不願者釋之，而存其籍以備守葺城池。辛丑，以新知澶州王德用爲保静軍節度使。契丹將渝盟，上起德用於曹州，入見上流涕言：「臣前被大罪，陛下幸赦而不誅，今不足辱命。」上慰勞曰：「今河北方警，藉卿威名鎮撫爾。」又賜手詔以遣之，即拜節度使。

三月乙丑，上御崇政殿，賜進士楊寘及諸科四百五十九人及第、出身。寘，察弟，初試國子監、禮部皆第一，及是，啓封見姓名，喜動於色，公卿相賀爲得人。通判潁州，未至官持母喪，病羸卒。己巳，契丹遣劉六符來致書。先是，西兵久不決，六符以中國爲怯，且厭兵，因教其主聚兵幽薊，聲言欲入寇。及是，先以書來求關南十縣。正月己巳，歷選可使虜者〔九〕。宰相吕夷簡舉知制誥富弼，入對便殿，叩頭曰：「主憂臣辱，臣不敢愛其死。」上爲動色。壬申，命弼爲接伴。弼以二月丙子發京師，辛未，授弼禮部員外郎、樞密直學士。將使弼報聘故也。弼曰：「國家有患，唯命是從，不敢憚勞，臣之職也。奈何逆以官爵賂之。」固辭不受。是春，范仲淹巡邊，至環州，州屬羌陰連虜爲邊患，仲淹乃奏种世衡知環州以鎮撫之。詔從仲淹所請。有牛家族奴訛者，倔强未嘗出，聞世衡至，遽郊迎。世衡與約詰朝行其族，是夕，大雪深三尺，左右曰：「地險不可往。」世衡曰：「吾方結諸羌以信，不可失期。」遂緣險以進。奴訛方卧帳中，世衡蹵而起。奴訛大驚，率其族羅拜。其後百餘帳皆自歸，莫敢貳。

夏四月戊寅，命權御史中丞賈昌朝、右正言田況、知諫院張方平、入内都知張永和與權三司使姚仲孫同議裁減浮費。

吕中曰：我仁祖天性恭儉，必不妄興一役，妄費一物，又何待諸臣進節用之説？蓋我朝之財，始蠹於天禧、祥符，再蠹於寶元、慶曆。自禱祠之事興，宫室之役起，内之帑藏稍已空竭，則省浮費之策，不得不申明於天聖之年也。自元昊叛於西，契丹擾於北，外之財用不免告匱，則節冗費之説，不得不條畫於慶曆之日也。

庚辰，詔以右正言、知制誥富弼爲回謝契丹國信使，西上閤門使符惟忠副之。初，虜書言太宗舉無名之師，直抵幽薊。一時莫知所答。拱辰獨請問曰：「河東之役，本誅僭僞，契丹遣使行在致誠款，已而寇石嶺關，潛假人兵以援賊。太宗怒其反覆，既平繼元，遂下令北征，安得謂之無名。」上喜曰：「事本末乃如此。」因諭執政曰：「非拱辰詳識故事，殆難答也。」補延州僧光信爲三班借職。知青澗城种世衡言光信與西賊戰，屢獲首級。又言光信本姓王，請賜名嵩，仍乞權授一官。故以命之。時世衡既遣嵩入虜境，間野利旺榮兄弟矣。甲午，徙知澶州王德用爲真定府定州路都部署，仍降詔諭以選任之意。初，劉六符見德用於澶州，喜曰：「聞公名久，乃幸見於此。今歲大熟，非公仁政所及邪。」德用謝曰：「明天子在上，固常多豐年。」因言已衰老，中國多賢士大夫，指坐客歷陳其家世，六符竦聽。庚戌，河北都轉運使李昭述請修澶州北城。從之。先是，河決久未塞，昭述但以治隄爲名，調農兵八萬，逾旬而就。劉六符過之，真以爲治隄也。及還而城具，甚駭愕。癸丑，命知貝州、供備庫使、恩州團練使張茂實爲回謝契丹國信副使，代符惟忠也。

五月甲寅，詔三館臣僚上封事及聽請對。集賢校理歐陽脩上疏曰：「臣聞自古王者之治天下，雖有憂勤之心，而不知致理之要，則心愈勞而事愈乖。雖有納諫之明，而無力行之果斷，則言愈多而聽愈惑。臣伏思聖心所甚憂，而當今所最闕者，不過曰無兵也，無將也，無財用也，無禦戎之策也，無可任之臣也。此五者，陛下憂其未有，而臣謂今皆有之，然陛下未得而用之者，何哉？曰：朝廷有三大弊故也。何謂三大弊？一曰不謹號令，二曰不明賞罰，三曰不責功實。大弊因循於上，則萬事廢壞於下。」戊午，建大名府爲北京。景祐中，范仲淹知開封，建議城洛陽以備急難。及契丹將渝盟，言事者請從仲淹之請。呂夷簡謂：「虜畏壯侮怯，遽城洛陽，亡以示威，必長虜勢。景德之役，非乘輿濟河，則虜未易服也。宜建都大名，示將親征以伐其謀。」詔既下，仲淹又言：「此可張虛聲爾，未足恃也。城洛陽既弗及，請速修京城。」議者多附仲淹議。夷簡曰：「此囊瓦城郢計也。使虜得渡河，而固守京師，天下殆矣。故設備宜在河北。」卒建北京。識者韙之。己未，以知天雄軍程琳知大名府兼北京留守司。定州路都部署王德用改判定州〔一〇〕。德用至定州，日教士卒習戰，頃之，皆可用。契丹使人來覘，或請捕殺之。德用曰：「彼得其實以告〔一一〕，是服人之兵以不戰也。」明日，大閱於郊，乃下令具糗糧，聽吾鼓聲，視吾旗所向。覘者歸告虜〔一二〕，謂漢兵將大入，既而復議和，兵乃解。

六月甲戌，出内藏庫銀一百萬兩、紬絹各一百萬疋，下三司以給邊費。

秋七月壬寅朔，知諫院張方平言：「朝廷政令之所出在中書，若樞密院則古無有也，蓋起於後唐權宜之制，而事柄遂與中書均分軍民爲二體，別文武爲兩途。爲政多門，自古所患。乞斷自淵衷，特廢樞密院，或併本院職事於中書。」丙午，樞密副使、給事中任布罷爲工部侍郎、知河陽。戊午，右僕射兼門下侍郎、平章事呂夷簡判樞密院，户部侍郎章得象兼樞密使，樞密使晏殊同平章事。初，富弼建議宰相兼權樞密使。上曰：「軍國之務當悉歸中書，樞密非古官。」然未欲遽廢，故止令中書同議樞密院事。及張方平請廢樞密院，上乃追用弼議，特降制命夷簡判院事，而得象兼使，殊加同平章事爲使如故。

大事記曰：西事方興，因富弼之言而以張士遜同議樞密院。北虜方横〔一三〕，因方平之言而以吕夷簡兼判樞密院。邊事孔棘，則以相臣而謀兵政。誰謂我朝之兵民不相知耶。

初，富弼、張茂實以結婚及增歲幣二事往報契丹，惟所擇，及見虜主〔一四〕，弼曰：「兩朝人主父子繼好垂四十年，一旦忽求割地，何也？」虜主曰：「南朝違約塞鴈門，增塘水，治城隍，籍民兵，此何意也？群臣競請舉兵，寡人以爲不若遣使求關南故地，求之不得，舉兵未晚也。」弼曰：「北朝忘章聖皇帝之大德乎？澶淵之役，若從諸將之言，北兵無得脱者。且北朝與中國通好，則人主專其利，而臣下無所獲。若用兵，則利歸臣下，而人主任其禍。故北朝諸臣争勸用兵者，皆爲其身謀，非國計也。」虜主驚曰：「何謂也？」弼曰：「晉末帝時，中國狹小，上下離叛，故契丹全師獨克。今中國提封萬里，所在精兵以萬計，就使其勝，所亡士馬群臣當之歟？抑人主當之歟？若通好不絶，歲幣盡歸人主，臣下所得止奉使者歲一二人耳。」虜主大悟，首肯者久之，弼又曰：「塞鴈門者，以備元昊也。塘水始於何承矩，事在通好前。地卑水聚，勢不得不增城隍，皆修舊。

民兵亦舊籍特補其缺耳。非違約也。晉高祖以盧龍一道賂契丹，周世宗復伐取關南，皆異代事。宋興已九十年，若各欲求異代故地，豈北朝之利乎。」既退，六符謂弼曰：「吾主恥受金帛，堅欲十縣如何？」弼曰：「南朝皇帝嘗言：朕爲人子孫，豈敢妄以祖宗故地與人。且北朝欲得十縣，不過利其租賦爾。今以金帛代之，亦足坐資國用。朕念兩國生民，不欲使之肝腦塗地。若北朝必欲得地，是志在背盟棄好，朕獨能避用兵乎。」退而六符謂弼曰：「皇帝意甚感悟。然金帛必不欲取，惟結婚可議爾。」弼揣虜欲婚，意在多得金帛。因曰：「南朝嫁公主，故事資送不過十萬緡爾。」由是虜結婚之意緩。虜主曰：「俟卿再至，當擇一事授之，宜遂以誓書來也。」弼還奏。癸亥，弼與茂實再以二事往。於是吕夷簡傳帝旨，令弼草答契丹書並誓書，凡爲國書二、誓書三，弼奏於誓書内創增三事：一兩界溏淀毋得開展，二各不得添屯兵馬，三不得停留逃亡。弼因請録副以行。中使夜賫誓書追及弼於武强，授之。弼自念所增三事皆與契丹前約，萬一書詞異同，則虜必疑。乃密啓副封觀之，果如所料。即遣其屬宋誠、蔡挺詣中書白執政。上亟召問，乃詔弼三事但可口陳。弼乃以禮物屬茂實，疾馳至京師求對，得入見，曰：「執政固爲此，欲致臣於死，臣死不足惜，奈國事何？」上急召吕夷簡等問之。夷簡曰：「此誤爾，當改正。」弼語益侵夷簡，晏殊言：「夷簡決不肯爲此，真恐誤爾。」弼怒曰：「殊姦邪，黨夷簡以欺陛下。」遂詔王拱辰易書。其夕，弼宿學士院，明日乃行。

八月丁卯，御崇政殿策試才識兼茂明於體用科殿中丞錢明逸，對策入第四等次，以爲太常博士、通判廬州。明逸，易子也。戊寅，策試武舉人。

九月辛丑，孫甫爲祕閣校理。杜衍所薦也。衍守京兆，辟甫爲司録，曰：「吾辟屬官得益友。」初，命吕夷簡判樞密院事。既宣制，黄霧四塞，霾風終日，朝論甚諠。王舉正言判名太重，不可不避也。夷簡亦不敢當。丙午，夷簡改兼樞密使。富弼、張茂實以八月乙未至契丹。虜主曰〔一五〕：「姻事使南朝骨肉睽離，固不若歲增金帛，須於誓書中加一獻字。」弼曰：「南朝爲兄，豈有兄獻於弟乎？」虜主曰：「改爲納字如何？」弼曰：「亦不可。」虜主曰：「南朝既以厚幣與我，納字何惜？況古有之。」弼曰：「自古惟唐高祖借兵於突厥，故臣事之。當時所遺或稱獻納，亦不可知。其後頡利爲太宗所擒，豈復更有此禮。」虜主度不可奪，於是留歲增金帛二十萬誓書，復遣耶律仁先、劉六符賫其國誓書以來，仍求納字。乙巳，弼等還至雄州。詔即以弼爲接伴使。弼奏曰：「彼求『獻納』二字，臣既以死拒之，虜氣折矣，不可復許。」然朝廷竟從晏殊議，許稱「納」字，弼不預也〔一六〕。

講義曰：前輩謂讀國史，至富鄭公奉使一事，未嘗不私切惓惓也。方契丹擁重兵壓境，使者之來，詞意悖慢。上命宰相擇所以報聘之人，滿朝嘿嘿無敢行者，獨鄭公毅然請往，入對便殿，忠激於心，義形於色，仁祖亦爲之改容，遂用爲報聘使。乃單車入不測之虜庭，詰其君，折其口而服其心，無一語少屈。鄭公所以能爲是者，人皆謂其博洽多聞之功，余獨有取於入對便殿之數語。壯矣哉，『主憂臣辱，臣不能愛其死』之言，凛凛乎與秋霜烈日争嚴。竊謂推是心也，事求其必濟，功求其必成，雖鼎鑊在前，而有所不避，雖甘言重幣，而有所不能誘。鄭公惟能如是，故其拒虜主關南十縣之請〔一七〕，卻虜主請婚公主之求請，勿許虜人獻納之二字，皆往返辨論，不啻數千百語，具見於奉使録之數篇，至令契丹君臣曉然知通好用兵之所在，伊公之力也。嗚呼！雖古之虜使何以加諸。

乙丑，耶律仁先、劉六符入見。時契丹實固惜盟好，特爲虚聲以動中國。中國方困西兵，宰相吕夷簡等持之不堅，許與過厚，虜既歲得金帛五十萬〔一八〕，因勒碑紀功，擢劉六符極漢官之貴，子孫重於國中。

閏九月庚辰，復命富弼爲吏部郎中、樞密直學士。弼又固辭。先是，吕夷簡當國，弼數論事侵之。夷簡因薦弼使契丹，變易國書，欲因事罪之，而弼受命不少辭。自初奉使，聞一女卒，再奉使，聞一男生，皆不顧而行，得家書不發而焚之，曰：「徒亂人意爾。」以尹洙直集賢院。洙奏：「今命令數更，恩寵過溢，賜予不節，三者因循不革，弊壞日甚。」癸巳，涇原副都部署葛懷敏與元昊戰没於定川寨，曹英、李知和、趙珣、王保、王文、劉賀、李岳、張貴、趙璘、許思純、李良臣、楊遵、姚奭、董謙、唐斌、霍達皆遇害，餘軍九千四百餘人、馬六百餘匹，悉陷於賊。自劉平敗於延州，任福敗於鎮戎，葛懷敏敗於渭州，賊聲益震。然所以復守巢穴者，蓋鄜延路屯兵六萬八千，環慶路五萬，涇原路七萬，秦鳳路二萬七千，有以牽制其勢故也。

冬十月丙午，以右正言富弼爲翰林學士。弼言於上曰：「增金幣與虜和〔一九〕，非臣本志也。特以朝廷方討元昊，未暇與虜角，故不敢以死争爾。功於何有，而遽敢受賞乎。願陛下益修武備，無忘國恥。」卒辭不拜。虜既復修和好，有忌弼功高，妄指他事譖弼奉使不了，乞斬於都市者。上雖不聽，而弼深畏恐，故每遷官輒力辭云。辛亥，以環慶路都部署、經略安撫范仲淹、秦鳳路都部署、經略安撫韓琦並爲樞密直學士、右諫議大夫〔二〇〕，鄜延路都部署、經略安撫龐籍爲左諫議大夫。葛懷敏敗，仲淹率衆六千由邠涇援之，知賊已出塞〔二一〕，乃還。帝始聞定川事，按圖謂左右曰：「若仲淹出援，吾無慮矣。」奏至，帝大喜曰：「吾固知仲淹可用。」亟加職進官。甲寅，以王堯臣爲涇原路安撫使。始堯臣還自陝西〔二二〕，請先備涇原，弗聽。及葛懷敏敗，上乃思其言，故復遣堯臣往。於是前所格議多見施行。及任韓琦、范仲淹爲統帥，實自堯臣發之。河東都轉運使文彦博爲龍圖閣直學士、知渭州兼涇原路都部署、經略安撫沿邊招討使。戊辰，御史中丞賈昌朝上疏言：「太祖初有天下，懲五代方鎮之盛，盡收其權。自此以來，兵不復振。昨西羌之叛，驟擇將領，鳩集士衆，以屢易之將，馭不練之士，故戰必致敗，此削方鎮兵權過甚之弊也。方今備邊之尤切者凡六事：其一曰馭將帥，二曰復土兵，三曰訓營卒，四曰制戎狄，五曰綏蕃部，六曰明探候。」始昌朝館伴契丹使者，朝議欲以金帛啗契丹，使攻元昊。昌朝曰：「契丹許我，而有功責報無窮。且以我市於元昊，昔尚結贊欲助唐討朱泚，而陸贄以爲不可，後乃知吐蕃陰與泚合。今安知契丹計不出此邪？」於是命昌朝報使契丹，昌朝力辭，因奏此疏。上嘉納之。

十一月，復置陝西四路都部署、經略安撫兼沿邊招討使，命韓琦、范仲淹、龐籍分領之。仲淹與琦開府涇州，而徙彥博帥秦，宗諒帥慶，皆從仲淹之請也。甲申，以處士孫復爲試校書郎、國子監直講，復居太山，學春秋著尊王發微十二篇，石介而下皆以先生事。介既爲學官，語人曰：「孫先生非隱者也。」於是，范仲淹、富弼皆言復有經術，宜在朝廷，故召用之。

呂中曰：春秋之學，前乎此凡例而已。自孫太山治春秋，明於諸侯大夫功罪，以考時之盛衰，推見王道之治亂，而天下始知有春秋之義〔二三〕。是雖窮理盡性〔二四〕、全體大用，未及於伊洛之精微〔二五〕。然自孟子而下其有此學者〔二六〕，此皆我祖宗培養之力也〔二七〕。

講義曰：祖宗法度寬簡，上之所以作成激厲者，有在於科目之外，下之所以洗濯磨染者，亦不盡出於程文之中。故起孫明復於泰山，而處之冑監師儒之地。拔蘇洵於眉山，而置之容臺禮閣之中。起程頤於西洛，而寘之廣厦細旃之上。則其所以特出一二以聳動天下者，何如哉。此人才之所以盛也。

十二月壬戌，知慶州滕宗諒言：「自定川喪師，朝廷命韓琦等都統四路，則逐路帥臣當稟節制。其官號不可同稱也。」遂詔韓琦、范仲淹、龐籍已帶四路招討使，其諸路招討使副並罷。宰相吕夷簡感風眩，不能朝，手詔拜司空平章軍國重事，俟疾損，三五日一入中書。夷簡力辭，復降手詔曰：「古謂鬚可療疾，今剪以賜卿。」元昊之貴臣野利剛浪凌、遇乞兄弟皆有材謀，邊臣多以謀間之。剛浪凌即旺榮也，詐使浪理、賞乞、媚娘等三人詣青澗城請降。种世衡知之，曰：「與其殺此三人，不若因此爲間。」命監商税，出入有騎從。又爲蠟書，遣王嵩遺剛浪凌，言：「浪理等已至朝廷，知王有向漢心，命爲夏州節度使，旌節已至，趣其歸，附以棗及畫龜喻意。」〔二八〕剛浪凌得書大懼，自所治執嵩歸元昊。元昊頗疑剛浪凌貳己，不得還所治，且錮嵩穽中，遣李文貴以剛浪凌旨報世衡，且言不達所遺書意，豈欲通和乎。時世衡已去青澗城，籍止文貴於青澗城數月。賊果大敗葛懷敏於定川，朝廷益厭兵。籍乃自青澗城召文貴謂之曰：「汝王若誠能稱臣歸款，朝廷所以待汝王者禮數必優。」文貴頓首曰：「此固西人日夜之願也。」籍乃厚贐遣之。元昊聞籍語大喜，亟出嵩於穽，厚禮之，使與文貴偕來，復持剛浪凌及其弟旺令、嵬名懷、臥譽諍等書抵籍議和〔二九〕。

大事記曰：任一狄青而嶺南平，拔青於行伍者，執政龐公籍也。擢一种世衡而西鄙捷，置世衡於幕府者，參政范公仲淹也。得一明鎬而貝州平，薦明鎬以討賊者，相臣文彥博也。

癸未慶曆三年春正月，涇原安撫使王堯臣言：「至陝西，見鄜延、環慶路其地皆險固而易以守，惟涇原則不然。臣略論一路五州軍城寨控扼要害，及賊徑交通之處，備禦輕重之策凡五事，望下韓琦、范仲淹相度施行。」從之。辛卯，詔：「陝西沿邊招討使韓琦、范仲淹、龐籍，凡軍期中覆不及者，皆便宜從事。」用王堯臣議也。建渭州籠竿城爲德順軍，亦用堯臣議也。初，曹瑋開山外地，置籠竿等四寨，募弓箭手自守。其後將帥失撫御，衆怒，遂劫德勝寨主姚貴閉城門叛。堯臣適過境上，作書射城中，諭以禍福，且發近兵討之。貴出降。堯臣爲申明約束，如瑋之舊。癸巳，延州言元昊遣賀從勗來納款，其書元昊自稱男邦泥定國兀卒郎霄上書父大宋皇帝。龐籍乃具以聞。且言：「虜辭稍順，必誠有改事中國之心，願聽從勗詣闕，更選使者往申諭之，彼必稱臣。」呂夷簡數求罷，上優詔未許。陝西轉運使孫沔上書言：「祖宗未嘗以言責人，景祐以前，綱紀未甚廢，猶有感激進説之士。觀今之政，是可慟哭，無一人爲陛下言者，由宰相多忌而不爲正人地。自夷簡當國，黜忠言，廢直道，及出鎮許昌，乃薦王隨、陳堯佐代己。又以張士遜冠台席。此蓋夷簡引不若己者爲自固之計，欲使陛下復思己而召用也。陛下果召夷簡入秉朝政，於兹三年，以姑息爲安，以避謗爲智。西州將帥累以敗聞，北虜無厭〔三〇〕，乘此求賂。兵殲貨悖，天下空竭。今夷簡以病求退，陛下親寫德音，乃謂『恨不移卿之疾在於朕躬』，四方義士傳聞詔語，有泣下者。夷簡在中書二十年，三冠輔相，所言無不聽，所請無不行。自有宋得君一人而已，不知何以爲陛下報。今北虜復盟，西賊款塞。夷簡意謂四方已寧，百度已正，欲因病默默而去，雖盡南山之竹，不足書其罪也。若薦賢才合公議，猶可寬天下萬世之責。苟遂容身不救前過，以柔而易制者升爲腹心，以姦而可使者任爲羽翼，以諂佞爲君子，以庸懦爲長者，使之居廊廟，布臺閣，是張禹不獨生於漢，而李林甫復見於今也。」書聞，帝不之罪，議者喜其謇切。夷簡謂人曰：「元規藥石之言，但恨聞此遲十年爾。」人亦服其量云。

呂中曰：夷簡之罪莫大於因私憾而預瑶華之議，因北事而忌富弼之能。夷簡之功莫大於釋仲淹之宿怨，容孫沔之直言。君子論人，功不揜罪，罪不揜功，可也〔三一〕。

二月己卯，韓琦、范仲淹等言：「元昊如大言過望，爲不改僭號之請，則有不可許者三。如卑詞厚禮，從兀卒之稱，亦有大可防者三。伏願陛下與執政大臣密謀而深思之，無令陷虜計。」

三月，呂夷簡再辭位。戊子，罷相爲司徒，軍國大事與中書、樞密院同議。户部侍郎、平章事章得象加工部尚書，樞密使、刑部尚書、同平章事晏殊依前官平章事兼樞密使，判蔡州夏竦爲户部尚書充樞密使，權御史中丞賈昌朝爲參知政事，知制誥富弼爲右諫議大夫、樞密副使。弼辭不拜。癸巳，魚周詢爲起居舍人，王素爲兵部員外郎，歐陽脩爲太常丞，並知諫院。周詢固辭，以余靖爲右正言，諫院供職。呂夷簡既罷相，上遂欲更天下弊事，故增諫官員，首命素等爲之。甲午，樞密副使、右諫議大夫富弼改爲資政殿學士兼翰林侍讀學士。弼時再上章辭所除官，曰：「臣昨奉使契丹，彼執政之官漢使所未見者臣皆見之，兩朝使臣所諱言者臣皆言之，以故得詳知其情狀，彼惟不來，來則未易禦也。願朝廷勿以既和而忽之。臣今受賞，彼一旦渝盟，臣不惟蒙朝廷斧鉞之誅，天下公論其謂臣何。臣畏公論甚於斧鉞，願收新命，則中外之人必曰使臣不受賞，則事未可知，其於守備決不敢懈弛，非臣務飾小廉，誠恐誤國事也。」上察其意堅定，特爲改命焉。是月，上令内侍宣諭韓琦、范仲淹、龐籍等，候邊事稍寧，當用卿等在兩地。

又令琦等密奏可代處邊任者。琦等言：「元昊雖約和，誠僞未可知，願盡力塞下，不敢擬它人爲代。」

夏四月甲辰，以韓琦、范仲淹並爲樞密副使，鄭戩爲陝西四路馬步軍都部署兼經略安撫招討等使。琦、仲淹凡五讓不許，乃就道。富弼言：「西寇未殄，亦須藉材，若二人俱來，或恐缺事。群論皆願一名召來使處於內，一名就授樞副之命，且令在邊。表裏相應，事無不集。以臣愚慮，亦謂允當。」乙巳，樞密副使、吏部侍郎杜衍依前官充樞密使，宣徽南院使、忠武節度使夏竦赴本鎮。先是，以樞密使召竦於蔡州，臺諫交章論竦在陝西畏懦苟且，元昊嘗牓塞下，得竦首者予錢三千，爲賊所輕如此。卒於敗喪師徒，略無成效。會竦已至國門，言者益急，御史中丞王拱辰對上極言，上未省遽起，拱辰引上裾畢其説，前後言者合十八疏，上乃罷竦而用衍代之。己酉，著作佐郎、館閣校勘蔡襄爲祕書丞、知諫院。初，王素、余靖、歐陽脩除諫官，襄作詩賀之，辭多勸激。三人者以其詩薦於上，尋有是命。己未，翰林學士、兵部員外郎王堯臣爲户部郎中、權三司使事。堯臣始受命，言於上曰：「今國與民俱弊矣，在陛下任臣者如何。」因請自擇僚屬。上納其言。堯臣果以治辦聞。是歲，堯臣取陝西、河北、河東三路未用兵前及用兵後歲出入財用之數〔三〕，會計以聞，以此推之，軍興之費廣矣。

吕中曰：錢穀之職，非它官比。國初爲三司使者，必選計相居之。下而副使，又下而判官，至於子司之屬，皆通知錢穀而後除。當時三司皆得自擇僚屬，三司缺則以副使補之，副使缺則以判官代之，判官缺則選外之轉運爲之，所以專其職也。自元豐官制既行，户部尚書即昔之三司使也，左右曹侍郎即昔之三司副使也，户部及諸司之郎官即昔之三司子司判官也。然皆以爲遷官之地，簿書之弊猶不能救，不過按其數而督之，視其籍而支之〔三〕，況望其較諸道之有無、制國用之多寡哉。

庚申，鹽鐵判官吕紹寧爲淮南轉運使。紹寧亟上羨錢十萬。諫官歐陽脩請卻所上錢，並治紹寧欺罔之罪，以戒姦吏刻剥。〔壬戌〕吕夷簡雖罷相，猶以司徒預議軍國大事，上寵遇之不衰。於是諫官蔡襄疏言：「夷簡謀身忘公，養成天下今日之患。執政以來，屢貶言者，或謫千里，或抑數年，或緣私恨，假託人主威權以逐忠良，以泄己怒。見爲介特而自立者，皆以好名希求富貴污之。當國之後，山外之敗，任福以下死者數萬人。豐州之戰，失地喪師。鎮戎之役，葛懷敏以下死者又數萬人。廟堂之上，成算安在？今以疾歸，尚貪權勢，或聞乞只令政府一兩人至家商議大事，足驗夷簡退而不止之心也。伏乞特罷商議軍國大事。」從之。襄又言：「伏見陝西路招討使韓琦、范仲淹等各除樞密副使，並以西寇未寧，懇辭恩命。臣以物議言之，二臣之忠勇，其心一也。若以才謀人望，則仲淹出韓琦之右。處内者謀之，而處外者行之。故仲淹宜來，琦當留邊，於理甚當。其韓琦、范仲淹伏乞朝廷不聽辭讓，各授恩命。」是月，太子中允、國子監直講石介作慶曆聖德詩。

龜鑑曰：乾興以來，維持公論，收拾善類，爲寇之朋者拔茅類進，爲丁之朋者草蔓盡除。斥丁謂，罷馮拯，逐王欽若。而張士遜之進由曹利用，既用而旋罷。王曾以攻丁謂而相之，李迪以異丁謂而召之，張知白以嘗不阿欽若而亦擢之。召宋綬，召仲淹，雖微而獻可亦被顯擢。罷張耆，罷夏竦，雖大而夷簡亦解相位。君子道長，小人道消，實惟其時。而況邇英三十五事之書，有曰：進静退，求忠正，無非所以辨君子。有曰：杜希旨，斥諂佞，無非所以別小人。高若訥之不可用，則目以不肖，林瑀之貢佞，則隨見屏逐，察欽若之奸，知安石之詐，旌別淑慝，瞭不可欺。

五月，江淮歲漕不給，京師乏軍儲。樞密副使范仲淹言：「國子博士許元可獨倚辦。」辛未，擢元江淮兩浙荆湖制置發運判官。元曰：「以六路七十二州之粟，不能足京師者，吾不信也。」至則命瀕江州縣留三月粮，餘悉發之，遠近以次相補，引千餘艘轉漕而西。未幾，京師足食。乙亥，忻州言地大震。上曰：「地道貴静，今數震摇，得非兵興民勞之致乎？宜詔本路轉運、經略司安恤百姓，毋得輒弛邊備。」［戊寅］先是，諫官歐陽脩既受命，首建議：「天下官吏員數極多，朝廷無由遍知其賢愚善惡，欲乞特立按察之法〔三四〕，於內外朝官中自三丞以上至郎官中，選強幹廉明者爲諸路按察使。使至州縣，遍見官吏，其公廉勤幹明著實狀及老病不才顯有不治之迹，皆以朱書於名之下。其中材之人，別無奇效，亦不至曠敗者，以墨書之。」然朝廷重於特遣使，未即行也。參知政事賈昌朝前爲御史中丞，嘗言轉運使朝廷責以按察官吏能否，而使名未正。於是參取脩議，詔諸路轉運使副並兼按察使副，提點刑獄雖不帶此使名，並當準此。辛巳，上謂輔臣曰：「自春夏不雨，歲時失望，蓋朕不德所致。但日於禁中蔬食精禱引咎而已，朝廷細故，朕與卿等未嘗不留意，惟民間疾苦，尤須省察，有以利天下者，在必行之。卿等其務公心咨訪，以答天意。」丁亥，置武學於武成王廟。戊子，雨，輔臣稱賀。上曰：「天久不雨，將害民田。朕每焚香上禱於天，昨夕寢殿中忽聞微雷，遽起冠帶露立殿下，須臾雨至，衣皆沾濕。移刻雨霽，再拜以謝，方敢升階。自此尚冀槁苗可救也。比欲下詔罪己，撤樂減膳，又恐近於崇飾虛名，不若夙夜精心密禱爲佳爾。」

講義曰：讀文帝太宗紀則多災異，讀武帝宣帝紀則多祥瑞，然日食、地震，一旱三蝗，不足以損文帝、太宗之治，而白麟、赤鴈、黃龍、神爵亦何益於武帝之德哉。我朝之治，莫盛於仁祖，而災異之多，惟仁皇之世爲屢見。惟我仁祖減膳撤樂，旱而撤蓋，雨而徒跣，其禱祈之切，至露立於壇陛，其訓辭之切，至移災於朕躬，是以天鑒真誠〔三五〕，民感其仁，而慶曆之災異，轉爲四十二年之和氣。王安石論仁宗之爲君，仰畏天，俯畏人，所以獲天助。以王氏倡爲祖宗不足法之說，而仁宗之所以格於天者，豈奸言之所能揜哉。

辛卯，築欽天臺於禁中。［乙未］諫官歐陽脩言：「韓琦、范仲淹久在陝西，備諳邊事，是朝廷親信委任之人。況二人才識不類常人，其所見所言之事不同常式。言事者陛下最宜加意訪問，使其盡陳西邊事宜，合如何處置韓琦、范仲淹。」又言：「臣等切以天下郡邑牧宰爲重，得其人則致化〔三六〕，失其人則召亂。推擇之際，不可不謹。雖曾詔臣僚各舉所知，或舉主非賢則多謬薦。臣等欲乞聖慈，特降詔書，令中書、樞密院臣僚各於朝臣中薦堪充舉主者三人，候奏到姓名，即逐人各賜敕一道，令於通判内舉成資已上一員充知州，知縣内舉成資已上一員充通判，簿尉中舉有出身三考已上、無出身四考一員充職官知縣，或於職官令録中舉五考已上之人充京官知縣。仍於敕明言：所薦之人若將來顯有善政，其舉主當議旌賞，若贓污不理、苛刻害民，並與同罪。所貴生民受賜，寇盜自息。」從之。

六月甲辰，詔曰：「議者多言天下茶鹽礬鐵銅銀坑冶之有遺利。朕懼開掊克之政，常抑而弗宣，慮有過取而傷民者〔三七〕。轉運司其諭所部官吏，條上利害以聞。」初議欲弛茶鹽之禁，及減商稅，既而范仲淹以爲：「茶、鹽、商稅之入，但分減商賈之利爾，於商賈未見有害也〔三八〕。今國用未省，歲入不可闕，既不取之於山澤及商賈，必取之於農。與其害農，孰若取之商賈。今爲計莫若先省國用，國用有餘，當先寬賦役，然後及商賈，弛禁非所當先也。」其議遂寢。

［秋七月］己巳，徙宣徽南院使、忠武節度使夏竦判亳州。竦既至亳州，因上書自訟〔三九〕，凡萬餘言。詔付學士批答。孫抃爲之辭，略曰：「圖功效莫若罄忠勤，弭謗言莫若修行實。」竦見之甚恨。御史中丞王拱辰請遇朔望日退御後殿，召執政之臣，賜坐以講時政得失。上曰：「執政之臣朕早暮所與圖事者，至於從容開述，雖至中昃，朕何怠焉。又何朔望之拘也。」辛未，詔：「自今中書、樞密院臣僚除常程奏事外，如他有所陳，或朕非時留對者不限時刻。」丙子，給事中、參知政事王舉正爲禮部侍郎、知許州。初，諫官歐陽脩、余靖、蔡襄咸言范仲淹有宰輔才，不宜局在兵府，願以仲淹代之。上從其請。丁丑，以樞密副使范仲淹爲參知政事〔四〇〕，資政殿學士兼翰林侍讀學士富弼爲樞密副使。仲淹曰：「執政可由諫官而得乎！」固辭不拜。弼直攜誥命納於帝前，力陳所以辭避之意，且曰：「願陛下坐薪嘗膽，不忘修政。」上許焉，乃復以誥命送中書。弼因乞補外，累章不許。甲申，樞密副使任中師爲河東宣撫使，范仲淹爲陝西宣撫使。仲淹既

辭參知政事，願與韓琦迭出行邊，上因付以西事。而仲淹又言：「河東亦當爲備，中師嘗守并州。」上即命使河東。兩人留京師，第先移文兩路云。乙酉，元昊復遣呂你爲定、幸捨寮黎、罔聿瓌與邵良佐俱來〔四一〕，所要請凡十二事〔四二〕，其欲稱男而不爲臣，猶執前議也。〔癸巳〕兩府厭兵，欲姑從之，獨韓琦以爲不可。屢合對於上前，晏殊曰：「衆議已同，惟韓琦獨異。」上顧問琦，琦歷陳其不便。上曰：「更審議之。」及至中書，琦持不可益堅，殊變色而起。歐陽脩言：「方今不羞屈志、急欲就和者，其人有五：一曰不忠於陛下者欲急和，二曰無識之人欲急和，三曰姦邪之人欲急和，四曰疲兵懦將欲急和，五曰陝西之民欲急和。四者皆不足聽也，惟西民困乏意必望和，請因宣撫使告以朝廷非不欲和，而賊未遜順之意。然後深戒有司，寬其力役可也。」〔甲午〕樞密副使韓琦上疏當今所宜先行者七事，條列以獻，其大略：一曰清政本，二曰念邊事，三曰擢材賢，四曰備河北，五曰固河東，六曰收民心，七曰營洛邑。繼又陳八事，大略謂：「當今救弊之術，不過選將帥，明按察，豐財利，抑僥倖，進有能之吏，退不才之官，去冗食之人，謹入官之路。」上嘉納之。

八月〔戊戌〕，詔諫官日赴內朝。先是，知制誥田況言：「有唐兩省自諫議大夫至拾遺、補闕共二十人。每宰相奏事，諫官隨而入，有所缺失，即時規正，其實皆中書、門下之屬官也。今諫議大夫無復職業，自司諫、正言、知諫院皆遺補之任，而朝廷責其言如大夫之職矣。而地勢不親，位序不正，在朝廷間與衆人同進退，非所以表顯而異其分也。兼王素、歐陽脩、蔡襄皆以他官知諫院，居兩省之職而不得預其列，於禮未便。」詔送兩制詳定。學士承旨丁度等乞今後比直龍圖閣及修起居注例，令日赴内朝。從之。

況嘗面奏事，論及政體，帝頗以好名爲非，意在遵守故常。況退而著論上之，其略曰：「名者，由實而生，非徒好而至也。堯舜三代之君非好名者，而鴻烈休德倬若日月，不能纖晦者，有實美而然也。陛下倘奮乾剛，明聽斷，則有英睿之名；行威令，擿姦宄，則有神武之名；斥奢汰，革風俗，則有崇儉之名；澄冗濫，輕會斂，則有廣愛之名；悅亮直，惡諛媚，則有納諫之名；務咨詢，達壅蔽，則有勤政之名；責功實，抑僥倖，則有求治之名。今皆非之而不爲，則天下何所望乎。抑又聖賢之道曰名教，忠誼之訓曰名節，此群臣諸儒所以尊輔朝廷、紀綱人倫之大本也。陛下從而非之，則教化微，節義廢，集詬無恥之徒爭進〔四三〕，而勸沮之方不行矣。豈聖人率下之意耶。」己亥，出内藏庫紬絹三百萬，下三司以助經費。用韓琦之言也。丁未，以樞密副使范仲淹爲參知政事，右諫議大夫富弼復爲樞密副使。弼猶欲固辭，會元昊使辭，群臣班紫宸殿門，上俟弼綴樞密院班乃坐。且使宰臣章得象諭弼曰：「此朝廷特用，非以使虜故也。」弼不得已乃受。癸丑，樞密副使、右諫議大夫韓琦爲陝西宣撫使。先是，范仲淹及任中師分路宣撫，踰月皆未行，琦言於上曰：「賊請和無他，則二人遥領宣撫事可矣。彼若未副所望，必乘忿盜邊，當速遣仲淹河東，則臣方壯，可備奔走，中師宿舊大臣毋勞往也。」乃詔琦代仲淹宣撫陝西，而中師卒不行。

九月［丁卯］，上既擢任仲淹、韓琦、富弼等，每進見，必以太平責之，數令條奏當世務。仲淹語人曰：「上用我至矣，然有後先，且革弊於久安，非朝夕可能也。」上再賜手詔督促曰〔四四〕：「比以中外人望，不次用卿等。今琦暫往陝西，仲淹與弼、宰臣章得象盡心國事，毋或有所顧避。其當世急務有可建明者，悉爲朕陳之。」既又開天章閣，召對賜坐，給筆札使疏於前。仲淹、弼皆皇恐避席，退而列奏：一曰明黜陟，二曰抑僥倖，三曰精貢舉，四曰擇官長，五曰均公田，六曰厚農桑，七曰修武備，八曰減徭役，九曰覃恩信，十曰重命令。上方信向仲淹等，悉用其説，當著爲令者，皆以諸事畫一次第頒下〔四五〕，獨府兵輔臣共以爲不可而止。

大事記曰：自李沆抑四方利害之奏〔四六〕，所以積而爲慶曆之緩勢〔四七〕。自范仲淹天章閣一疏不盡行，所以激而爲熙寧之急政。吾觀范仲淹之於慶曆，亦猶王安石之於熙寧也〔四八〕。十事之奏，慶曆三年九月也，始於明黜陟，終於重命令，當時之言一一見用〔四九〕，明黜陟之法則以十月壬戌行，擇官長之法則以十月丙午行〔五〇〕，任子之法則以十一月丁亥行，館職之法則以癸未行，均公田之法以壬戌行，貢舉之法以明年三月行，減徭役之法以五月行，其餘厚農桑、覃恩信、重命令悉用其説，或著爲令，然行之未及一年，而僥倖者多不悦矣〔五一〕。

司徒呂夷簡固請老，戊辰，授太尉致仕，朝朔望及大朝會並綴中書門下班。諫官歐陽脩言：「呂夷簡爲陛下宰相，而致四夷外侵，百姓内困，賢愚倒置，綱紀大隳。人臣大富貴夷簡享之而去，天下大憂患，留與陛下當之。夷簡平生罪惡偶不發揚，正賴陛下終始保全，未汚斧鑕。是陛下不負夷簡，夷簡上負朝廷。今雖陛下特推仁恩，厚其禮數，臣乞因其來讓，便與寢罷。」賜知諫院王素三品服，余靖、歐陽脩、蔡襄五品服。面諭之曰：「卿等皆朕所自擇，數論事無所避，故有是賜。」襄數求補外，以便親養。樞密副使富弼曰：「諫臣不當遠去，許給假迎親可也。」上許襄歸寧，而不許其罷。甲申，太白犯歲星，又犯太微左執法。諫官余靖言：「風聞司天之奏，乃以商洛群盜便當其占。臣歷觀漢、晉、隋志，凡五星之變，金火謂之罰星，太白與金星相犯，皆主兵喪及饑。其變乃出端門之右，執法之測，前志所占，將有伏尸流血之變，豈山澤小寇所能當之。伏望陛下責躬修德，以謝天變。内宣慈愛以敦九族，外選才良以安百姓。與廊廟大臣，叶忠慮善，無怠於政，則天下幸甚。」丙戌，命史館檢討王洙、集賢校理歐陽脩同編修祖宗故事〔五二〕。

先是，樞密副使富弼言：「臣歷觀自古帝王理天下，未有不以法制爲首務。法制立然後萬事有經，而治道可必。太祖創立法度，太宗克紹前烈，真宗謹守成憲。近年紀綱甚紊，隨事變更，兩府執守，便爲成例。施於天下，咸以爲非，而朝廷安然奉行不思剗革。臣今欲選官置局，將三朝典故分門類聚〔五三〕，編成一書，置在兩府，俾爲模範。」上納其言，故命靖等編修，弼總領之。明年九月，書成，分别事類凡九十六門二十卷。［壬辰］先是，參知政事范仲淹言：「臣數日前面奏：三代帝王子孫綿遠，蓋由積德之深。臣言陛下日修至仁之德，下及民庶，以感動天地，此聖嗣無疆之本也。今有劄子三道進呈，内一道爲議贖法事，即乞降出，二道乞不降出。其一曰：今來宫中人數幾多，或供使有餘，宜降詔旨特令減放，以遂物性。其二曰：乞出聖意，以内帑物帛委邊臣漸次收贖陷蕃漢户人口，各還其家，使父母子孫再得完聚，至德動天，降祐王室，書之史策，光於後代。」［癸巳］歐陽脩言：「近日諸處盜賊縱横，若不早圖，恐難後悔。臣計方今禦盜者不過四事：一曰州郡置兵爲備，二曰選捕盜之官，三曰明賞罰之法，四曰去冗官用良吏以撫疲民，使不起爲盜。臣曾建言：方今凋殘，公私困急，全由官吏冗濫者多。乞朝廷選差按察使，糾舉年老、病患、贓污、不才四色之人，並行澄汰。莫若精選明幹朝臣十許人，分行天下，盡籍官吏能否，坐而升黜之。謹别條具冗官利害六條，以明利博效速而可行不疑：一去冗官，則民之科率十分減九；二不才之人爲害深於贓吏，三内外一體，若外官不澄，則朝廷無由致治；四去冗官，則吏員清簡，差遣通流；五去冗官，則中才之人可使勸懼；六去冗官，則不過期月，民受其賜。此臣所謂及民速於事功者也。」

冬十月丙午，鹽鐵副使張昷之爲河北都轉運按察使，知諫院王素爲淮南都轉運按察使，鹽鐵判官沈邈爲京東轉運按察使。用富弼、范仲淹等之言也。先是，仲淹、弼等請：「詔二府通選轉運使〔五四〕，如不足，許權擢知州人。既得人，即委逐路自擇知州，不任事者奏罷之，令權擇通判人。既已得人，即委逐州自擇知縣，縣令不任事者奏罷之，令權擢幕職。凡權入者必俟政績有聞一二年方真授之。」上既納其言，於是，昷之等首被茲選。素入辭，上謂曰：「卿今便去諫院，事有未言者可盡言之。」丁未，以右正言、集賢校理余靖爲契丹國賀正旦使。入辭，書所當奏事於笏，各以一字爲記，凡數十字。上顧見之，指其字令一一條奏，日幾昃乃罷。甲寅，復置諸路轉運判官，仍詔中書、樞密院同選用。壬戌，詔曰：「自今兩地臣僚非有勳德善狀，不得非時進秩。非次罷免者，毋以轉官帶職爲例。兩省以上，舊法四年一遷官，今具履歷聽旨。京朝官磨勘年限有私罪及歷任嘗有贓罪，先以情重輕及勤績與舉者敷奏聽旨。朝官遷員外郎須三年無私罪，而有監司若清望官五人爲保引，乃磨勘。遷郎中、少卿監亦如之。舉者數不足，增二年。遷大卿監、諫議大夫弗爲常例，悉聽旨。」又定制：監物務入親民，次升通判，通判升知州，皆用舉者，數不足，毋得關陞。甲子，陝西四路經略安撫招討使鄭戩言：「順德軍生户大王家族元寧等以水洛城來獻，其地通秦州往來道路。尋遣静邊寨主劉滬招集其酋長，皆願納質子求補漢官。今若就其地築城，可得蕃兵三五萬人，及弓箭手，共捍西賊，實爲封疆之利。」從之。

十一月丙寅，上清宮火。尋有詔以宫地爲禁軍營。［辛未］先是，諫官歐陽脩言：「臣伏見御史臺缺官，近制，令兩制並中丞輪次舉人，遂致所舉多非其才，不能稱職。近聞梁適舉王礪、燕度充臺官，其人以適在姦邪之目，各懷愧醜，懼其污染風聞，皆欲不就。以此言之，舉官當先擇舉主，仍見朝班中雖有好人，多以資考未及。今乞不限資考，惟擇才堪者爲之。況臺中自有裹行以待資淺之人。仍乞重定舉官之法，有不稱職者，連坐舉主。庶幾稱職，可振綱紀。」癸酉，太常博士李京、殿中丞包拯並爲監察御史裹行，中丞王拱辰所薦也。京，趙人，嘗知魏縣，奉法嚴正，吏不便，欲以奇中京，遂相率遁去。監司果議以苛刻斥，知府任布曰：「如此適墮吏計中。」京賴以免。拯，合淝人，事父母以孝聞。嘗知天長縣，有訴盜割牛舌者，拯使歸屠其牛鬻之。既而又有告殺牛者。拯曰：「何爲割某家牛舌而又告之？」盜者驚伏。徙知端州，州歲貢硯，前守緣貢率取十倍以遺權貴人，拯命製者才足貢數，歲滿不持一硯歸。［壬午］初，群盜剽劫淮南，將過高郵。知州晁仲約度不能禦，令富民出金帛、具牛酒，使人迎勞，且厚遺之。盜悦徑去，不爲暴。事聞，朝廷大怒。樞密副使富弼議欲誅仲約，以正法。參知政事范仲淹欲宥之，争於上前。弼曰：「盜賊公行，守臣不能戰，不能守，而使民醵錢遺之，法所當誅也。不誅，則郡縣無復肯守者矣。聞高郵之民疾之，欲食其肉不可釋也。」仲淹曰：「郡縣兵械足以戰守，遇賊不禦，而又賂之，此法所當誅也。而高郵無兵器械〔五五〕，雖仲約之義當勉力戰守，然事有可恕，戮之恐非法意也。小民之情，醵出財物而得免於殺掠，理或喜之，而云欲食其肉，傳者過也。」上釋然從之，仲約由此免死。既而弼愠甚，謂仲淹曰：「方今患法不舉，舉法而多方沮之，何以整衆。」仲淹密告之曰：「祖宗以來，未嘗輕殺臣下，此盛德之事，奈何欲輕壞之。且吾與君在此，同僚之間同心者有幾，雖上意亦未知所定也。而輕導人主以誅戮臣下，他日手滑，雖吾輩亦未敢自保也。」弼終不以爲然。其後兩人不安於朝，相繼出使，弼還自河北，及國門，不許入，未測上意，比夜彷徨不能寐，遶床歎曰：「范六丈，聖人也。」癸未，詔：「自今兩府及大兩省已上官，不得陳乞子弟親戚館職並讀書之類〔五六〕，進士三人已上，一任回無過犯者，許進著述召試，取優等者充。」丁亥，詔曰：「今之蔭法，推恩太廣，以致疏宗蒙澤，稚齒授官，非所以審政重民也。其著爲令，使夫冢嗣先録，以篤爲後之體。支子限年，以明入官之重。設考課之格，立保任之條。諸子孫須年過十五，若弟姪年過二十，必五服親乃得蔭，已嘗蔭而物故者，無子孫禄仕聽再蔭。」〔五七〕自是，任子之恩殺矣，然猶未艾也。

吕中曰：古者將用人之才，必先養人之心。後世雖用人之才，亦徒富貴其人之身而已。古者有教國子之法，故凡嫡子皆可以繼世爲卿，而諸子之官又集其庶子而教之，所以凡列王朝左右者，無一而非可用之人也。後世徒以一夫官爵之所至，苟應法令，則不限賢愚，概居禄仕，未離髫齔已紆青紫，以爲恩則濫，以爲法則弊。此仲淹所以欲抑僥倖，此至道間所以欲世禄家自成均出仕也。

辛卯，同修起居注歐陽脩請：「自今後上殿臣僚退，令少留殿門，俟修注官出，面録聖語。」從之。壬辰，詔限職田。自此人有定制，土有定限，吏以職田抵罪比前目稍稀闊焉〔五八〕。司天監言：「五星皆在東方，主中國大安。」

十二月〔丙申〕，元昊又遣張延壽等來議事。知諫院歐陽脩爲右正言、知制誥。初，中書召試，而脩辭不赴，特除之。陝西宣撫使韓琦言：「如聞修生户所獻水洛城頗爲未便，其土功以百萬計，又須正兵三四千人，更歲積粮草，始能屯守之。況劉滬昨已降水洛城一帶生户，諸小蕃族豈敢要阻。是則雖無水洛之援，官軍亦可往來。如朝廷未以爲然，乞選差親信中至涇原、秦鳳路詢問文彦博、尹洙、狄青等。」蓋彦博、洙、青皆以爲未便也。戊午，以南京府學爲國子監。庚申，許廣州立學。［是月］澧州獻瑞木，有文曰：太平之道。諫官歐陽脩言：「方今西羌叛逆未平之患在前，北虜驕悖〔五九〕，藏伏之禍在後。一禍未滅，一患已萌。西則瀘戎，南則湖嶺，無一處無事，實未見太平之象。若使木文實是天生，其文止曰太平之道，其意可推也。夫自古帝王致太平皆自有道，得其道則太平，失其道則危亂。臣方今但見其失，未見其得也。指望太平，漸生安佚，則此瑞木乃誤事之妖木爾。」詔諸祥瑞不許進獻。

是歲，河北降赤雪，河東地震，五六年不止。諫官孫甫上疏曰：「赤雪者，赤眚也。人君舒緩之應，舒則政事弛，賞罰差，百官廢職，所以召亂也。地震者，陰之盛也。陰之象，臣也，後宫也，戎狄也，三者不可過盛，盛則陰爲變而動矣。陛下救舒緩之失，莫若自主威福，特出英斷；救陰盛之變，莫若外謹戎備，内制後宫，此應天之實也。」韓琦既至陝西，屬歲大饑，群盜嘯聚，商、虢之郊，張海、郭邈、山黨君子、范三、李宗者爲之渠率。而光化軍宣毅叛卒五百餘人，邵興爲之長。與上官珙戰，珙死之。琦尋遣屬官乘傳往商於料簡錢監役兵，收集上官珙下散軍，邵興被殺，張海等相繼殲剪擒捕，關輔遂安堵矣。是冬，大旱，琦即選官分詣州縣發省倉以賑之，所活凡二百五十四萬二千五百三十七人，他州人數稱是。選禁軍不堪征戰者，停放一萬二千餘人。後田況乞選諸路軍不堪戰者爲廂軍，云：「若謂兵驕久，一旦澄汰，恐致亂，則去年韓琦汰邊兵萬餘，豈聞有亂者哉。」

校證

〔一〕十二寨　原作「十一寨」，再造本缺頁，據文海本、長編卷一三〇、彭百川太平治迹統類卷八仁宗經制西夏要略、群書會元截江網卷二三平戎校改。

〔二〕耿傅　此人名在史籍中很是混亂，因「傳」、「傅」形近，所以「耿傳」或作「耿傅」。點校本宋史卷三二五任福傳附耿傅作「耿傅」，而校記説明，存有疑問。點校本長編卷一二九、一三〇作「耿傳」，卷一三一卻作「耿傅」。其他點校本司馬光涑水紀聞、陳均皇朝編年綱目備要、蔡襄集等，或作「耿傳」，或作「耿傅」，難定孰是，姑依原文存疑待考。

〔三〕鄜州　李校：原作「鄜川」，據長編卷一三二、宋史仁宗紀三改。汪按：再造本、文海本字模糊，太平治迹統類卷八仁宗經制西夏要略、王應麟玉海卷一三二官制慶曆招討使亦作「鄜州」。

〔四〕知涇州　再造本、文海本誤作「知温州」。長編卷一三二、太平治迹統類卷八仁宗經制西夏要略、元周密齊東野語卷八一府三守均作「屯涇州」，此與夏竦「屯鄜州」對應，似近是。

〔五〕劉從德　李校：原作「劉德從」，據長編卷一三三乙正。汪按：再造本、文海本亦作「劉德從」，宋史卷四六三外戚傳劉從德、皇朝編年綱目備要卷九、邵博聞見後録卷二〇等可爲佐證。蘇轍龍川别志卷下（已校改）、李幼武宋名臣言行録後集卷二、文獻通考卷五一職官考、周煇清波雜志卷九均誤作「劉從願」。因劉從願是宦官，劉皇后不可能同宦官聯姻，故似應均改作「劉從德」。皇朝編年綱目備要卷一一明作「内侍劉從願妻遂國夫人王氏」，則應是撰寫者的失誤了。

〔六〕沿邊分置慮其防遏羅也　再造本、文海本同，然此句義不通。查吕中宋大事記講義卷一一作「沿邊不置，慮其妨邊羅也」，義順，且與長編卷六二、宋史卷一七六食貨志所載沿邊不置常平倉之規定相合，似是。

〔七〕禁諸關市　原作「禁關中市」，據再造本、文海本、長編卷一三四、太平治迹統類卷七康定元昊擾邊、張方平樂全集卷二〇請因郊禋肆赦招懷西賊劄子校正。另趙汝愚宋朝諸臣奏議卷一三三張方平上仁宗乞因郊禋肆赦招懷西賊作「禁其互市」，可參。

〔八〕筋角　原作「筋力」，再造本、文海本同，據長編卷一三四、宋史卷一八一食貨志、皇朝編年綱目備要卷一一、宋會要輯稿食貨二三之三九、文獻通考卷一六征榷考等校改。
〔九〕虜　此「使虜」之「虜」與下文「連虜」之「虜」，原均作「北」，據再造本、文海本回改。
〔一〇〕定州路都部署王德用　再造本、文海本同，按據前文，王德用官應爲真定府定州路都部署，長編卷一三六亦載其時爲真定府定州路都部署。
〔一一〕彼　原作「被」，再造本同，文海本此字模糊，據長編卷一三六、皇朝編年綱目備要卷一一、太平治迹統類卷九仁宗諸臣謀國遠略校改。
〔一二〕虜　原作「契丹」，據再造本、文海本回改。
〔一三〕北虜　原作「北北」，據再造本、文海本回改。
〔一四〕虜　此「虜」和本段下文七「虜」字，原均作「北」，據再造本、文海本回改。
〔一五〕本段内四「虜」字，原均作「北」，據再造本、文海本回改。
〔一六〕弼不預　原作「弼不豫」，再造本、文海本、長編卷一三七、太平治迹統類卷八仁宗經制西夏要略、趙希弁郡齋讀書附志卷五上富文忠八國語録均作「弼不預」，據改。
〔一七〕講義引文三「虜」字，原均作「北」，據再造本、文海本回改。
〔一八〕虜　原作「北」，據再造本、文海本回改。
〔一九〕本段三「虜」字，原均作「敵」，據再造本、文海本回改。
〔二〇〕秦鳳路都部署　原闕「都」字，再造本、文海本同，據長編卷一三八、韓魏公家傳卷二補。

「樞密直學士、右諫議大夫」此十字原闕，再造本、文海本同，據長編卷一三八、韓魏公家傳卷三補。

〔一一〕出塞　原作「出寨」，據再造本、文海本、長編卷一三八、宋史卷三一四范仲淹傳等校改。

〔一二〕遷自陝西　再造本、文海本同，長編卷一三八作「還自陝西」，皇朝編年綱目備要卷一一作「安撫陝西歸」，似「遷」爲「還」之訛。

〔一三〕宋大事記講義卷一〇此句以下有「學校之法，前乎此，科目而已。自胡海陵之學，經義治事各名其齋，邊防、水利隨習而處，而天下始知有體用之學。瑗明體用之學」數句。

〔一四〕是雖　再造本、文海本均同，宋大事記講義卷一〇作「是知」。

〔一五〕未及　再造本、文海本均同，宋大事記講義卷一〇「未及」前有「雖」字。

〔一六〕此學者　再造本、文海本、宋大事記講義卷一〇均作「此學乎」。

〔一七〕培養　再造本、文海本、宋大事記講義卷一〇均作「涵養」。

〔一八〕棗及晝龜　「及」，再造本、文海本、長編卷一三八、宋史卷三三五种世衡傳均作「綴」。

〔一九〕嵬名懷　再造本、文海本「懷」作「褒」，長編卷一三八作「嚷」。

〔二〇〕北虜　原作「契丹」，據再造本、文海本回改。下文「北虜復盟」之「北虜」同此。

〔二一〕此段「吕中曰」已見於前文。

〔二二〕陝西河北河東三路　原作「陝西河東三路」，闕「河北」，再造本、文海本同，據文義及長編卷一四〇、宋史卷一七九食貨志、皇朝編年綱目備要卷一二、文獻通考卷二四國用考、玉海卷一八六食貨理財補。

〔三三〕支之 再造本、文海本同，類編皇朝大事記講義卷九作「收之」。

〔三四〕欲乞 「乞」原誤作「乙」，據再造本、文海本、長編卷一四一校改。

〔三五〕真誠 再造本、文海本同，類編皇朝大事記卷一二作「其誠」。

〔三六〕致化 原作「治」，據再造本、文海本、長編卷一四一、范文正奏議卷上奏乞擇臣僚令舉差知州通判校改。

〔三七〕慮有過取而傷民者 按長編卷一四二、皇朝編年綱目備要卷一二此句前有「然尚」二字，章如愚群書考索後集卷五六財賦門役類引皇朝編年則無，同書後集卷六二財用門坑冶類引長編則有。

〔三八〕未見有害 再造本、文海本同，長編卷一四一、皇朝編年綱目備要卷一二、太平治迹統類卷二八用度損益、沈括夢溪筆談卷一二官政等均作「未甚有害」，義差强。

〔三九〕自訟 再造本、文海本同，長編卷一四二、宋史卷二八三夏竦傳作「自辯」。

〔四〇〕樞密副使范仲淹 原闕「副」字，再造本、文海本同，據本書前文本年五月條、後文本年八月丁未條及長編卷一四一、徐自明宋宰輔編年録卷五補。

〔四一〕吕你爲定幸捨寮黎罔聿瓌 再造本、文海本前二名同，後一人作「罔聿瓌」，長編卷一四二作「吕你如定幸捨寮黎罔聿譲」，宋史卷四八五外國傳夏國記使者有「如定、聿捨」。另四庫本長編作「吕尼維定、興舍僚禮、旺約特和爾」，可資參考。

〔四二〕十二事　再造本、文海本同，長編卷一四二、皇朝編年綱目備要卷一二、太平治迹統類卷七康定元昊擾邊、真德秀西山文集卷五對越甲藁故事均作「十一事」。

〔四三〕集訢　「集」，再造本字難辨，文海本、長編卷一四二、皇朝編年綱目備要卷一二均作「隻」。

〔四四〕再賜　原作「再賜」，據再造本、文海本、長編卷一四三等校改。

〔四五〕諸事　再造本、文海本、宋宰輔編年録卷五同，長編卷一四三、皇朝編年綱目備要卷一二作「詔書」。

〔四六〕抑四方利害之奏　再造本、文海本同，類編皇朝大事記講義卷一「四方」後有「言」字。

〔四七〕慶曆之緩勢　再造本、文海本同，類編皇朝大事記講義卷一作「慶曆、嘉祐之緩勢」。

〔四八〕王安石　原作「安石」，再造本、文海本同，類編皇朝大事記講義卷一作「王安石」，考慮到「范仲淹之於慶曆」應與「王安石之於熙寧」對應，故補「王」字。

〔四九〕一一見用　再造本、文海本同，類編皇朝大事記講義卷一作「稍稍見用」。

〔五〇〕擇官長之法則以十月丙午行　「官長」原作「守長」，再造本、文海本同，類編皇朝大事記講義卷一、長編卷一四三、宋朝諸臣奏議卷一四七范仲淹上仁宗答詔條陳十事、范仲淹奏議卷上上仁宗答詔條陳十事及本書卷八正文均作「官長」，據校改。「十月丙午」，類編皇朝大事記講義卷一作「十月癸未」，然再造本、文海本、長編卷一四三注、卷一四四正文均同四庫本，又十月乙未朔，月内不應有「癸未」日，故作「癸未」誤。

〔五一〕僥倖者多不悦矣　再造本、文海本同，類編皇朝大事記講義卷一作「陳執中之徒已不悦矣」。

〔五二〕按長編卷一四三作「命史館檢討王洙、集賢校理余靖、祕閣校理孫甫、集賢校理歐陽脩同編修祖宗故事」，晁公武郡齋讀書志卷二上三朝政録、陳振孫直齋書録解題卷五三朝政要、群書會元截江網卷一九法度所載略同，即比全文多余靖、孫甫兩人，本書下文亦述及余靖參預此事。

〔五三〕分門類聚　原作「分明類聚」，再造本、文海本同，據長編卷一四三、宋朝諸臣奏議卷一二富弼上仁宗乞編類三朝故典、群書會元截江網卷一九法度、羅從彦豫章文集卷五遵堯録仁宗等校改。

〔五四〕二府　原作「一府」，文海本同。轉運使爲路級長官，不應由府州通選。二府當指政事堂與樞密院。今據再造本、長編卷一四四、皇朝編年綱目備要卷一二、宋朝諸臣奏議卷六七范仲淹上仁宗論轉運得人許自擇知州、宋宰輔編年録卷五校改。

〔五五〕無兵器械　再造本、文海本同，長編卷一四五、龍川别志卷下、趙善璙自警編卷一見識均作「無兵與械」，王稱東都事略卷五九上范仲淹傳作「無兵無械」。

〔五六〕讀書之類　原作「讀書之官」，再造本、文海本同，據長編卷一四五、皇朝編年綱目備要卷一二、宋文鑑卷四三范仲淹答手詔條陳十事、范文正奏議卷上答手詔條陳十事及本書前後文校改。

〔五七〕禄仕　原作「禄任」，再造本同，據文海本、長編卷一四五、宋史卷一五九選舉志等校改。

〔五八〕前日　文海本同，再造本、長編卷一四五、皇朝編年綱目備要卷一二、太平治迹統類卷二九官制沿革均作「前日」。

〔五九〕北虜　原作「契丹」，據再造本、文海本回改。

宋史全文卷八下

宋仁宗四

甲申慶曆四年春正月戊辰，詔罷修水洛城，從韓琦奏請也。然劉滬時已興役，鄭戩又遣著作佐郎董士廉將兵助之矣。辛卯，太常禮院新修太常新禮四十卷，慶曆祀儀六十三卷〔一〕。

二月丙申，遣内侍賫奉宸庫銀三萬兩，下陝西博糴穀麥，以濟饑民。諫官孫甫言：「自昔之有天下者，未嘗一日去兵。雖然，兵無良將，與去兵同。祖宗朝養兵不多，而取勝於夷夏者，有良將也。今日養兵多而未嘗勝者，以無將也。非無將也，不知其才而任之也。其人可將千人而授以萬人，欲不敗，得乎？今韓琦歷經略、招討、部署之任最久，田況曾爲經略判官，近皆還自陝西，邊將之才無容不知。請詔琦等條四路將臣能否，爲上、中、下三等，其最下者黜之，庶幾將帥得人而勝可取也。」乙巳，以上清宫田園、邸店賜國子監。甲寅，罷陝西四路都部署、經略、安撫、招討使，復置逐路都部署、經略、安撫、招討使。從韓琦之議也。丙辰，御迎陽門，召輔臣觀畫。其畫皆前代帝王美惡之迹可爲規戒者。因命天章閣侍講曾公亮講毛詩，王洙讀祖宗聖政，翰林侍讀學士丁度讀前漢書〔二〕，數刻乃罷。自元昊反，罷進講。崇政殿説書趙師民上疏陳十五事：一曰咨輔相，二曰命將帥，三曰簡侍從，四曰擇守宰，五曰治軍旅，六曰修邊防，七曰求諫争〔三〕，八曰延講誦，九曰革貢舉，十曰久官政，十一曰謹財用，十二曰不遺年，十三曰容誹謗，十四曰除忌諱，十五曰謹出令。因獻勸講箴。至是復命講讀經史。〔丁巳〕范仲淹言：「竊見審官、三班院并銓曹，自祖宗以來，條貫極多，逐旋衝改，久不删定，主判臣僚卒難詳悉，官員使臣莫知涯涘，故私屬高下，頗害至公。欲乞特降指揮，選差臣僚就審官、三班院并銓曹取索前後條例，與主判官員同共看詳〔四〕，重行删定畫一聞奏，付中書、樞密院參酌進呈，别降敕命，各令編成例策施行。」詔天章閣侍講曾公亮删定審官、三班院、流内銓條貫。

三月丙寅，遣内侍詣兩浙、江淮祠廟祈禱。丁卯，天章閣侍講楊安國爲直龍圖閣，賜三品服；崇政殿説書趙師民爲天章閣侍講，賜五品服。初，上謂輔臣曰：「安國、師民久侍經筵，其行義淳質，乃先朝崔遵度之比。」因以褒擢之。〔己巳〕同判登聞鼓院張堯佐提點開封府諸縣鎮公事。諫官余靖言：「堯佐，修媛之世父，進用不宜太遽。頃者郭后之禍起於楊、尚，不可不監。」上曰：「朕豈以女謁進人，蓋因臣僚論薦而後用爾。如物議不允，當更授一郡耳。」癸酉，祠部郎中、集賢校理錢仙芝貸命、决配沙門島。坐知秀州，受枉法贓，罪當死，特貸之。前兩浙轉運使王琪降知婺州，兩浙轉運使邵飾降知洪州〔五〕，並坐按發仙芝在諫官奏劾之後也。甲戌，命鹽鐵副使、户部員外郎魚周詢、宫苑使周惟德往陝西，相度鑄錢及修水洛城利害以聞。先是，韓琦以修水洛城爲不便，鄭戩固請終役。戩既改知永興，命劉滬、董士廉督役如故。知渭州尹洙及涇原都部署狄青相繼論列，以爲修城有害無利，故遣周詢等行視。洙檄滬、士廉罷役，不從，洙怒，命青追滬、士廉欲以違節制斬之。青械二人送順德軍獄。蕃部遂驚擾，争收積聚，殺吏民爲亂，又詣周詢等訴。周詢等具奏。詔釋滬、士廉，令卒城之。范仲淹等意欲復古勸學，數言興學校、本行實。詔近臣議。於是，宋祁、王拱辰、張方平、歐陽脩、梅摯、曾公亮、王洙、孫甫、劉湜等合奏：「今教不本於學校，士不察於鄉里，則不能覈名實。有司束以聲病，學者專於記誦，則不足盡人才，此獻議者所共以爲言也。謹參考衆說，擇其便於今者。莫若使士皆土著，而教之於學校，則學者修飭矣。先策論，則文詞者留心於治亂矣。簡程式，則閎博者得以騁矣。問以大義，則執經者不專於記誦矣。」乙亥，詔州縣皆立學。

大事記曰：興國雖賜白鹿洞九經，天禧雖賜岳麓書院書，祥符雖詔曲阜立學，而其學猶未遍也。於是，詔天下諸州縣皆立學，而胡翼之之學，經義、治事、邊防、水利各各有齋，則取其學法著爲學令，而天下始知有體用之學。

本道使者選屬部官爲教授，不足，取於鄉里宿學有道業者。士須在學習業三百日乃聽預秋賦。舊嘗充賦者，百日而止，試於州者相保任，所禁有七：曰隱憂匿服，曰嘗犯刑責〔六〕，曰行虧孝弟有狀可指，曰明觸憲法兩經贖罰或不經贖罰而爲害鄉黨，曰籍非本土假户冒名，曰父母犯十惡四等以上罪〔七〕，曰工商雜類或嘗爲僧道，皆不得預進士。試三場，先策，次論，次詩賦，通考爲去取，而罷貼經、墨義。士子通經術，願對大義者，試十道，以曉析意義爲通，五通爲中格。三史科取其明史意而文理可采者。明法科試斷案，立甲乙罪合律令，如法意文理優，爲上等。己卯，上於邇英閣出御書十三軸凡三十五事，顧丁度等曰：「朕觀書之暇，取臣僚上言及進對事目可施於治者，書以分賜卿等。」度及曾公亮、楊安國、王洙等拜賜，因請注釋其義。帝許之。壬子，太子中允、國子監直講石介直集賢院兼國子監直講。樞密副使韓琦乞召試，詔特除之。丙戌，丁度等上答邇英聖問一卷。帝覽之終篇，指其中體大者六事，付中書、樞密院，令奉行之。答聖問者，即所釋前所賜三十五事也。其序曰：「自古求治之主，靡不欲興理道，安邦國，納忠正，退姦邪，廣聰明，致功業，然行此數事，在明與威斷爾。明則不惑，威則善柄，斷則能行，總是三者，守而勿失，非聖人孰能爲之。唐憲宗留心庶政，宰臣陳説政要，必曰卿等既爲朕言之，當須行之。李絳對曰：非知之艱，行之惟艱。臣等亦願陛下日與輔臣舉此事目推而行之，無使唐之君臣專美前代也。」丁亥，上謂輔臣曰：「朕每令講讀官敷經義於前，未嘗令有諱避，近講詩國風多刺譏亂世之事，殊得以爲監戒。」章得象對曰：「陛下留思六經，能遠監前代興亡之迹，此誠圖治之要也。」

夏四月丁酉，京西轉運按察使杜杞爲廣南西路轉運按察使兼安撫使。諫官余靖言：「朝廷蓄養賢俊，當如民家收積財貨，平時先有營度，至急乃得其用。伏自去年以來，陝西舉知州始用杜杞，三司擇判官則又用杞，京西多盜賊則又用杞。今兹蠻人作叛，則又用杞。皆席未遑暖而即移之。設使別路更有賊盜，則將又移杜杞，無乃取笑四方乎。伏望敕諭兩府大臣，廣思博採天下賢才，以應萬務，無使臨事倉卒，有乏才之歎，則社稷之福。」戊戌，上謂輔臣曰：「自昔小人多爲朋黨，亦有君子之黨乎？」范仲淹對曰：「臣在邊時，見好戰者自爲黨，而怯戰者亦自爲黨。其在朝廷，邪正之黨亦然。唯聖心所察爾。苟朋而爲善，於國家何害也？」初，吕夷簡罷相，夏竦授樞密使，復奪之，代以杜衍，同時進用富弼、韓琦、范仲淹在二府。歐陽脩等爲諫官。石介作慶曆聖德詩言進賢退姦之不易，姦蓋斥夏竦也。竦銜之。而仲淹等皆脩素所厚善，脩言事一意徑行，略不以形迹嫌疑顧避。竦因與其黨造爲黨論，目衍、仲淹及脩爲黨人。脩乃作朋黨論上之，略曰：「臣謂小人無朋，惟君子則有之。小人所好者利禄也，所貪者貨財也。當其同利之時，暫相黨引，以爲朋者，僞也。及其見利而争先，或利盡而交疏，則反相賊害。君子則不然，所守者道義，所行者忠信，所惜者名節，以之修身則同道而相益，以之事國則同心而共濟，終始如一，此君子之朋也。故爲人君者，當退小人之僞朋，用君子之真朋，則天下治矣。」於是爲黨論者惡修，擿語其情狀，至使内侍藍元震上疏言：「范仲淹、歐陽脩、尹洙、余靖前日蔡襄謂之四賢，斥去未幾，復還京師，四賢得時，遂引蔡襄以爲同列。以國家爵禄爲私惠，膠固朋黨，遞相提挈，不過二三年布滿要路，則誤朝迷國，誰敢有言。」上終不之信也。庚子，度支判官李絢爲京西轉運按察使。時范雍知河南，王舉正知許州，任中師知陳州，任布知河陽，並二府舊臣，絢皆以不才奏之。居半歲，召入修起居注。己酉，監修國史章得象上新修國朝會要一百五十卷。壬子，判國子監王拱辰、田況、王洙、余靖等言：「首善當自京師。漢大學二百四十房、千八百餘室、生徒三萬人。唐學舍亦千二百間。今取才養士之法盛矣，而國子監才二百楹。制度狹小，不足以容學者。請以錫慶院爲太學，葺講殿，備乘輿臨幸，以潞王宮爲錫慶院。」

從之。

五月壬戌朔，樞密副使韓琦、參知政事范仲淹並對於崇政殿，上四策：其一曰：「西戎輒求通順，實圖休息。陛下當隆禮敦信，以盟好爲權宜，選將練兵，以攻守爲實務，此和策之得也。」其二曰：「久守之計，莫如蓄土兵，彼或小至，則使屬户蕃兵曁弓箭手與諸寨土兵共力禦之。彼欲大舉，則必先聞舉集之期，我之次邊軍馬盡可駐於堅城，以待敵之進退。彼將進而無利，退而有禍，不三兩舉，勢必敗亡，此守策之得也。」其三曰：「元昊巢穴實在河外，河外之兵懦而罕戰，惟横山一帶蕃部人馬精勁。我以堅城據之，以精兵臨之，彼既樂其土，復逼以威，必須歸附，以圖自安。元昊若失横山之勢，可謂斷其右臂矣，此攻策之得也。」其四曰：「臣等既以三策陳之，又以北戎爲憂。請朝廷力行七事，以防大患：一密爲經略，二再議兵屯，三專於選將，四急於教戰，五訓練義勇，六修京師外城，七密定討伐之謀。」是日，琦與仲淹指陳於上前，數刻乃罷。諫官余靖言：「竊聞大臣建議，内有修京城、置府兵二事者。昔魏侯恃險，吴起以爲失詞。宣王料民，山甫言其害政。願陛下捨此二策，別議遠圖之術。」二策竟不果行。先是，鄭戩奏修水洛城，乞令韓琦不預商量。琦言：「臣任西邊，又再任宣撫，首尾五年，又在涇原、秦鳳兩路，於水洛城事比它人知之甚詳。」輒陳所見利害凡十三條。詔劄與魚周詢等，而周詢及鄭戩已先具奏修城之利，且言：「水洛城今欲畢工，惟女墻未完，棄之誠可惜，宜遂令訖役。」乃詔戩等卒城之。壬申，幸國子監，謁至聖文宣王。有司言舊儀止肅揖，而上特再拜。賜直講、大理評事孫復五品服。又幸昭烈武成王廟。丙戌，元昊始稱臣，自號夏國主，復遣尹與則、楊守素來議事。

［六月］丁未，開寶寺靈寶塔災〔八〕。諫官余靖言：「五行之占，本是災變。朝廷宜戒懼以答天意。尋聞遣人於塔基掘到舊瘞舍利，道路傳語舍利在内庭之時，頗有光怪。臣恐巧佞之人，因此推爲靈異，再圖營造。若言舍利能出光怪，必有神靈所憑，此妄言也。且一塔不能自衛，爲火所毁，又何福可庇於民哉。伏乞指揮更不營造。」〔八月〕〔壬子〕，參知政事范仲淹爲陝西、河東路宣撫使。始仲淹以忤吕夷簡，放逐者數年，士大夫持二人曲直，交指爲朋黨。及陝西用兵，天子以仲淹士望所屬，拔用護邊。及夷簡罷，召還，倚以爲治，中外想望其功業。而仲淹亦感激眷遇，以天下爲己任，遂與富弼日夜謀慮，興致太平。然規模闊大，論者以爲難行。及按察使多所舉劾，人心不自安；任子之恩薄，磨勘之法密，僥倖者不便。於是謗毁寖盛，而朋黨之論滋不可解。然仲淹、弼守所議弗變。先是，石介奏記於弼，責以行伊周之事，夏竦怨介斥己，又欲因是傾弼等，乃使女奴陰習介書，久之習成，遂改伊周曰伊霍，而僞作介爲弼撰廢立詔草。飛語上

聞，帝雖不信而仲淹、弼始恐懼不敢自安於朝，皆請出按西北邊。未許，適有邊奏，仲淹固請行，乃使宣撫陝西、河東。

龜鑑曰：且朋黨之倡，其萌於呂、范交隙之時乎？謂申公爲小人邪，爭宸妃誕育之功而喪爲成禮，當宮庭避災之頃而願望清光乃拜，手疏八事，如正朝綱、塞邪徑、禁賄賂、斥佞壬〔九〕，真得大臣輔相之體。而其大者，釋仲淹之宿怨，容孫沔之直言，是未可以小人訾之也。謂申公爲君子邪，敕有司不受臺諫，夷簡倡之；戒百官越職言事，夷簡主之；罷相之後，密表之頻奏，内侍之陰結，是失大臣進退之義。而其大者，因私憾而預瑶華之議，因北事而忌富弼之能，是未純於君子也。仲淹之比肩聯事，豈能帖帖阿附，而爲詭隨之態乎？方其姑蘇召還，正愜公議，待制之除，俾仲素蘊，而處鈞衡之地者，思有以陷之，以侍臣噤其口，以劇務撓其心。然百官之圖、四論之獻，凜然生言者之氣。大臣不堪，遂以黨目之，仲淹於是有鄱陽之行。是行也，李紘、王質載酒往餞，而欲附黨以爲幸。歐陽脩、余靖、尹洙抗疏力爭，而願同貶以爲榮。仲淹何慊哉。以至韓琦救蔡襄之詩，程琳議黨人之謗，若谷明君子之類〔一〇〕，此皆營救仲淹也。惜夷簡之黨勝，仲淹之黨不勝，至使受知薦主方爾從坐，同年進士又相繼出，諸賢皆以朋黨逐矣。至仲淹陝西召還，稍愜公議，日夜謀畫圖報主知。然按察之令嚴，磨勘之法密，未有愜僥倖者之意，小人不悅，再以黨論之，仲淹於是復爲陝西之行。是行也，身再去國，讒者益甚。賈昌朝主王拱辰而逐益柔，益柔，仲淹所薦也。錢明逸希得象而去富弼，富弼，仲淹所厚也。陳執中因孫甫而去杜衍，杜衍嘗爲仲淹言也。邸獄之起，朋黨作仇，一網之打，私徒相慶〔一〕，雖歐陽公以去國之身，懷不自已，抗疏力言，至謂「群邪相賀於内，四夷相賀於外」，未嘗不忠於國者，而大勢卒不可挽矣。方仲淹始爲夷簡黨目之所斥，諸賢尚有左袒，及仲淹再爲夏竦黨論之所貶，諸賢皆爲倒戈。蓋夏竦用心慘於夷簡，此元瑜所以初是仲淹，而復希執中也。然嘗反覆史傳，竊謂黨禍之作，固小人之罪，而希天子之風，附君子之名，不得盡辭其責。故嘗妄爲之説曰：黨論之始倡，蔡襄「賢不肖」之詩激之也。黨論之再作，石介「一夔一契」之詩激之也。其後諸賢相繼斥逐，又歐陽公邪正之論激之也。何者？負天下之令名，非惟人情不堪，造物亦不吾堪爾。吾而以賢自處，孰肯以不肖自名。吾而以夔、契自許，孰肯以大奸自辱。吾而以公正自褒，孰肯以邪曲自毁哉。如必過爲别白，私自尊尚，則人而不仁，疾之已甚，攻乎異端，斯害也已。安得不重爲君子之禍。孫復謂禍始於此，仲淹謂怪鬼壞事，韓琦亦謂天下事不可如此。其亦有先見云耳。唐自牛僧孺、李宗閔對策，至李德裕朱崖之貶，一報一復，凡四十二年而後息。我仁祖在位四十二年，待遇臣下恩亦至矣。夫豈無藥石以鍼砭之，湯沐以櫛治之。未幾雲開日出，所廢之人尋即召用，所罷之官隨已復職。如范文正以忤申公而得貶，其始也，雖爲之下朋比之詔，及西事之興，不惟宥其過，而且至大用。杜、富、歐、余以邸獄而盡去，始者所行之人雖盡廢黜，而陳執中既罷之後，諸賢復召，而或畀之鈞衡，或列於論思，氣類相感，竟不至傷吾保泰之和。諸賢何憾哉。

甲寅，上謂輔臣曰：「歲旱而飛蝗滋甚，百姓何罪而罹此。默禱上帝，願歸咎於渺躬。」

章得象對曰：「聖言及此，必有以上感天心矣。」戊午，雨。樞密副使富弼言：「伏見朝廷以契丹發兵，會元昊討呆家族〔一二〕，路出河東境外，疑是變詐，臣前歲奉使契丹，頗見情狀。他時雖欲背盟自逞，必寇河北，第以河東爲犄角之地而已。伏乞陛下更令范仲淹相度，且往河東照管，未宜調發。」時仲淹疑契丹入寇，欲大發兵爲備。杜衍謂契丹必不來，兵不可妄出。仲淹争議帝前，詆衍語甚切。仲淹嘗以父行事衍，衍不以爲恨。既退，仲淹猶力争。韓琦曰：「若爾，則琦當請行，不須朝廷一人一騎。」仲淹怒，再求對，首奏琦語，然兵卒不發，仲淹亦不以爲忤也。先是，仲淹受命主西事，弼主北事。弼條上河北守禦策曰：「真宗澶淵之盟，未爲失策，而所痛者，當國大臣論和之後，武備皆廢，謂虜不敢背約〔一三〕，謂邊不必豫防，謂世常安，謂兵永息。西北二寇稔知朝廷作事如此，於是陰相交結，乘虚有謀。契丹侵取燕薊以北，拓拔自得靈夏以西，其間所生豪英皆爲其用，得中國土地，役中國人力，稱中國位號，方中國官屬〔一四〕，任中國賢才，讀中國書籍，用中國車服，行中國法令。是二虜所爲皆與中國等〔一五〕，而又勁兵驍將長於中國，豈可以上古之夷狄待二虜也。謹具守禦十二策，總十三條。是臣奉使契丹日，於河北往回十餘次，詢於沿邊土豪，並内地故老，博採參較，得之甚詳。及於虜議事〔一六〕，又頗見其情狀，以至稽求載籍，質以時務，用是裒聚撰述，以副陛下委任之意。望陛下令兩府會議，可者速行之，其不可者更相致詰而是正之。」

秋七月癸亥，詔以冬至有事於南郊，群臣毋得上表請加尊號。癸未，契丹遣耶律元衡來告將伐元昊。其書略曰：「元昊負中國當誅，今議將兵臨戰。或元昊乞稱臣，幸無亟許。」其實納契丹降人，契丹討之，託中國爲名也。丙戌，詔諸路轉運使副、提點刑獄察所部知州軍、知縣、縣令，有治狀者以名聞，議旌擢之。或不如所舉，令御史臺劾奏，並坐上書不實之罪。從范仲淹奏請也。

八月辛卯，令參知政事賈昌朝領天下農田，范仲淹領刑法，事有利害，其悉條上。甲午，樞密副使富弼爲河北宣撫使。其實弼不自安於朝，欲出避讒謗也。乙未，承旨丁度、學士王堯臣吳育宋祁、知制誥孫抃張方平歐陽脩、權中丞王拱辰、侍御史知雜事沈邈等言：「中書、樞密院聚廳召臣等，宣示契丹來書，並朝廷答書。臣等竊謂，沮契丹而納元昊，則未有素備之策。絶元昊而從契丹，又失綏懷之信。莫若以大義而兩存之。宜降詔與元昊言：昨許再盟，蓋因契丹有書來言，彼是甥舅之親，遂議開納。今卻知國中招誘契丹邊户，虧甥舅事大之禮，違朝廷納款之本意，當須復順契丹，早除嫌隙，則誓書封册便可封還〔一七〕。仍乞於契丹回書中言：已降詔與元昊，若執迷不復則議絶未晚。如此，則於西人無斗絶之曲〔一八〕，於北鄙無結怨之端。」戊戌，右正言、同修起居注余靖爲回謝契丹使，復書略曰：「若以元昊於北朝失事大之體，則自宜問罪。或謂本朝以效順之故，則不煩出師。矧延州昨奏元昊已遣楊守素將誓文入界，儻不依初約，則猶可沮還，如盡遵承，則亦難卻也。」右正言、知制誥歐陽脩爲河北都轉運按察使。上諭脩曰：「勿爲久居計，有事第言之。」脩對以「諫官乃得風聞，今在外使，事有指越職罪也。」上曰：「事苟宜聞，不可以中外爲辭。」乙卯，上謂輔臣曰：「如聞諸路轉運、按察、提點刑獄司發擿所部官吏細過，務爲苛刻，使下無所措手足，可降敕約束之。」先是，監察御史劉湜言：「轉運使倚摭州縣，苛束官吏，人不得騁其才。宜稍寬假。」包拯言：「諸道轉運使自兼按察，及置判官以來，並提點刑獄等，體量部下官吏頗傷煩碎。」朝廷既降敕約束諸路按察使，備載臺官所上之言。歐陽脩奏曰：「臣自聞降此約束，日夕憂嗟。竊謂國家方此多事難了之時，正當責人展效之際。昨大選諸路按察之初，兩府聚廳數日，皆爲一時之極選。凡被選之人，亦各思宣力爭奮所長，豈可頓爲欺罔，便徇私情。皆由朝廷未知官吏爲州縣大患，而按察可以利民，委任之意不堅，故毀謗之言已入也。所可惜者，自差諸路按察，今雖未有大效，而老病昏昧之人望風而懼。近日致仕者漸多，州縣方欲澄清，而朝廷自沮其事。臣欲乞聖慈令兩府召臺官、上言者至中書，問其何路按察之人因挾私怨，苟有迹狀，乞下所司辨明。若實無人，乃是妄說，其近降劄子乞賜抽還，不使四方見朝廷自沮按察之權，而爲貪贓老繆之吏所快。」戊午，詔自今除臺諫官，毋得用見任輔臣所薦之人。

九月戊辰，鄭州言吕夷簡卒。自上初立，太后臨朝十餘年，內外無間，天下晏然，夷簡之功爲多。其後元昊反，四方久不用兵，師出數敗，契丹乘之，遣使求關南地，頗賴夷簡計畫，選一時有名之臣報契丹，經略西夏，二邊以寧。然建募萬勝軍，雜市井小人，浮脆不任戰鬬。用宗室補環衛官，驟增俸賜。又加遺契丹歲金繒二十萬。當時不深計之，至於後世費大而不可止。夷簡當國柄最久，雖數爲言者所詆，帝眷倚不衰。然所斥士旋復收用，亦不終廢。其於天下事，屈伸舒卷，動有操術，後卒配食廟庭，爲世名相。始王旦奇夷簡，謂王曾曰：「君其善交之。」卒與曾並居相位。庚午，平章事兼樞密使晏殊罷爲工部尚書、知潁州。殊初入相，擢歐陽脩等爲諫官。既而苦其論事煩數，或面折之。及脩出爲河北都轉運使，諫官奏留脩，不許。孫甫、蔡襄遂言：「章懿誕生聖躬，爲天下主，而殊嘗被詔誌章懿墓，没而不言。」又奏論殊役官兵治僦舍以規利，殊坐是絀。然殊以章獻方臨朝，故誌不敢斥言，而所役兵乃輔臣例宣借者，時以爲非殊之罪。甲申，樞密使、吏部侍郎杜衍依前官平章事兼樞密使。衍務裁僥倖，每內降恩，率寢格不行，積詔旨至十數，輒納帝前。諫官歐陽脩對見，帝曰：「外人知杜衍封還內降耶。凡有求干朕[一九]，每以衍不可告之而止者，多於所封還也。」右諫議大夫、參知政事賈昌朝爲工部侍郎充樞密使，資政殿學士、工部侍郎、知青州陳執中爲參知政事。諫官蔡襄、孫甫等争言：「執中剛愎不學，若任以政，天下不幸。」上不聽。諫官争不止，上乃命中使齎敕告即青州賜之，且諭意曰：「朕用卿，舉朝皆以爲不可，朕不惑人言，力用卿爾。」明日，諫官上殿，上作色迎謂之曰：「豈非論陳執中邪，朕已召之矣。」諫官乃不敢言。

冬十月，同修起居注、知諫院蔡襄以親老乞鄉郡[二〇]。己酉，授右正言、知福州。襄與孫甫俱論陳執中不可執政，既不從，於是兩人俱求出，而襄先得請。時甫使契丹未還也。國子監直講石介通判濮州。富弼等出使，讒謗益甚，介不自安，遂求出也。契丹夾山部落呆家族八百户歸元昊，契丹主遂親至境上，各據山巖兵相待。元昊奉巵酒爲壽，大合樂，折箭爲誓，乃罷。契丹夜以兵劫元昊[二一]，元昊有備，大敗契丹主，元昊縱其去，尋復與契丹解仇如故。

十一月戊午朔，司天言日當食不食。甲子，監進奏院劉巽、大理評事蘇舜欽並除名勒停，工部員外郎兼天章閣侍講、史館檢討王洙落侍講、檢討知濠州，太常博士刁約通判海州，殿中丞江休復監蔡州税，殿中丞王益柔監復州税。降太常博士周延雋爲祕書丞，太常丞章岷通判江州，著作郎、直集賢院、同修起居注呂溱知楚州，殿中丞周延讓監宿州稅，校書郎、館閣校勘宋敏求簽書集慶軍節度判官事，將作監丞徐綬監汝州葉縣稅。先是，杜衍、范仲淹、富弼等同執政，多引用一時聞人，欲更張庶事。御史中丞王拱辰等不便其所爲，而舜欽仲淹所薦，其妻又衍女，少年能文章，議論稍侵權貴。進奏院祠神，舜欽循前比〔二〕，用鬻故紙公錢召妓女間席會賓客。拱辰廉得之，諷其屬魚周詢、劉元瑜等劾奏，因欲摇動衍。事下開封府治。於是舜欽及巽俱坐自盜，同時斥逐者多知名士，世以爲過薄，而拱辰等方自喜曰：「吾一舉網盡矣。」獄事起，樞密副使韓琦言於上曰：「昨聞宦者操文符捕館職甚急，衆聽紛駭。舜欽一醉飽之過，止可付之有司治之，何至是。陛下聖德素仁厚，獨自爲是，何也？」上悔見於色。自仲淹等出使，讒者益深，而益柔亦仲淹所薦，拱辰既劾奏，宋祁、張方平又助之，乃言益柔作傲歌，罪當誅，蓋欲因益柔以累仲淹也。章得象無所可否。賈昌朝陰主拱辰等議，及輔臣進白，琦獨言：「益柔少年狂語，何足窮治。天下大事固不少，近臣同國休戚，置此不言，而攻一王益柔，此其意有所在，不特爲傲歌可見也。」上悟，稍寬之。時兩府合班奏事，琦必盡言，事雖屬中書，琦亦對上陳其實，同列尤不悦，上獨識之，曰：「韓琦性直。」〔丙寅〕集賢校理彭乘同修起居注。呂溱既貶，起居注缺，中書擬人而乘在選中。帝指乘曰：「此老儒也。雅有恬退名，無以易之。」己巳，詔曰：「朕聞至治之世，元凱共朝，不爲朋黨。君明臣哲，垂榮亡極。朕昃食厲志，庶幾治古，而人務交遊，家爲激訐，更相附離，以沽聲譽。至陰招賄賂，陽託薦賢。又按察將命者恣爲苛刻，屬文之人類亡體要。自今委中書門下、御史臺采察以聞。」范仲淹上表乞罷政事知邠州。詔不允。詔如天禧故事，置諫官六員。辛未，太常博士錢明逸爲右正言、諫院供職。壬午，合祭天地於圜丘。

十二月乙未，册命元昊爲夏國主，更名曩霄。丁酉，詔州縣以先帝所賜七條相誨敕。[癸丑]太常博士王翼西京治獄還，賜五品服。知諫院余靖言：「治獄而賜服，外人知必以爲翼深文重法，能希陛下意以取此寵，所損非細事也。嘗有工部郎中呂寬以治獄賜對，祈易章綬，陛下諭之曰：朕不欲鞫囚與人恩澤〔二三〕，寬退以告臣，臣嘗書之起居注。陛下前日諭寬是則前日賜翼非，予奪之間，貴乎一體。小人望風希進，無所不至。幸陛下每於事端，抑其奔競。請自今臣僚入對，有輒求恩澤者令有司劾其罪。」從之。[乙卯]環、原之間屬羌有明珠、滅臧、康奴三族最大，其北有二川交通西界，宣撫使范仲淹議築古細腰城斷其路。於是，檄知環州种世衡與知原州蔣偕共幹其事。城成而世衡卒。世衡在邊數年，積穀通貨，所至不煩縣官，益兵增饋善撫士卒，及卒，羌酋朝夕臨者數日，青澗及環人皆畫像祠之。范仲淹復檄蔣偕築堡大蟲巉，堡未完而爲明珠、滅臧伺間邀擊，偕輒從間道遁歸，伏庭下請死，王素赦其罪，令畢功。

乙酉慶曆五年春正月己巳，三司言：「更造錫慶院乏材費多，而虜使錫宴之所不可闕。」〔二四〕詔復以太學爲錫慶院如故，別擇地建太學。甲戌，右正言、祕閣校理孫甫爲右司諫、知鄧州。先是，甫言陳執中不效，數請補外，不許。帝嘗問丁度用人以資與才孰先，度對曰：「承平宜用資，邊事未平宜用才。」甫又劾奏度因對求大用，請屬吏。上諭輔臣曰：「度在侍從十五年，數論天下事，顧未嘗及私，甫安從得是語。」甫自契丹還，亟命出守。度侍經筵歲久，上每以學士呼之而不名。嘗問蓍龜占應之事，乃對：「卜筮雖聖人所爲，要之一技而已，不若以古之治亂爲監也。」罷河東、陝西諸路招討使。乙亥，復置言事御史，以殿中侍御史梅摯、監察御史李京爲之。唐制，御史不專言職，故天禧初始置言事御史六員。其後久不除，至是，以諫官員不足，復除之。丙子，契丹遣使來告討夏人回。韓琦言：「朝廷已封册夏國，又契丹以西征回來告，當此之時，若使謂太平無事，則後必有大憂者三。若以前日之患而慮及經遠，則後必有大利者一。契丹欲併吞夏人，倉卒興師，反成敗衂，必恐自此交兵未已，此誠朝廷養謀觀釁之時也。若能內輯綱紀，外練將卒，休息民力，蓄斂財用，以坐待二虜之弊，則幽薊、靈夏之地一舉而可圖。」乙酉，參知政事范仲淹爲資政殿學士、知邠州兼陝西四路沿邊安撫使，樞密副使富弼爲資政殿學士、京東西路安撫使、知鄆州。仲淹、弼既出使，讒者益甚，獨杜衍左右之，上頗惑焉〔二五〕。仲淹愈不自安，因奏疏乞罷政事。上欲聽其請，章得象曰：「仲淹素有虛名，今一請遽罷，恐天下謂陛下輕絀賢臣。不若且賜詔不允。若仲淹即有謝表，則是挾詐要君，乃可罷也。」上從之。仲淹果奉表謝，上愈信得象言。於是，弼自河北還，右正言錢明逸希得象等意，言弼更張綱紀，紛擾國經，凡所推薦多挾朋黨。疏奏，即降詔罷仲淹、弼。陳執中在中書，數與衍異議，蔡襄、孫甫之乞出也，事下中書，甫本衍所舉用，於是中書共爲奏言：「諫院今闕人，乞且留甫等供職。」既奏，上頷之。衍退歸，即召吏出劄子，令甫等供職。吏執劄子詣執中，執中曰：「向者上無明旨。」吏還白衍，衍取劄子壞焚之。執中因譖衍曰：「衍黨錮二人〔二六〕，苟欲其在諫院。及臣覺其情，遂壞焚劄子以滅迹。懷姦不忠。」上入其言，故與仲淹、弼俱罷。衍爲宰相纔百二十日也。丙戌，平章事兼樞密使杜衍罷爲尚書左丞、知兖州。樞密使賈昌朝平章事兼樞密使，宣徽南院使兼樞密副使王貽永爲樞密使，資政殿學士知鄆州宋庠爲參知政事。上既罷范仲淹，問章得象誰可代者。得象薦庠弟祁，帝雅意屬庠，乃復召用之。翰林學士吴育爲右諫議大夫、龍圖閣直學士，左諫議大夫知延州龐籍並爲樞密副使。育初尹開封，范仲淹在政府，因白事數與仲淹忤。既而仲淹安撫河東，有奏請多爲當國者所沮，育取可行者固執行之。先是，田況言：「比來災咎頻仍，蝗潦繼作，觀當世之弊，驗致災之由，其實役斂重而民愁，和氣傷而沴作。役斂之重由國計之日窘，國計之日窘由冗兵之日蕃，宜分遣幹臣揀選諸路宣毅、廣捷等軍，其不堪戰者並降爲廂軍。其廂軍之不堪役者，並放停。議者必曰：兵驕久，一旦遽加澄汰，則恐立以致亂，此慮事者之疏也。去年韓琦汰邊兵萬餘人，豈聞有爲亂者。今天下財用不足以贍冗食之兵，尚或顧恤細故而不思救弊之源，臣竊憂之。」

二月戊子朔，分遣内臣往諸路選汰羸兵。其諸州宣毅軍過三百人者，無得更募。用韓琦議也。辛卯〔二七〕，詔曰：「比京朝官因人保任始得叙遷，朕念廉士或不能以自進，其罷之。」時監察御史劉元瑜言：「近年考課之法，自朝官至員外郎、郎中、少卿監，須清望官五人保任，方許磨勘，適長奔競。」故降是詔。磨勘保任之法，實仲淹所建。仲淹既絀，故元瑜亟奏罷之。知制誥余靖乞特降指揮，「應合奏蔭親屬，臣僚所奏子孫弟姪，特令不拘年甲，以廣賞延之典」。從之。戊戌，講詩，起雞鳴，盡南山篇。先是，講官不欲講新臺，帝謂曾公亮曰：「朕思爲君之道，善惡皆欲得聞。況詩三百，皆聖人所刪定，存勸戒，豈當有避也。」乃命自今講讀經史，毋得輒遺。」兼侍御史知雜事趙及權判史部流内銓。初，銓吏匿員闕，與選人爲市。及奏闕至即牓之，吏部牓闕自及始。乙巳，以馬軍都虞候公解爲太學。

三月戊午，邇英閣講詩匪風篇曰：「誰能烹魚，溉之釜鬵。」帝曰：「老子謂治大國若烹大鮮，治小國若烹小鮮，義與此同否？」丁度對曰：「烹魚煩則碎，治民煩則散，非聖學深遠，何以見古人求治之意乎。」杜衍、范仲淹、富弼既罷，樞密副使韓琦上疏言：「陛下用杜衍爲宰相，方及一百二十日而罷，范仲淹以夏人初附，自乞保邊，固亦有名。至於富弼之出，則所損甚大。富弼大節難奪，天與忠義。昨契丹領大兵壓境，命弼使虜〔二八〕，以正辯屈强虜，卒復和議。忘身瘁事〔二九〕，古人所難。故近者李良臣自虜來歸，盛言北方自虜主而下皆稱重之。陛下兩命弼爲樞密副使，皆弗有其功，辭避不受。逮抑令赴上，則不顧毁譽，動思振緝紀綱，其志欲爲陛下立萬世之業爾。近日臣僚多務攻擊忠良，取快私忿，非是國家之福。惟陛下久而察之。」疏入不報。而董士廉又詣闕訟水洛城事，輔臣多主之，琦不自安，懇求補外。辛酉，琦罷樞密副使，知揚州。丙子，詔禮部貢院增天下解額。己卯，邇英閣講詩六月篇。上曰：「此序自鹿鳴至菁菁者莪，皆帝王常行之道。或止當時事耶？」楊安國對曰：「昔幽王失道，小雅盡廢，四夷交侵，中國道微。先儒所以作此序，爲萬世監也。」於是上再令講之。又詔補蔭選人，自今祇令吏部流内銓候該參選日，量試所習藝業注官，其慶曆三年十一月條制勿行。〔甲申〕邇英閣讀漢書高祖封韓信爲齊王事。上曰：「高祖之從諫善用人不疑如此。」丁度對曰：「高祖聰明大度，故臣下得盡其誠。不然，何以基帝業也。」丙戌，罷入粟授官。是月，歐陽脩上疏：「伏見杜衍、韓琦、范仲淹、富弼等皆是陛下素所委任之臣，一旦相繼而罷，天下士皆素知其可用之賢，而不聞其可罷之罪。自古小人讒害忠賢，其識不遠，欲廣陷良善，則不過指爲朋黨，欲摇動大臣，則必須誣以專權。其何故也？善人少過，難爲一二求瑕，惟指以爲朋黨則可一時盡逐。大臣不可以他事動摇，惟有專權，是人主之所惡，故須此説方可傾之。臣料杜衍等四人各無大過，而一時盡逐，必有朋黨專權之説上惑聖聰。臣請詳言之。杜衍爲人清審而謹守規矩，仲淹則恢廓自信而不疑，韓琦則純正而質直，富弼則明敏而果鋭。四人爲性，既各不同，雖皆歸於盡忠，而其所見各異。故於議事多不相從。至如杜衍欲深罪滕宗諒，仲淹力争而寬之。仲淹謂契丹必攻河東，請急修邊備，富弼料九事，力言契丹必不來。至如尹洙，亦號仲淹之黨，及争水洛城事，韓琦則是尹洙而非劉滬，仲淹則是劉滬而非尹洙。此數事尤爲彰著。陛下素已知者。此四人者可謂公正之賢也。平日閒居則相稱美之不暇，爲國議事則公言廷争而無私。以此而言，臣見杜衍等真得漢史所謂忠臣有不和之節，而小人讒爲朋黨誣矣。陛下於千官百辟之中親選得此數人，一旦罷去，而使群邪相賀於内，四夷相賀於外，此臣所以爲陛下惜也。」疏入不報，指脩爲朋黨者益惡焉。

夏四月丁亥朔，司天言：「日當食而陰晦不見。」宰臣率從官稱賀。御史李京言：「自寶元初，定襄地震，壓死者數萬人。殆今十年，震動不已。豈非西北二邊有窺中國之意乎。孟夏雷未發聲，豈非號令之不信乎。願陛下飭邊臣備夷狄，戒輔臣謹出命，以厭禍於未形。」上嘉納之。壬辰，邇英閣講詩小旻篇曰：「如彼泉流，無淪胥以敗。」帝謂趙師民曰：「以水諭政，其有指哉？」對曰：「水性順則通，通則清，逆故壅，壅則敗。喻用賢則王，政通而世清，用邪則王澤壅，而世濁幽王失道。絀正用邪，正不勝邪，雖有善人不能爲治，亦將相牽以淪於污敗也。」丁未，講詩至巷伯篇，注有魯男子獨處之事。帝曰：「嫌疑之際，古人所謹，此不著古人姓氏〔三〇〕，豈聖人特以設教邪！」戊申，平章事兼樞密使章得象罷爲鎮安節度使、同平章事、判陳州。得象在中書八年，畏遠名勢，宗黨親戚一切抑而不進，然無所建明。裹行孫抗數以爲言，而得象亦十二章請罷〔三一〕，上乃許之。平章事兼樞密使賈昌朝加昭文館大學士、監修國史，參知政事陳執中依前官平章事兼樞密使。庚戌，樞密副使吳育爲參知政事，翰林學士承旨兼中書舍人丁度爲樞密副使。

五月，上封者多言諸路轉運判官競爲苛刻。己巳，詔見任轉運判官歲滿者皆罷。

秋八月甲子〔三二〕，監察御史包拯爲契丹正旦使，閤門通事舍人郭瓌副之〔三三〕。契丹館伴者謂拯等曰：「雄州新開便門，乃欲誘納叛人以刺候疆事乎？」拯曰：「欲刺知北事自有正門，何必便門也。本朝豈嘗問涿州開門邪？」虜折不復言。及拯使還，具奏：「今邊上將帥尤在得人。昔太祖經營四方，選勇幹忠實者分控西北邊，皆一任十餘年不遷，卒獲其效。今則不然，莅事未幾，即圖遷徙，又何暇於訓練備禦乎。臣欲乞今後應沿邊要衝之處，專委執政大臣，精選素習邊事之人以爲守將。其代州尤不可輕授，如得人責以實效，雖有微累，不令非次移替。所貴軍民安其政令，緩急不致敗事。」甲戌，降河北都轉運按察使歐陽脩爲知制誥、知滁州。

九月甲辰，徙江南東路轉運按察使楊紘知衡州。紘嘗言：「不法之人不可貸，如使肆貪殘於一郡一邑，害良民千萬家，不若去之，不利一家爾。」聞者望風解去，然竟坐苛刻下遷。紘，億從子，爲億後，其爲江東轉運按察使富弼所薦也。

冬十月辛酉，祔章獻明肅皇后、章懿皇后神主於太廟，大赦天下：「諸路轉運使昨帶按察之名，比聞過爲煩苛，吏不安職，其並罷之。」時執政沮改范仲淹、富弼所行事，因肆赦遂有此命。初，議者請覃恩百官，且優賜軍士。參知政事吳育曰：「無事而啓僥倖，誰爲陛下建此者，請治之。」已而帝語輔臣曰：「外人怨執政，宜防喧嘩。」育曰：「此必建議者欲以動摇上聽，願毋慮。臣既以身許國，何憚此耶。」帝嘗遣中使察視山東盜賊，還奏盜不足慮，而言兖州杜衍、鄆州富弼，山東尤尊愛之，此爲可憂。帝欲徙二人淮南，育曰：「盜誠無足慮，然小人乘時以傾大臣，非國家之福。」議遂格。辛未，始班曆於夏國。庚辰，罷宰臣兼樞密使。又詔樞密院，凡軍國機要依舊同商議施行。

十一月［癸未］，樞密院請自今進退管軍臣僚、極邊長吏、路分兵馬鈐轄以上，並與宰臣同議。從之。辛卯，詔京東路提點刑獄司體量石介存亡。先是，介受命通判濮州，歸家待次，病卒。夏竦銜介甚，且欲傾富弼，會徐州狂人孔直温謀反，搜其家得介書，竦因言介實不死，弼陰使入契丹謀起兵，弼爲內應，故有是命。時亦有詔下兖州勘介死虛實。知州杜衍會官屬語之，泰寧節度掌書記龔鼎臣獨曰：「介平生直諒，寧有是耶。願以合族保其必死。」衍竦然探懷中奏稿示之曰：「老夫既保介矣。君年少見義必爲，安可量哉。」國子監直講孫復責監虔州稅。孔直温敗，索其家得遺復詩故也。甲午，邇英閣講詩角弓篇，上曰：「幽王不親九族以至於亡。」楊安國對曰：「冬至日，陛下親燕宗室，人人撫藉，豈不廣骨肉之愛也。」上又曰：「書載『九族既睦，平章百姓』，此帝堯之盛德也。朕甚慕之。」乙未，邇英閣講詩都人士篇，上曰：「古人冠服必稱其行，今冠服或過之，行未必如古人也。」又讀經武聖略至真宗朝李繼和上言：「國初李漢超在關南，以私錢貿易佐公用，人或繩奏之。太祖反令盡除所過稅。」上曰：「任人如此，孰不盡力哉。」詔以邊事寧息，盜賊衰止，知鄆州富弼、知青州張存並罷安撫使，知邠州范仲淹罷陝西四路安撫使。其實讒者謂石介謀北，弼將舉一路兵應之故也。仲淹先引疾求解邊任，是日改知鄧州。

丙戌慶曆六年春正月戊子，知制誥王堯臣罷三司使，爲翰林學士承旨。堯臣主計凡三年，前使姚仲孫借内藏錢數百萬，久不能償，堯臣悉按籍償之，而軍國之費猶沛然有餘，蓋未嘗加賦於民也。益、梓、夔三路轉運使皆乞增鹽井課，歲可爲錢十餘萬，堯臣固不從。上問其說，對曰：「庸蜀僻遠，恩澤鮮及，而貢入常倍，民力由此困。朝廷既未有以恤之，而又牟利焉，是重困也。」上善其對，已而言於上曰：「臣之術止於是矣。且臣母老，願解煩劇。」既罷，上慰勞之，堯臣頓首曰：「非臣之能，惟陛下信用臣爾。」甲午，命翰林學士孫抃權知貢舉。

二月癸丑，司天監言：「日當食三月朔。」上謂輔臣曰：「日食之咎，蓋天所以譴告人君，願罪歸朕躬，而無及臣庶也。凡民之疾苦，益思詢究而安利之。」

三月辛巳朔，日有食之。庚寅，登州地震，岠嵎山摧，自是震不已，每歲震即海底有聲如雷。壬寅，御崇政殿，賜進士賈黯等一百三十人及第〔三四〕，一百九十人出身，一百十七人同出身。癸卯，賜諸科及第並出身者四百十五人。

夏五月，減邛州鹽井歲額緡錢一百萬。川峽四路鹽課，縣官之所仰給。然井源或發或微，而責課如舊，任事者以爲功，往往貽患於後人。朝廷切於除民疾苦，有司上言輒爲蠲減，前後不可悉數。

六月丁巳，流星出營室南，大如杯，其光燭地，隱然有聲。占曰：「兵出。」癸亥，帝謂輔臣曰：「天之譴告人君，使懼而修德，亦猶人君知臣下之過，先亦戒敕，使得自新，則不陷於咎惡也。」賈昌朝等皆引咎再拜。〔丙子〕參知政事吳育與宰相賈昌朝不相能。監察御史唐詢希昌朝意，上奏曰：「賢良方正直言極諫茂材異等科，由漢涉唐，皆不常置，若天見災異、政有闕失，則詔在位薦之。請自今不與進士同時設科。」疏上，帝刊其名，付中書。育奏疏駁之。上是育言，即詔禮部：「自今制科隨進士貢舉，其著爲令，仍須近臣論薦，毋得自舉。」上因諭輔臣曰：「彼上言者，乞從内批以行，今乃知欺罔也。」育又奏曰：「陰邪沮事，正當明辨。人臣言涉機密，欲歸德於君，成國之美，此類可以刊名付外。制策天下、公共廢置，可以明述，豈宜陰有沮革，欲自上行，此正姦罔所爲，願出姓名，批敕以明國法。」〔三五〕育本由制策進，上數稱其賢，以爲得人，故詢力排詆，意在育不在制科也。

秋七月〔甲申〕，三司使王拱辰言：「太祖時兵十二萬，太宗時十八萬，章聖時四十萬，今過倍之〔三六〕。兵在精不在衆，冗散坐食，非計也。三司雖總財用大計，而事實在外。請諸道帥臣並任其責。」乙酉，詔判大名府夏竦、知并州鄭戩、知永興軍程琳並兼本路計置糧草事。丙申，右正言、知制誥、知吉州余靖爲將作少監分司南京，許居韶州。初，靖爲諫官，嘗劾奏太常博士茹孝標不孝，匿母喪，坐廢。靖既失勢，孝標因與知諫院錢明逸言：「靖少遊廣州，犯法受笞。」會朝廷下廣州按得其實，靖初名希古，曲江主簿善遇之，知韶州者疾主簿，捃其罪，唯得與靖接坐。主簿既以違敕停任，而靖受笞。後乃更名取解他州及第。案牘具在，故有是命。壬寅，上謂宰相曰：「前日除李用和子璋爲閤門副使，今次子珣求爲通事舍人，朕已諭之曰：朝廷爵賞，所與天下共也。儻戚里之家兄弟遷補如己欲，朕何以待諸勳舊乎。」

八月癸亥〔三七〕，御崇政殿，策試賢良方正能直言極諫太常博士錢彦遠及武舉人。彦遠策入第四等。彦遠，易之子，明逸之兄也。宋興以來，父子兄弟登制科者，錢氏一家而已。癸酉，參知政事吴育爲樞密副使，丁度參知政事。育在政府，遇事敢言，與宰相賈昌朝争議上前〔三八〕，殿中皆失色，育論辯不已，乃請曰：「臣所辯者，職也。顧力不勝，願罷臣職。」因與度易位。

九月庚寅，户部副使夏安期爲陝西轉運使〔三九〕。安期與諸路經略安撫司議邊費，凡奏省員及汰邊兵之不任役者五萬人。時數有災異，侍御史知雜事梅摯引洪範上變戒曰：「王省惟歲，謂王總群吏如歲兼四時，有不順則省其職。今日食於春，地震於夏，雨水於秋，一歲而變及三時，此天意以陛下省職未至，而丁寧告戒也。伊洛暴漲，海水入台州，浙江潰防，黃河溢埽，所謂水不潤下，陛下宜責躬修德以回上帝之眷佑。陰不勝陽，則災異衰止，而盛德日起矣。」

冬十一月［戊子］，權御史中丞張方平權三司使。河北鹽務在滄、濱二州，歲課凡千一百四十五石〔四〇〕，以給一路。自開寶以來，聽人貿易，官收其筭，歲爲額十五萬緡。王拱辰爲三司使，復建議悉榷二州鹽，於是三司更立榷法而未下也。方平見上問曰：「河北再榷鹽，何也？」上曰：「始議立法，非再也。」方平曰：「周世宗榷河北鹽，犯輒處死。世宗北伐，父老遮道泣訴，願以鹽課均之兩稅錢而弛其禁，世宗許之，今兩稅鹽錢是也。豈非再榷乎？」上大悟曰：「卿語宰相立罷之。」方平曰：「法雖未下，民已户知之。當直以手詔罷之，不可自有司出也。」上命方平密撰手詔，下之河朔，父老相率拜迎於澶州，爲佛老會七日以報上恩，且刻詔書北京。其後父老過詔書下必流涕。辛丑，獵於城南東韓村。是時道傍居民或畜狐兔鳧雉驅入場中，上因謂輔臣曰：「畋獵所以訓武事，非專務獲也。」悉令縱之。

丁亥，慶曆七年春正月戊子，尚書左丞、知兗州杜衍爲太子少師致仕。時年方七十，正旦日上表，願還印綬。宰相賈昌朝素不喜，遽從其請。議者謂衍故宰相，一上表即得謝，且位三少，皆非故事，蓋昌朝抑之也。己亥，慶曆編敕成，凡十二卷，别爲總例一卷，視天聖敕增五百條。

三月癸未〔四一〕，詔求寬恤民力之事，聽官吏驛置以聞，上其副於轉運司。利害明白者，轉運司專行之。癸巳，詔曰：「自冬訖春，旱暵未已。朕惟災變之來，應不虚發，殆不敏不明以干上帝之怒。與其降疾於人，不若移災於朕。中外臣僚指當世切務，實封條上。」楊察進詔草，以爲未盡罪己之意，令更爲此詔。乙未，平章事賈昌朝罷，判大名府、河北安撫使。樞密副使吴育爲給事中歸班。昌朝與育數争論帝前，論者多不直昌朝，時方閔雨，昌朝引漢災異策免三公故事，上表乞罷。而中丞高若訥言陰陽不和，責在宰臣。帝用其言，即罷昌朝等。尋復命育知許州。判大名府夏竦充樞密使。故事，文臣自使相除樞相，必納節還舊官，獨竦不然。初降制召竦爲宰相，諫官、御史言：「大臣和則政事修，竦與陳執中論議素不合，不可使共事。」越三日，遂貼麻改命焉。知益州文彦博爲樞密副使。上議再畋近郊，南城之役，衛士不及整而歸，以夜有雉隕於殿中，諫者以爲不祥。是月乙亥，詔將復出，諫者甚衆。詔罷出獵。丙申，詔群臣無得以郊祀請加尊號。丁酉，改樞密副使文彦博爲參知政事，右諫議大夫高若訥爲樞密副使。己亥，賜侍講曾公亮三品服。上御邇英閣，面賜之，仍宣諭曰：「即講席賜卿，所以尊寵儒臣也。」壬寅，降辛臣陳執中爲給事中，參知政事宋庠爲右諫議大夫，工部侍郎丁度爲中書舍人。先是，賈昌朝引漢故事乞罷相，執中等復申前請，於是各降官一等，而輔政如故。上之幸西太一宫也，日方炎赫，卻蓋不御，及還而雨。是日大浹。詔權停貢舉。

夏四月己酉，内出詔曰：「前京東轉運使薛紳任部吏孔宗旦、尚同、徐程、李思道等爲耳目，偵取州縣細過，以滋刑獄，陷害人命，時號四瞪。前江東轉運使楊紘、判官王綽、提點刑獄王鼎皆亟疾苛察相尚，時號三虎。是豈稱朕忠厚愛人之意歟！紘已降知衡州，而紳等故在。其降紳知陝州，鼎知深州，綽方居喪，候服除日取旨。自今皆毋得用爲監司。宗旦等四人並與遠小處差遣。」綽，益都人，鼎，沿子，與紘三人者，皆范仲淹所選用也。天章閣待制、侍講楊安國因講筵，爲上言三虎四瞪事，故有是詔。壬子，御正殿，復常膳，仍賜二府喜雨詩。丁卯，上封者言：「諸路轉運司廣要出剩，求媚於上，以民輸賦税已是大半之賦，又令加耗，謂之潤官。願陛下閲其奏目，或有横加收斂，名爲出剩，乞賜絀貶。使民知陛下之意，仍乞嚴行戒勵，必然止絶。」上覽之曰：「古稱聚斂之臣甚於盜賊，今如此掊斂，與朕結怨於民也。」亟下詔止絶之。講筵讀賈誼傳論三公三少皆天下端士，與太子居處出入，故少成若天性，習慣如自然。帝曰：「朕昔在東宮，崔遵度、張士遜、馮元爲師友，此三人皆老成人，至於遵度尤良師也。」

五月己亥，命翰林學士楊察除放天下欠負。

六月壬戌，置北京留守司御史臺。［庚午］先是，夏竦讒言石介實不死，富弼陰使入契丹謀起兵。竦在樞府，又讒介説虜不從〔四二〕，更爲弼往登、萊結金坑凶惡數萬人，欲作亂，請發棺驗視。朝廷復詔監司體量，中使持詔至奉符，提點刑獄吕居簡曰：「今破家發棺，而介實死，則將奈何？且喪葬非一家所能辦也，必須衆乃濟。若人人召問之，苟無異説，即令結罪保證，亦可應詔矣。」中使曰：「善。」及還奏，上意果釋。

秋八月丁未，賜汝州龍興縣處士孔旼粟帛。旼，孔子四十六代孫，隱居縣之龍山，性孤潔，喜讀書，有田數百畝，賦税常爲鄉里先。遇歲饑，分所餘周不足者。聞人之善，若出於己。動止必依禮法。環所居百里，人皆愛慕之。葬其父，廬墓三年，卧破棺中，日食米一溢，壁間生紫芝數十本，州以行義聞，故有是賜。［戊午］初置天章閣直學士，位在龍圖閣直學士之下。

九月癸巳，以北宅爲廣親宅。先是，帝以秦王子孫衆多，而所居隘狹，乃命修王欽若故第增益之。

冬十月［壬子］，太子太傅致仕李迪卒。帝篆其墓碑曰「遺直之碑」。又改迪所葬鄆城之鄉曰遺直鄉。

十一月戊戌，祀天地於圜丘，大赦。是日，貝州宣毅卒王則據城反，僭號東平郡王。

十二月庚戌，樞密直學士明鎬爲河北體量安撫使。甲寅，知滄州高繼隆爲東上閤門使、知貝州。

［是歲］三司使張方平言：「勘會陝西用兵以來，內外所增置禁軍八百六十餘指揮，約四十有餘萬人。內馬軍一百二十餘指揮，若馬數全足，計六萬有餘匹。其繫三路保捷、振武、宣毅、武衛、清邊、蕃落等指揮，並本道土兵連營〔四三〕，仰給約二十餘萬人。比屯駐戍兵當四十萬人。又自慶曆三年以後，增添給，送西北銀絹，內外文武冗官日更增廣，所以三司經用不贍。天下山澤之利，茶鹽酒稅，比之先朝以前，例皆大有增剩，可謂無遺利也。然有司調度交見匱乏，直以支費數廣，不量入以爲出所致爾。今禁兵之籍不啻百萬人，坐而衣食，無有解期，七八年天下已困〔四四〕，而中外恬然不知營救〔四五〕。臣以不才，謬當大計，謹具大略，乞下中書、樞密院審加圖議，裁於聖斷，變而通之。」

戊子慶曆八年春正月辛未，夏國主曩霄卒。曩霄凡七娶，五曰野利氏，遇乞從女也。會有告遇乞兄弟謀作亂，曩霄遂族遇乞剛浪凌、城逋等。既而曩霄悔恨，下令訪遺口，得遇乞妻，與之私通，野利氏覺之，乃出爲尼，號没藏大師。既娠而曩霄死，没藏大族也，訛龐爲之長。訛龐曰：「夏自祖考以來，父死子繼，國人乃服。今没藏尼娠先王之遺腹，幸而生子，則可以嗣先王矣。」遂立没藏，而僞號太后。曩霄既死三月，諒祚生。丁丑，參知政事文彦博爲河北宣撫使，本路體量安撫使，樞密直學士明鎬副之。鎬督諸將攻貝州城久不下，彦博乞身往破賊，故遣彦博宣撫。先是，樞密使夏竦惡明鎬，恐其成功，輒從中沮之。彦博因言：「軍事願得專行。」戊寅，詔許彦博以便宜從事。乙未，日赤無光。

閏正月庚子朔，文彦博夜選壯士二百，銜枚由地道入，賊衆驚潰。王信捕得則，詔以檻車送京師，改貝州曰恩州。丁未，祠部員外郎、祕閣校理張瓌爲兩浙轉運使。瓌十年不磨勘遷官，朝廷奬其退静，故用之。戊申，參知政事文彦博爲禮部侍郎、平章事。右諫議大夫明鎬端明殿學士、給事中〔四六〕。辛酉，崇政殿親從官顏秀、郭逵、王勝、孫利等四人謀爲變，殺軍校，劫兵仗，登延和殿屋，入至禁中。焚宮簾，斫傷内人臂。其三人爲宿衛兵所誅，王勝者走匿宮城北樓，經日乃得，而捕者即支分之。帶御器械王從善等五人皆外遷，獨楊懷敏領職如故。樞密使夏竦庇之也。丙寅，磔王則於都市。

二月癸酉，楊懷敏落入内副都知，復爲左藏庫使、通州團練使、滑州鈐轄。始從御史之言也。何郯擊懷敏尤力，上諭郯曰：「古之諫臣，嘗有碎首者。卿能行此否？」郯對曰：「古者君不從諫，故臣有碎首。今陛下無諫不從，何用如此。若必碎首，則美歸臣下，而過在君上也。」上忻納之。戊寅，改新知荆南范仲淹復知鄧州。仲淹在鄧二年，鄧人愛之，及徙荆南，衆遮使者請留，仲淹亦願留，詔從其請。

三月甲寅，幸龍圖、天章閣，出手詔賜輔臣曰：「間者西陲禦備，天下繹騷。雖常賦有增，而經用不給。加以承平寖久，仕進多門，人浮政濫，員多缺少。又牧宰罕聞奏最，將帥艱於稱職，西北多故，虜態難常，獻奇譎空言者多，陳悠久實效者少，思濟此務，罔知所從，悉爲朕條畫之。」又詔翰林學士、三司使、知開封府、御史中丞曰：「欲聞朕躬缺失，左右朋邪，中外險詐，州郡暴虐，法令非便民者，及朝廷機事，其悉以陳。」皆給筆札，令即坐上對。時樞密使夏竦知執中不學少文，故爲帝謀，意欲困執中也。執中方力辭未許，參知政事宋庠請至中書合議上對。許之。論者以庠爲知體。是日，翰林學士張方平既退朝，會鎖院草制，方平即條對所問，夜半與制書俱上，曰：「臣昨在三司，計會天下財用出入之籍，及建隆以來兵數，乞朝廷速加圖議。望嚴令天下禁止招募，命逐路轉運使、提點刑獄分按所部，揀選疲老，便與放停。若雖係禁軍，其間羸弱憚於教閲，願退就廂軍者，亦聽從便。臣曾勾當三班院，在院使臣，景祐中約計四千餘員，今六千五百餘員。臣勘會學士院兩省以上官，景祐中四十餘員，今六十餘員〔四七〕。臣任御史中丞，將本臺班簿點算，景祐中京朝官不及二千員，今二千八百員〔四八〕。臣判流内銓，取責在銓選人〔四九〕，畢竟不知數目，大約三員守一缺，略計萬餘人。十年之間，所增官數如此，若更五七年後，其將奈何。每歲入官之路，徼倖攀援，日生新例，不可勝數。澄源培本，在陛下命令而已。乞令中書、樞密院各具逐年諸色入仕名目及人數，取其僥倖弊濫尤甚者，逐色別立條約，稍加裁損。臣聞先朝以前，雖將相大臣之家子孫，猶多白衣未仕者。今自少卿監以上，輒每歲任一人，不亦過乎。祖宗之時，文武官不立磨勘年歲，不爲升遷資序，有才用名實之人，或從下位便見超擢，無才用名實之人，有守一官至十餘年不改轉者。故當時人皆自勉，非有勞效，知不得進。自祥符之後，朝廷之議益循寬大，故令自監當入知縣，知縣入通判，通判入知州，皆以兩任爲限。又令守官及三年即例得磨勘。先朝行之〔五〇〕，人始知恩，未見有弊。及今歲年深久，習以爲常，皆謂本分合得，無賢不肖，莫知所勸。願陛下稍革此制，其應磨勘叙遷者必有勞績可褒。或朝廷特敕擇官，保任者即與轉遷，其保任之法，應須選擇清望有才識之人即命舉之，如此則是委執政之臣舉清望官，委清望官舉親民官。官有缺員，隨員數令舉，又足以見聖恩急才愛民之意也。至於將帥之任，仍宜久於其職。祖宗任李漢超、郭進、賀惟忠、李謙溥、姚内斌、董遵誨、侯贇、楊延昭等，遠或二十年，近猶八九年，假之事權，略其細故，不爲間言輕有移易。又不與高官，常令志有所未滿，不怠於爲善也。今則不然，武臣指邊郡謂之邊任，借之爲發身之地。歷邊任者，曾無寸勞薄效，不數年徑至横行、刺史、防團廉察，而又移换改易，地形山川未及知，軍員士伍未及識，吏民土俗未及諳，已復去矣。願陛下鑒祖宗故事，重爵賞以待功勞，責久任以觀能效，亦馭將帥之一節也。」帝覽奏驚異，詰旦更賜手札問詔所不及者。方平即日復上對曰：「今兹聖心因昨保州、恩州之變，得無常以河北爲意者乎。臣曾勘會河朔廂禁軍僅二十萬人，禁軍五之四。然體問其中疲老不任征役者甚多。若朝廷密諭安撫、部署及轉運使、提點刑獄官，此後一切且住招填，令依常例旋行揀放，頻作番次揀選，少作人數放停，使由之而不知，無得漏露朝旨，歲年後稍稍團併，據所缺指揮發在京禁軍就逐州駐劄，使其勢足與土兵相制，庶乎置器於安也。今兹聖心因昨衛士震驚宫省，得無以親衛爲意者乎。國初循周制，置諸班直，備爪牙士，屬殿前司，置親從官，屬皇城司。然皆游惰無根蔕莫容其身者，乃來應募。前此變故卒生意外。臣恐當有以懲創之，若於諸班直中選其年勞久次者，至於東西下班殿侍有門閥家業者，及諸軍中死事者之孤，稍有材勝兵者，嚴立保委之法，選取千人，以充殿内之衛，仍領屬皇城司。令樞密院、殿前司立定選補格式、歲月更代之法，歲滿則優遷之，願留者令皇城司保任，委是壯愿謹良則聽留。若其功過之準、教習之法、居處之制、頒給之例，即請自朝廷裁議。臣聞太祖訓齊諸軍，法制甚嚴，軍人不得衣皂，豈有紅紫之服。葱韭不得入營門，豈知魚肉之味。每請月糧時，營在城西者即於城東支，營在城東者即於城西給，須令自負以勞役之。今則異矣。臣嘗入朝，見諸軍帥從卒一例新紫羅衫、紅羅抱肚、白綾袴、絲鞋，戴青紗帽，拖長紳帶，鮮華爛然，計其所受廩給，不足一身之費，若有妻子，爭得不饑凍。此軍情所以易動也。臣竊惟陛下御極，於今且三十年，甚盛之事，所以感格天地，結洽人心之深者，以其至仁慈厚好生惡殺，哀矜庶獄，惟刑之恤也。近因貝賊挾妖爲亂，州郡承風，覺發妖事，蔓延平民，豈無姦人乘便創造疑似，或挾讎怨更相攀引，榜掠之下，何求不獲。臣惜陛下三十年甚盛功德，虧於一簣，奈何輕用刑獄以危天下，招致沴氣以速民怨者乎。至於天下大勢，臣請爲陛下言之。臣觀古今治亂之變不在其他，只在上下之勢離合而已。比年以來，朝廷頗引輕險之人，布之言路，違道干譽，利口爲賢。內則言事官，外則按察官，多發人閨門曖昧、年歲深遠、累經赦宥之事，故自將相以下，至於卿大夫士，惴惴危恐，莫有泰然而自安者。願陛下深爲留神，務在通上下之情，欲上下之情合，在審於聽受而已。」上覽奏益異之，書「文儒」二字以賜方平。［丙寅］翰林侍讀學士葉清臣在永興，條對，其言多劘切權貴，且曰：「陛下欲息奔競，此繫中書若宰相裁抑奔競之流，則風俗敦厚，人知止足。宰相用憸佞之士，則貪榮冒進，激成渾波。向有職在筦庫，日趨走時相之門，入則取街談巷言以資耳目，出則竊廟謨朝論以驚流輩。一旦皆擢職司，以酬所任。比日人士競踵此風，出入權要之家，時有三尸五鬼之號，乃列館職，或置省曹。臺諫官爲天子耳目，今則盡爲宰相肘腋。宰相所惡則捃以微瑕，公行擊搏。宰相所喜，則從而唱和，爲之先容。中書政令不平，刑罰不當，則箝口結舌，未嘗敢言。人主纖微過差，或宮闈小事，則極言過當，用爲訐直。宋禧爲御史，勸陛下宮中畜犬、設棘以爲守衛，削弱朝體，取笑夷狄。王逵兩爲湖南轉運使〔五一〕，所至苛虐，誅剝百姓，徒配無辜，特以宰相故舊，不次拔擢。如此是長奔競也。」其他所列利害甚衆。

夏四月己巳朔，封曩霄子諒祚爲夏國主。諒祚生甫三月，諸將未和議者，謂可因此時皆以節度使命諸將，使各統所部，可分弱其勢，冀絶後患。判延州程琳言：「幸人之喪，非所以示夷狄。不如因而撫之。」或請乘隙舉兵，知慶州孫沔亦言：「伐喪非中國體。」上諾其言，遂趣有司行册禮。然議者頗惜其失機會。〔辛未〕參知政事丁度罷爲紫宸殿學士兼翰林侍讀學士。給事中、權三司使明鎬爲參知政事。文彦博自貝州入相，數推鎬功，故丁度罷而鎬代之。詔：「科場舊條，皆先朝所定，宜一切無易。」時禮部貢院言：「祖宗以來，得人不少，考較文藝，固有規程，不須變更以長浮薄，請並如舊制。」〔五二〕故降是詔。初詔外州發解到省，差官覆考，尋罷之，蓋慮因此或致抑退寒士故也。辛卯，置河北四路安撫使，命知大名真定府、瀛定州者領之。韓琦知定州，王拱辰知瀛州，魚周詢知成德軍。先是，賈昌朝判大名府兼河北安撫使矣。

初，改文明殿學士爲紫宸殿學士，御史何郯言紫宸不可爲官稱。五月乙巳，詔改舊延恩殿之名爲觀文殿，仍改紫宸殿學士爲觀文殿學士。御史何郯言：「伏見樞密使、平章事夏竦其性邪，其欲侈，其學非而博，其行僞而堅，有纖人善柔之質，無大臣鯁直之望。事君不顧其節，遇下不由其誠，肆己之欺誣謂可以蔽明，任己之側媚謂可以矯正，犯紀律之所戒而不恥，冒名教之所棄而無疑。聚斂貨殖以逞貪恣，不可格以廉恥之行，比周權倖以圖進取，不可語以忠正之方〔五三〕。近者衞兵爲亂，突入宮掖，而竦只緣管皇城司内臣楊懷敏素與交通，曲爲掩藏，欲以結納。主憂於上而不爲之恤，民議於下而不知爲非。今懷敏既黜，而竦獨留，中外之心無不憤激。伏望陛下上爲社稷之謀，下慰臣庶之望，與衆永棄，示人不私，豈不盛哉，豈不快哉。」辛酉，夏竦罷樞密使，判河南府。俄頃，言者既數論夏竦姦邪，會京師同日無雲而震者五，上方坐便殿，趣召翰林學士。張方平至，上謂曰：「夏竦姦邪，以致天變如此，亟草制出之。」方平請撰駁辭，上意遽解，曰：「且以均勞佚命之。」給事中、參知政事宋庠充樞密使。壬戌，樞密副使、左諫議大夫龐籍爲參知政事。

六月壬辰，帝語輔臣曰：「春夏久雨，朕日蔬食，夙夜禱於上帝，儻霖淫未止，當去食啜水，冀移災朕躬，然不欲使外聞之，嫌其近名耳。」宰臣文彥博對曰：「今景氣澄晏，實聖德感通也。」〔甲午〕參知政事明鎬疽發背，卒。丙申，司空致仕章得象卒。初，陝西軍興，移用不足。知商州皮仲容始獻議，采洛南縣、虢州青銅，置二監以鑄錢。既而陝西都運使張奎、知永興軍范雍請鑄大錢，與小錢兼行，大錢一當小錢十。及奎徙河東，又鑄大鐵錢，亦以一當十。陝西復采儀州黃銅置監鑄大錢。朝廷因敕江南鑄大銅錢，而江、池、虢、饒州又鑄小鐵錢〔五四〕，悉輦至關中，數州錢雜行，大約小銅錢三可鑄當十大銅錢一，以故民間盜鑄者衆，錢文大亂，物價翔踊。知并州鄭戩請河東鐵錢且以二當銅錢一，又以三當一，或以五當一。是月，翰林學士張方平宋祁、御史中丞楊察與三司使葉清臣先上陝西錢議，請以江南、儀、商州大銅錢一當小錢三。又言：「姦人所爲不鑄小鐵錢者〔五五〕，以鑄大銅錢得利厚而官不禁。若鑄大銅錢無利，又將鑄小鐵錢以亂法。請以小鐵錢三當銅錢一。既而又請河東小鐵錢如陝西，亦以三當一，且罷官所置爐。」朝廷皆施用其言。自是姦人稍無利。其後，詔商州罷鑄青黃銅錢，又令陝西大銅錢、大鐵錢皆一當二，盜鑄乃止。然令數變，兵民耗於資用，類多咨怨，久之始定。

秋七月［戊戌］，詔河北水災，其令州縣募饑民爲兵。

冬十月丁亥，屯田員外郎范祥提點陝西路刑獄兼制置解鹽。祥先請變兩池鹽法，故有是命，使自推行之。其法：舊禁鹽地一切通商，鹽入蜀者亦恣不問。罷並邊九州軍入中芻粟，第令入實錢，以鹽償之，視入錢州軍遠近及所指東、南鹽，第優其估；東、南鹽又聽入錢永興、鳳翔、河中，歲課入錢總爲鹽三十七萬五千大席，授以要券，即池驗券，案數而出，盡弛兵民輦運之役。又以延、環、慶、渭、原、保安、鎮戎、德順地近烏白池，姦人私以青鹽入塞〔五六〕，侵利亂法，乃募人入中池鹽，予券優其直，還以池鹽償之。以所入鹽，官自出鬻，禁人私售，峻青鹽之禁。行之數年，猾商貪賈無所僥倖，關内之民得安其業，公私以爲便云。

［十一月］己亥〔五七〕，作「皇帝欽崇國祀之寶」。真宗嘗爲「昭受乾符之寶」，凡齋醮表章用焉，及大内火，寶焚，命宰相陳執中書付有司，別刻之。（十一月）［乙卯］殿中侍御史何郯爲禮部員外郎兼侍御史知雜事。初，臺缺知雜，執政欲進其黨，上特用郯，且諭郯曰：「卿不阿權勢，故越次用卿。」詔：「河北水災，民流離道路，男女不能自存者，聽人收養之後，毋得復取。其庸雇者自從私券。」壬戌，以畿内物價翔貴，於新城外置十二

場，官出米，裁其價以濟貧民。［癸亥］時雨潦害稼，壞隄防，兩河間尤甚。

十二月乙丑［朔］，德音，改明年元，降天下囚罪一等，徒以下釋之。出内藏錢帛，賜三司貿粟以賑河北流民。丙子，詔三司河北沿邊州軍客人入中糧草改行四說之法〔五八〕，每以一百貫爲率，在京支錢三十貫，香藥、象牙十五貫，在外支鹽十貫〔五九〕，茶四十貫。初，權發遣鹽鐵判官董沔言：「端拱、淳化時，祖宗北伐燕薊，西討靈夏，以至真宗朝，二邊未和，用兵數十年，然猶帑藏充實，人民富庶，何以致其然哉？行三說入中之法爾。自西人擾邊，國用不足，民力大匱，得非廢三說之法邪。請依舊行三說以救財用困乏之弊。」乃下三司議，因言：「自見錢法行，京師之錢入少出多。慶曆七年，榷貨務緡錢入百十九萬，出二百七十六萬，恐無以贍給。請如沔議。」舊法，每一百貫支見錢三十貫，香藥、象牙三十貫，茶引四十貫。至是，加以向南末鹽爲四說而行之。

校證

〔一〕六十三卷　再造本、文海本同，按：今點校本長編卷一四六作「六十二卷」，然宋史卷二〇四藝文志、潘自牧記纂淵海卷七七禮儀部、王應麟玉海卷六九禮儀及四庫本長編均作「六十三卷」，似作「六十三卷」是。

〔二〕讀前漢書　再造本、文海本同，按：今點校本長編卷一四六作「讀范漢書」，然范祖禹帝學卷四、章如愚群書考索後集卷一〇官制門、玉海卷二六帝學、卷四九、卷五九藝文均作「讀前漢書」，似「讀范漢書」誤。

〔三〕求諫争　再造本、文海本同，「争」，長編卷一四六、宋史卷二九四趙師民傳均作「諍」，義差强。

〔四〕主判官員　原作「上判官員」，意不通，文海本同，再造本作「主」，字稍殘，據長編卷一四六、范文正奏議卷上奏乞重定三班審官院流内銓條貫校改。

〔五〕邵餗　李校：原作「邵節」，據長編卷一四七、京口耆舊傳卷三邵餗傳改。汪按：再造本、文海本均作「邵餗」，應作校改依據。

〔六〕嘗犯刑責　原作「常犯刑責」，據再造本、文海本、長編卷一四七校改。按，古人常將「常」、「嘗」混用，然此處宜有别。

〔七〕父母　再造本、文海本同，長編卷一四七、嘉泰會稽志卷一學校作「父祖」、彭百川太平治迹統類卷二七祖宗科舉取人、宋會要輯稿選舉三之二五作「祖父」。疑作「父祖」是。

〔八〕開寶寺靈寶塔災　長編卷一五〇、皇朝編年綱目備要卷一二、宋史卷六三五行志、趙汝愚宋朝諸臣奏議卷八四余靖上仁宗乞罷迎開寶寺塔舍利都繫此事於本年六月，據加「六月」一，下文「六月」當移此。又「靈寶塔」，再造本、文海本同，宋史卷六三五行志、卷三二〇余靖傳作「靈感塔」，因「靈感塔」舍利多見記載，而「靈寶塔」不見他處記載，故疑「靈寶塔」爲「靈感塔」之訛。

〔九〕斥佞壬　再造本作「卞佞壬」，「卞」或爲「辨」之俗寫。

〔一〇〕明君子之類　再造本作「卞君子之類」，「卞」或爲「辨」之俗寫。

〔一一〕私徒　原作「私徙」，不文，據再造本、文海本校改。

〔一二〕呆家族　再造本、文海本同，長編卷一五〇、宋史卷三一三富弼傳、王稱東都事略卷六八富弼傳、杜大珪名臣碑傳琬琰之集上卷五蘇軾富鄭公弼顯忠尚德之碑，韓維南陽集卷二九富文忠公墓誌銘、范純仁范忠宣集卷一七富弼行狀均作「呆兒族」。似作「呆兒族」是。

〔一三〕虜　原作「敵」，據再造本、文海本回改。

〔一四〕方中國官屬　再造本、文海本、太平治迹統類卷八仁宗經制西夏要略等均同，惟長編卷一五〇作「仿中國官屬」。

〔一五〕二虜　此「虜」與下文「待二虜」之「虜」，原均作「邊」，據再造本、文海本回改。

〔一六〕虜　原作「契丹」，據再造本、文海本回改。

〔一七〕封還　再造本、文海本同，長編卷一五一、陳均皇朝編年綱目備要卷一二均作「施行」。

〔一八〕斗絶　再造本同，文海本此字模糊，長編卷一五一作「陡絶」，義差强。

〔一九〕有求干朕　再造本、文海本同，長編卷一五二、宋史卷三一〇杜衍傳、太平治迹統類卷六仁宗聖政均作「有求於朕」。疑「干」乃「于」之訛。

〔二〇〕以親老乞鄉郡　原遺「親」字，再造本、文海本同，按時蔡襄並不老，故據長編卷一五二、皇朝編年綱目備要卷一二、宋史卷三二〇蔡襄傳補「親」。

〔二一〕夜以兵刦元昊　「刦」原作「招」，再造本同，文海本此字模糊，據長編卷一五二、皇朝編年綱目備要卷一二及本書前後文校改。

〔二二〕循前比　原作「循前此」，長編卷一五三作「循前例」，今據再造本、文海本、皇朝編年綱目備要卷一二、祝穆古今事文類聚別集卷二一性行部校改。

〔二三〕朕不欲鞫囚與人恩澤　再造本、文海本同，長編卷一五三、宋史卷三二〇余靖傳「鞫囚」前有「因」字，差强。

〔二四〕虜　原作「敵」，據再造本、文海本回改。

〔二五〕上頗惑焉　原作「上頗感焉」，文海本「惑」字模糊，據再造本、長編卷一五四、皇朝編年綱目備要卷一三、宋宰輔編年録卷五校改。

〔二六〕黨錮　再造本、文海本同，長編卷一五四、趙善璙自警編卷七事君、司馬光涑水記聞卷四均作「黨顧」，疑作「黨顧」是。

〔二七〕辛卯　「辛」原作「卒」，據再造本、文海本、長編卷一五四校改。

〔二八〕虜　此「虜」及本段下文三「虜」字，原均作「北」，據再造本、文海本回改。

〔二九〕忘身瘁事　「瘁」，文海本作「辛」，再造本、長編卷一五四作「立」。

〔三〇〕古人　再造本、文海本同，長編卷一五五、范祖禹帝學卷四、江少虞事實類苑卷四祖宗聖訓均作「魯人」，似較佳。

〔三一〕十二章　再造本、文海本同，四庫本長編卷一五五、徐自明宋宰輔編年録卷五亦同，點校本長編作「十上章」。其中點校本長編附校記謂原作「十二章」，據編年録卷五、宋史卷三一一章得象傳校改。據此，究竟應爲「十二章」抑或「十上章」尚有疑問，或當兩存。

〔三二〕八月　李校：原作「七月」，是年七月無甲子日，兹據長編卷一五七改。汪按：李校是，今從之。

〔三三〕郭琮　李校：長編卷一五七作「郭琮」。汪按：再造本、文海本、四庫本均作「郭琮」，故不應改。

〔三四〕一百三十人　再造本、文海本同，長編卷一五八作「二百三十人」，又文獻通考卷三二選舉考載本年共録取進士五百三十八人，與二百三十人、一百九十人、一百十七人之和接近。或作「二百」是。

〔三五〕批敕以明國法　再造本、文海本同，長編卷一五八作「按劾以申國法」，皇朝編年綱目備要卷一三作「劾之以明國法」，太平治迹統類卷二六祖宗制科取人、宋史卷二九一吴育傳均作

「按劾以明國法」。

〔三六〕過倍　李校：長編卷一五九作「遂倍」。汪按：再造本、文海本作「過倍」。皇朝編年綱目備要卷一三、玉海卷一八五食貨會計同長編。

〔三七〕癸亥　再造本、文海本作「癸卯」，長編卷一五九、宋史卷一一仁宗紀作「癸亥」，依干支順序，作「癸亥」是，據校改。

〔三八〕與宰相賈昌朝争議上前　再造本、文海本同，長編卷一五九、宋史卷二九一吴育傳、東都事略卷六三吴育傳、宋宰輔編年録卷五、徐度卻掃編卷上「争議」前均有「數」字，似是。

〔三九〕陝西轉運使　再造本、文海本同，長編卷一五九、太平治迹統類卷九仁宗諸臣謀國遠略作「陝西都轉運使」。

〔四〇〕凡千一百四十五石　原作「凡千一百四十五名」，不文，據再造本、文海本、長編卷一五九校改。另長編卷一五九、宋史卷一八一食貨志均作「九千一百四十五石」，疑「凡」爲「九」之訛。

〔四一〕三月　原作「二月」，文海本同，據再造本、長編卷一六〇、宋史卷一一仁宗紀、玉海卷一八六食貨校改。

〔四二〕虜　原作「敵」，據再造本、文海本同改。

〔四三〕土兵　原作「上兵」，文海本同，據再造本、長編卷一六一、太平治迹統類卷二八用度損益、宋大事記講義卷一〇、張方平樂全集卷二三論國計出納事校改。

〔四四〕七八年　再造本、文海本同，長編卷一六一、樂全集卷二三論國計出納事均作「七八年間」。

〔四五〕營救　再造本、文海本同，長編卷一六一、樂全集卷二三論國計出納事均作「云救」。似作「云救」是。

〔四六〕右諫議大夫　再造本、文海本同，長編卷一六二作「左諫議大夫」，長編卷一六一、李攸宋朝事實卷一六兵刑均記明鎬副文彦博征討王則時已任左諫議大夫，故似作「左」是。

〔四七〕景祐中四十餘員今六十餘員　原作「景祐中四千餘員今六千餘員」，再造本、文海本同，按兩省以上官不應同小使臣一樣多，今據長編卷一六三、皇朝編年綱目備要卷一三、宋朝諸臣奏議卷一四八張方平上仁宗答詔條畫時務、樂全集卷一八對手詔一道校改。

〔四八〕不及二千員今二千八百員　原闕「員今二千」四字，語不通，再造本、文海本同，今據宋朝諸臣奏議卷一四八張方平上仁宗答詔條畫時務、張方平樂全集卷一八對手詔一道補四字。

〔四九〕責　原作「實」，據再造本、文海本、長編卷一六三、皇朝編年綱目備要卷一三、宋朝諸臣奏議卷一四八張方平上仁宗答詔條畫時務、樂全集卷一八對手詔一道校改。

〔五〇〕先朝行之　「朝」原作「期」，據同上諸書校改。

〔五一〕兩爲湖南轉運使　再造本、文海本、太平治迹統類卷九仁宗諸臣謀國遠略同，長編卷一六三、宋史卷二九五葉清臣傳作「兩爲湖南江西轉運使」。

〔五二〕並如舊制　「如」原作「加」，語不通，文海本此字模糊，據再造本、長編卷一六四、太平治迹統類卷二八仁宗科舉取士校改。

〔五三〕忠正之方　再造本、文海本同，長編卷一六四作「中正之方」。

〔五四〕小鐵錢　原作「小錢錢」，再造本、文海本同，據長編卷一六四、宋史卷一八〇食貨志、文獻通考卷九錢幣考校改。

〔五五〕所爲　再造本、文海本作「所謂」，長編卷一六四、太平治迹統類卷二八用度損益、文獻通考卷九錢幣考均作「所以」，似作「所以」是。

〔五六〕青鹽　此「青鹽」與下文「峻青鹽之禁」之「青鹽」，再造本、文海本同，長編卷一六五、宋史卷一八一食貨志均作「青白鹽」，皇朝編年綱目備要卷一三則作「青鹽」，似作「青白鹽」是。

〔五七〕據長編卷一六五，己亥日爲十一月六日。下文「十一月」似應移此前。

〔五八〕四説之法　再造本、文海本同，長編卷一六五等處作「四税之法」，史籍中「三説」與「三税」、「四説」與「四税」混用，難定孰是。

〔五九〕鹽十貫　再造本、文海本、長編卷一六五均同，然三十貫、十五貫、十貫、四十貫之和與一百貫不合，疑當依皇朝編年綱目備要卷一三、太平治迹統類卷二八用度損益、呂中宋大事記講義卷一一補「五」字，改爲「鹽十五貫」。

宋史全文卷九上

宋仁宗五

己丑皇祐元年春正月甲午朔，日有食之。辛丑，命翰林學士趙槩權知貢舉。庚戌，太傅致仕鄧國公張士遜卒，車駕臨奠。翌日，謂輔臣曰：「昨有言庚戌是朕本命，不宜臨喪，朕以師臣之舊，故不避。」文彦博曰：「唐太宗辰日哭張公謹，陛下過之遠矣。」

二月丁卯，彗出虛晨，見東方，西南指，歷紫微至婁，凡一百一十四日而没。詔：「自今月五日不御正殿，其尚食所供常膳亦宜減省，中外臣僚極言當世切務。」「戊辰」權三司使葉清臣乞令後轉運使副得替，差兩制臣僚考校，分上中下六等。從之。辛未，知青州富弼爲禮部侍郎。初，河北大水，流民入京東者不可勝數。弼擇所部豐稔者五州，勸民出粟，得十五萬斛，益以官廩，隨所在貯之，擇公私廬舍十餘萬區，散處其人，選老弱病者廩之。及流民將復其業，又各以遠近受糧。凡活五十餘萬人，募而爲兵者又萬餘人。

講義曰：救荒以政，不若救荒以人。一定州之政，足以活數十萬之饑民。一青州之策，足以活五十萬之饑民。先正諸公純於爲民，故適遇災變，不啻猶己之饑溺。矯詔開倉，雖罪不恤；出粟貸民，家貲不計。溯其用心，民瘼其有不瘳乎。然此固先正愛民之心，亦祖宗之世，郡縣常有餘蓄，所以易於用力而隨見其效也。

詔發京師禁軍十指揮，赴京東西路駐泊，以備盜賊。户部副使包拯言：「臣聞京師者，乃天下之本也。王畿之内，列營屯聚，此强本之兵也。而國家近年以來，邊陲有警，乃一例調發，恐非固宗社、制戎狄之長策。今河北、河東惟有民兵可用，往年嘗籍之矣。籍之未甚得策，又從而釋之。竊見唐李抱真民兵之制，事頗相近，故當時昭義一軍雄視山東，可取抱真之制，約而行之。民兵既壯，禁軍留實京師，則内外安矣。」契丹與夏人相攻，聚兵近塞，遣使來告。邊候稍警，上御便殿，訪群臣以備禦之策。［辛巳］權三司使葉清臣對曰：「詔問北使詣闕，以西戎爲名〔一〕，即有邀求，何以答之。臣聞誓書所載，彼此無求。況元昊叛邊，累年致討，契丹豈有毫髮之助。今彼國出師，輒求我助，奸盟違約，不亦甚乎。若使辯捷之人判其曲直，契丹雖是蠻夷，久漸禮義，我直彼曲，豈不憚服。詔問輔翊之能、方面之才與夫帥領偏裨，當今孰可任此者。臣以爲不患無人，患有人而不能用爾。今輔翊之臣莫如富弼、范仲淹、夏竦、鄭戩，方面人才莫如韓琦、田況、劉渙、孫沔，至於帥領，王德用、范仲淹、龐籍皆其選也。狄青、范全、蔣偕、張亢、劉貽孫、王德基，此可補偏裨者也。至若威禦綏寧，即竦、戩尤其所長。詔問朔方災傷，軍儲缺乏，此則三司失計置，轉運使不舉職。且如施昌言方欲竭思慮辦職事，一與賈昌朝違戾，遂被移徙，軍儲何由不乏。自去秋八月計度市糴，而昌朝執異，訖今仲春而尚未予奪，財賦何緣得豐。詔問戰馬乏絶，何策可使足用。臣前在三司，嘗陳監牧之弊，莫若賦馬於河北、河東、陝西、京東西五路，上户一馬，中户二户一馬。養馬者復其一丁，如此則坐致戰馬二十萬，不爲難矣。」

三月庚子，御延和殿，召輔臣觀新造渾儀木樣。時命日官參用梁令瓚、李淳風舊制，改鑄渾儀也。先是，户部副使包拯答詔所問禦邊之策。辛丑，命拯往河北提舉計置糧草。乙巳，御崇政殿，試禮部奏名進士。丙午，試諸科。癸丑，賜進士馮京等一百七十四人及第，一百六人出身，二百九人同出身於崇政殿。甲寅，賜諸科及第並出身五百五十人於觀文殿。

夏四月庚午，命户部副使包拯與河北四路安撫司轉運司議省冗官，及汰軍士之不任役者以聞。

五月丙午，幸後苑寶岐殿，觀刈麥。顧謂輔臣曰：「朕新作此殿，不欲植花卉，而歲以種麥，庶知穡事之不易也。」宰相龐籍言：「殿中丞、館閣校勘范鎮有異才，不汲汲於進取。」［丁巳］特遷直祕閣。

六月乙丑，以太子右清道率府率叔詔賜進士及第，尋加文州刺史。叔詔嘗獻所著文，召試學士院，入優等，特遷之。入謝，命坐，賜茶，謂曰：「宗子好學無幾，爾獨以文章得進士第。朕欲天下知屬籍有賢者，宜勿忘所學。」［甲戌］賈昌朝爲觀文殿大學士、判都省。觀文殿置大學士自此始。仍詔自今非嘗爲宰相毋得除。

秋七月，翰林侍讀學士張錫嘗講書禁中，上飛白書「博學」二字賜之，因問治道。錫對曰：「節嗜欲者，治身之本；審刑罰者，治國之本。」時貴妃方寵幸，故錫以此諷。上改容曰：「卿言甚嘉，朕恨用卿晚也。」〔二〕

八月壬戌，平章事陳執中罷爲兵部尚書、知陳州。先是，河北民流〔三〕，災異數見，執中無所建明，但延接卜相術士。言者屢攻之，詔從其請。平章事文彥博加昭文館大學士，樞密使宋庠爲平章事，樞密使王貽永兼侍中，參知政事龐籍爲樞密使，樞密副使高若訥爲參知政事，翰林侍讀梁適爲樞密副使。甲申，御崇政殿，策試賢良方正能直言極諫殿中丞吳奎。丙戌，御崇政殿試武舉人，得何景略等三十七人。

九月［癸卯］，詔河東、河北經略安撫使司：「契丹舉兵討夏，入其邊要之地，選委將佐，嚴加備禦。」時司天言：太陰犯畢宿，主邊兵，趙分有憂故也。乙巳，廣南西路轉運司言：「廣源州蠻寇邕州。」詔江南、福建等路發兵備之。廣源州在邕州西南，雖號邕管西羈縻州，其實服役於交趾。初，有儂全福者知儻猶州，交趾舉兵虜全福，其妻阿儂嫁商人，生智高，生十二年殺其父商人〔四〕，冒姓儂，據儻猶州建國曰大歷。交趾復拔儻猶州，執智高，釋其罪使知廣源州。居四年，遂襲據安德州，僭稱南天國，改元景瑞，求內附，未即得，於是始入寇。己未，罷武舉。

冬十月〔丙戌〕，侍御史知雜事何郯言：「臣伏見陝西以諸州新弓手刺面充保捷指揮，其間甚有疲弱不堪征役之人。伏望告諭應係新置保捷兵士，年五十以上如不願在軍者，許令自陳，減放歸農。」

十二月壬戌，詔陝西保捷兵年五十以上及短弱不任役者，聽歸農，凡放歸者三萬五千餘人，皆懽呼反其家。自是歲省緡錢二百四十三萬，〔五〕陝西之民力稍蘇。初，樞密使龐籍與宰相文彥博建議省兵，衆紛然陳其不可，上亦疑焉。彥博與籍共奏：「今公私困竭，正由養兵太多爾。萬一果聚爲盜賊，二臣請死之。」上意乃決。於是簡汰陝西及河北、河東、京東西等路羸兵無慮八萬餘人，其六萬有餘悉放歸農，其二萬餘人各減衣糧之半。

〔是歲〕户部副使包拯言：「景德、祥符中，文武官總九千七百八十五員。今内外官屬較之先朝已逾一倍。天下郡縣用吏不過五六千員，今乃三倍其多。而又三歲一開貢舉，每放榜僅千人，復有臺寺之小吏、府監之雜工、蔭序之官、進納之輩，總而計之，又不止於三倍，則國計民力安得不窘乏哉。臣以謂冗兵耗於上，冗吏耗於下，欲救其弊，當治其源，治其源者，在乎減冗雜而節用度。方今山澤之利竭矣，征賦之入盡矣，望陛下上體祖宗之成憲，下恤生靈之重困。謂設官太多也，則宜艱難選舉，澄汰冗雜；謂養兵太衆也，則宜罷招募揀斥老弱，土木之功不急者悉罷之，費出無名者並除之，懲禁中奢侈之端，節上下浮枉之費。願陛下留神省察。」

庚寅皇祐二年春正月，自慶曆八年河北行四説法〔六〕，鹽居其一，而並邊芻粟皆虚估至數倍，券至京師，反爲富賈所抑〔七〕，鹽百八斤〔八〕，舊售錢十萬，至是止六萬。商人以賤估券取鹽，不復入錢京師，帑藏益乏。於是詔三司詳定。王堯臣、王守忠、陳旭請復入錢京師法，視舊入錢數稍增予鹽，而並邊入中先得券受鹽者，河東、陝西入芻粟直錢十萬，止給鹽直七萬，河北又損爲六萬三千〔九〕。且令入錢十萬於京師，乃得兼給，謂之對貼。自是入錢京師稍復矣。

先是，宋庠建議以今年當郊，而日至在晦，用建隆故事，宜有所避。因請季秋大享於明堂。三月戊子朔，詔罷今年冬至親祠南郊之禮，以九月擇日有事於明堂。上謂輔臣曰：「明堂者，布政之宫，天子路寢，乃大慶殿是也。況明道初合祀天地於此。」己丑，詔以大慶殿爲明堂。戊戌，詔群臣毋得上尊號。文彦博等伏奏至於三四，上固拒之。詔：「祠明堂宜盡物以遵典禮，自乘輿服御諸物，務令有司裁簡之。」〔己酉〕詔兩浙流民男女不能自存者，聽人收養，後不得復取。丙辰，宋祁上明堂通議二篇。祁自序略曰：「上薄三代，旁搜漢唐，禮之過者折之，説之繆者正之，以合開寶一王之典，聊佐乙夜觀書之勤。」

夏四月乙丑，内出手詔：「祖宗以來，三歲一親郊，即遍祭天地，而百神靡不從祀。今祀明堂，而禮官所定止祭昊天五帝，不及地祇，配坐不及祖宗，未合三朝之制。況比年水旱、地震，稼穡不登，移郊爲大享，蓋亦爲民祈福。宜合祭皇地，祇奉太祖、太宗、真宗並配，而五帝神州亦親獻，日月河海諸神悉如圜丘從祀。」因謂文彦博曰：「禮非天降地出，緣人情爾。禮官習拘儒之舊傳，捨三朝之成法，非朕所以昭孝息民也。」

五月己酉，内出明堂樂曲及二舞名，文舞曰「右文化俗」，武舞曰「成功睿德」。

六月己未，内出御撰明堂樂八曲，以君、臣、民、事、物配屬五音，凡二十聲爲一曲。丁卯，以御撰黄鐘五音五曲凡五十七聲，下太常肄習之〔一〇〕。辛巳，屯田員外郎吕公著同判吏部南曹。公著，夷簡之子也，嘗召試館職不就，於是，上諭曰：「知卿有恬退之節。」因賜五品服。

秋七月戊子，出御撰明堂無射宫樂曲譜三〔二〕，皆五十七字，五音一曲，奉俎用之。二變七律一曲，飲福用之。七律相生一曲，退文舞迎武舞及亞獻徹豆用之〔三〕。

九月辛亥，大享天地于明堂，以太祖、太宗、真宗配，從祀如圜丘，大赦。文武職官、致仕官並特與轉官〔三〕，不爲永例。詔：「内降指揮，百司執奏，毋輒行。敢因緣干請者，諫官、御史察舉之。」初議肆赦，上謂輔臣曰：「比有貴戚、近習夤緣請託，以圖内降。可於赦文中嚴切禁止。」輔臣對曰：「載之赦條，恐未盡聖意。」乃别爲手詔，與赦同降。先是，彭思永入爲侍御史，極論内降之弊。及祀明堂前一日，有傳赦書語百官遷官者。時參知政事缺員，張堯佐朝暮待命，而王守忠亦求爲節度使。思永遂奏：「陛下覃此繆恩，無意孤寒，獨爲堯佐、守忠爾。且言外戚秉政，宦官用事，皆非宗社之福。」疏入，上震怒，詔詰思永安從得此。諫官吴奎言：「御史許風聞。若必窮主名，則後無敢以事告御史者。是朝廷自蔽耳目也。」上寤，不復致詰。思永尋罷侍御史知宣州〔四〕，而堯佐、守忠之議遂格。入内都知麥允言卒，贈司徒、安武節度使，又詔允言有軍功，特給鹵簿。同知禮院司馬光言：「昔仲叔于奚有功於衛，衛人使之繁纓以朝。孔子曰：『惜也，不如多與之邑。惟器與名不可以假人。』夫爵位尊卑之謂名，車服等威之謂器，二者人主所以保畜其臣而安治其國家，不可忽也。今允言近習之臣，贈以三公之官，給以一品鹵簿，其爲繁纓，不亦大乎。」

冬十月，初，議覃恩，高若訥謂文彦博曰：「官濫已久，未有以節止，今又啓之，何也？」彦博不聽。辛未，詔宰臣文彦博宋庠、參知政事高若訥、史館檢討王洙編修大享明堂記。

十一月乙酉，召太子中舍致仕胡瑗赴太樂所同定鐘磬制度。戊子，命中丞郭勸、知諫院包拯放天下欠負。壬辰，賜淮南江浙荆湖制置發運使、金部員外郎許元進士出身。上嘗謂執政曰：「發運使總領六路八十八州軍之廣，宜得其人而久任之。今許元累上章求解，朕思之，不若獎勵以盡其才。」故特有是賜。

閏十一月丙辰，出内藏庫緡錢四十萬、紬絹六十萬，下河北便糴糧草。先是河北沿邊水災〔一五〕，朝廷蠲民税幾盡，至秋禾稼將登，而鎮、定復大水，沿邊尤被其害。上憂軍儲不給，故特出内府錢帛以助之。丁巳，手詔：「宜委中書門下、集賢院及太常禮樂官〔一六〕，將天地、五方神州、日月、宗廟、社禝祭享所用登歌宮縣，審定聲律是非。按古今調譜中和〔一七〕，使經久可用，以發祖宗之功德。」〔一八〕於是中書門下集兩制太常官，置局於祕閣，詳定太樂。承旨王堯臣等言：「待制趙師民博通古今，願令預詳定。及乞借參知政事高若訥所校十五等古尺。」並從之。己未，三司使、户部侍郎張堯佐爲宣徽南院使、淮康節度使、景靈宫使。是日，詔后妃之家無得除二府職位。庚申，又加張堯佐同群牧制置使。辛酉，賜貴妃張氏從弟希甫、及甫並進士出身，堯佐之子也。是夜，秀州地震，有聲如雷，自西北起。癸亥，知諫院包拯等言：「陛下即位僅三十年，未有失道敗德之事。乃五六年，超擢張堯佐，群臣皆竊議其過皆不在陛下，在女謁近習及執政大臣也。蓋女謁、近習知陛下繼嗣未立，而有所私，莫不潛有趨向而附結之。執政大臣不思規陛下以大誼，乃從諛順指，高官要職惟恐堯佐不滿其意。況下制之日，陽精闇塞，氛霧繼起，伏望陛下斷以大義，稍割愛情，必不得已，宣徽、節度使擇與其一。如此則仰合天意，俯順人情，而重光盛德矣。」〔一九〕初，執政希上旨，一日除堯佐四使，又以王舉正重厚寡言，同日授御史中丞。甲子，舉正上殿力言擢用堯佐不當，疏入不報。戊辰，朝退，舉正留百官班廷争，復帥殿中侍御史張擇行、唐介及諫官包拯、吴奎、陳旭、吴奎於上前〔二〇〕，極言且於殿廡切責宰相。上聞之，遣中使諭旨，百官乃退。己巳，詔：「近臺諫官累乞罷張堯佐三司使，及言不可用爲執政之臣。若優與官爵，於體差便〔二一〕。遂除宣徽使。兼已指揮自今后妃之家毋得除兩府職任。今臺諫官重有章疏，其言反覆，在法當黜，朝廷特示含容。」時上怒未解，樞密副使梁適獨進曰：「臺諫官蓋有言責，然寵堯佐太厚，恐非所以全之。」是日堯佐亦奏辭宣徽使、景靈宮使，乃詔學士院貼麻處分。

十二月甲申朔，詔班三品以上家廟之制。凡得立廟者，許嫡子孫襲爵，世降一等。其後終以有廟者之子孫或官微不可以承祭，又朝廷難盡推襲爵之恩，遂不果行。

辛卯皇祐三年春正月丙子，詔分淮南爲兩路，揚州爲東路，廬州爲西路。

二月，文彦博等奏上明堂大享記三十卷〔三〕，紀要二卷，上爲之序。己亥，詔三司河北入中糧草復行見錢法。時三稅、四稅二法並行於河北，未幾，茶法復壞，芻粟之入，大約虛估居十之八。券至京師，爲南商所抑，茶每直十萬，止售錢三千，富人乘時收蓄，轉取厚利。三司患之，請行貼買之法，每券直十萬，北商售三千，倍爲六千，復入錢四萬四千，貼爲五萬，給茶直十萬。詔又損錢一萬，然亦不足以平其直。北商無利，入中者寡，公私大弊。知定州韓琦及河北都轉運司皆以爲言，下三司議。三司奏請復見錢法可之，仍一用景祐三年約束。又懼好事者之橫議也，庚子，詔自今有依前事爲議者，並須究知厥理，審可施用。若其事已上而驗問無狀者，寘之重罰。

三月，諫官包拯、吴奎、陳旭言平章事宋庠不戢子弟，在政府無所建明。庚申，罷爲刑部尚書、觀文殿學士、知河南府。劉沆爲參知政事。戊辰，邇英閣講易，至「山下有澤，損君子以懲忿窒欲」。上曰：「人之情欲皆生於陰陽，而節之在人。」楊安國對曰：「臣以爲人有六情：喜、怒、哀、樂、好、惡。天有六氣：陰、陽、風、雨、晦、明。故人之生，天命之謂性，而命，人之所稟以生也，性，人之所賦以分也。言情則性之移也，語欲則情之肆也。故六情相濫則喜生於風，怒生於雨，哀生於晦，樂生於明，好生於陽，惡生於陰。故聖人取損象以懲忿窒欲也。」上然之。庚子，邇英閣講易鼎卦。上問：「九四之象，施之人事如何？」楊安國對曰：「鼎爲烹飪成新之器，上承至尊，下又應初，上承下施，任重非據，故足折而覆餗矣。其猶任得其人，雖重而可勝，非其人，必有顛覆之患。」上曰：「任人不可不謹重也。」〔二三〕

夏四月丁未，御邇英閣，謂講讀官曰：「易旨精微〔二四〕，朕每以疑難問卿等，得無煩乎？」曾公亮對曰：「臣等幸承明問〔二五〕，懼不能對，豈敢言煩？」上曰：「卿等宿儒，博學多所發明。朕雖知暑〔二六〕，亦未嘗倦，但恐卿等勞爾。」丁度復進曰：「自古帝王盛治日久〔二七〕，非內惑聲色，則外窮兵黷武。陛下即位三十年，孜孜聖學，雖堯舜之聰明不是過。」因頓首稱謝。〔己酉〕刑部郎中、知制誥曾公亮爲翰林學士。公亮自爲集賢校理即預經筵，凡十餘年，上每厚遇之。及還學士，管勾三班，公亮盡取前後條目置座側，案以從事，吏束手無能爲，後至者皆莫能易。

五月辛亥，眉州彭山縣上瑞麥圖，凡一莖五穗者數本。上曰：「朕嘗禁四方獻瑞，今麥秀如此，可謂真瑞矣。其賜田夫束帛以勸之。」庚午，宰臣文彥博等言：「臣等嘗聞德音，以縉紳之間，多務奔競，若恬退守道者稍加旌擢，躁求者庶幾知恥。伏見工部郎中、直史館張瓌十餘年不磨勘。殿中丞王安石進士第四人及第，舊制一任還，進所業求試館職，安石凡數任無所陳。大理評事韓維嘗預南省高薦，自後五六歲不出仕宦，好古嗜學。並乞特賜甄擢。」詔賜瓌三品服，召安石赴闕，俟試畢別取旨。維令學士院與試。安石、維並辭不就。

六月丁亥，無爲軍獻芝草三百五十本。上曰：「朕以豐年爲瑞，賢臣爲寶，至於草木蟲魚之異，焉足尚哉。」知軍茹孝標特免罪，仍戒天下，自今毋得以聞。戊子，汝州部署楊景宗求爲郡職，上謂輔臣曰：「景宗，章惠太后之弟，朕豈不念之，然性貪虐，老而益甚，今與郡則一方之民受禍矣。」不許。

秋七月壬子，詔：「太學生舊制二百人，如不能充數，止以百人爲限。」丙辰，詔兗州仙源縣復以孔氏子孫知縣事。丁巳，翰林學士承旨王堯臣等言：「國朝樂宜名『大安』。」詔恭依。乙丑，上諭輔臣曰：「近日職司以長吏不理聞者多矣，中書未嘗施行。且長吏者，民之性命，可不重乎。宜擇其甚者罷之，小者易之。」文彥博等慚謝而退，於是罷斥對移者凡十六人。丙子，減湖南郴、永、桂陽監丁身米，凡歲減十萬餘石。

八月己卯朔，知諫院吳奎言：「近歲以來，水不潤下，盜賊橫起，皆陰盛所致。夫帝王之美莫大乎進賢退不肖。今天下之人，皆謂之賢，陛下亦知其賢，然不能進，天下之人皆謂之不肖，陛下亦知其不肖，然不能退。重以内寵驕恣，近習回撓〔二八〕，夷狄桀驁，讒邪交傷，陰盛如此，寧不致大異哉。」辛巳，特贈給事中孔道輔爲工部侍郎。時龍圖閣直學士王素入對，語及道輔，上思其忠，故有是命。癸未，知定州韓琦加觀文殿學士再任。初，明鎬引諸州兵平恩州，獨定兵邀賞賚，出怨語，幾欲譟城下。琦至，即用兵律裁之，察其橫軍中尤不可教者，捽首斬軍門外。或死攻圍，賻賞其家，恤其孤兒，使繼衣廩。恩威既信，則倣古兵法作方、圓、鋭三陣〔二九〕，指授偏將，日月教習之。由是，定兵精勁齊一，號爲可用，冠河朔。京師發龍猛卒戍保州，在道竊取人衣履，或飯訖不與人直。至定，即留不遣，曰：「保州極塞，豈可以驕兵戍之。」易素教者數百人以往，而所留卒未踰月亦皆就律。歲大歉，爲賑之，活饑人數百萬。詔書褒美。鄰城旁路剌取其政以爲法，在北邊隱然爲雄鎮〔三〇〕，聲動虜中〔三一〕。辛卯，張堯佐爲宣徽南院使、判河陽。詔天下長吏未盡得人，其令諸路轉運使、提點刑獄除任兩府臣僚外，悉類次治狀能否以聞。御史中丞王舉正以張堯佐再除宣徽使，三嘗論奏，不報。知諫院包拯、陳旭、吳奎相繼言，庚子，詔：「自今張堯佐別有遷改，檢會此劄子進呈執奏。」仍詔除宣徽使自今不得過二員。乙巳，馮道曾孫舜卿上道官告二十通，乞録用。上謂輔臣曰：「道相四朝而偷生苟禄，無可旌之節。所上官告其給還之。」

九月乙卯，武寧節度使兼侍中夏竦卒，賜謚「文獻」。知制誥王洙曰：「不當與僖祖同謚。」遂改曰「文正」。同知禮院司馬光言：「謚之美者極於『文正』，竦何人，乃得此謚？」判考功劉敞言：「竦奸邪，而陛下謚之以『正』，不應法。」詔爲更謚曰文莊。丁丑，詔邇英閣講讀官曰：「講讀者立侍敷對，餘皆賜坐。」

冬十月己卯朔，詔三司：「解鹽聽通商，候二年較其增損以聞。」初，包拯自陜西還，力主范祥所建通商法。朝廷既從之，已而判磨勘司李徽之又言不便，乃下其事三司，驛召祥令與徽之及兩制共議，而議者皆以祥爲是，故有是詔。甲子〔三〕，大理寺言：「信州民有劫米而傷主者，法當死。」上謂輔臣曰：「饑而劫米則可哀，盜而傷主則難恕。然細民無知，終緣於饑爾。」遂貸之。丙申，京西轉運使蘇舜元言：「保静節度使、知許州郭承佑才堪將帥，政比龔黄，請徙判鄭州。」上曰：「許、鄭皆近甸，何必徙。且承佑庸人，而舜元所舉如此，使朝廷何所取信。宜戒敕之。」丁酉〔三〕，殿中侍御史裏行唐介責授春州別駕。初，張堯佐除四使，介與包拯力爭，又請王舉正留百官班，卒奪堯佐宣徽、景靈二使。頃之，復除宣徽使、知河陽，或謂補外不足爭，介以爲宣徽次二府，不計內外，獨爭之。上諭介除擬初出中書。介言當責執政。退請全臺上殿，不許，自請貶，亦不報。於是劾宰相文彥博：「知益州日作間金奇錦，因中人入獻宮掖，緣此擢爲執政。及恩州平賊，幸會明鎬成功，遂叨宰相，除張堯佐宣徽、節度使。臣面奉德音，謂是中書進擬，蓋彥博顯用堯佐，陰結貴妃，外陷陛下有私於後宮之名，內實自爲謀身之計。向來求外任，諫官吳奎與彥博相爲表裏，言彥博有才未可罷去。自彥博獨專大政，威福一出於己，人不敢議其過惡，乞斥罷彥博，以富弼代之。」上怒甚，卻奏不視，且言將加貶竄。介徐讀畢曰：「臣忠義憤激，雖鼎鑊不避，敢辭貶竄。」上於座急召二府示以奏曰：「介言他事乃可，至謂彥博因貴妃得執政，此何言也？」樞密副使梁適叱介下殿，上召當制舍人即殿廬草制而責之〔三四〕。時上怒不可測，群臣莫敢諫，右正言、同修起居注蔡襄獨進言：「介誠狂直，然容受盡言，帝王盛德也。必望矜貸之。」翌日，中丞王舉正復言責介太重，上亦中悔，改介英州別駕，復取其奏以入，遣中使護送介至英州，且戒必全之。而介之直聲自是聞天下。知制誥胡宿言：「聞專差中使押至貶所，介若死於道路，徒使朝廷負謗於天下。」上曰：「誠不思此。」亟追還中使。庚子，平章事文彥博罷爲觀文殿大學士、知許州。或言張堯封，彥博父客也。彥博知益州，貴妃有力焉。因風彥博織燈籠錦以進，貴妃服之，上驚顧曰：「何從得此？」妃正色曰：「文彦博所織也。」彦博與妾父有舊，然妾烏能使之，特以陛下故爾。」及爲參知政事，明鎬討王則未克，上甚憂之，語妃曰：「大臣無一人爲國了事者。」妃密令人語彦博。翌日，彦博乞身往破賊，上大喜。賊平，即軍中拜相，議者謂彦博得相，由妃力也。介既用是深詆彦博，事之有無，卒莫辨云。樞密使龐籍爲平章事、昭文館大學士、監修國史，參知政事高若訥充樞密使。辛丑，樞密副使梁適爲參知政事，翰林學士承旨王堯臣爲樞密副使。知諫院吴奎知密州，包拯奏乞留奎，且言：「唐介因彈大臣並以中奎，誣惑天聽。」上曰：「介昨言奎、拯皆陰結文彦博，今觀此奏則非誣也。」乙巳，上謂龐籍曰：「諫官、御史必用忠厚淳直、通世務明治體者，以革浮薄之弊。」籍既承聖諭，自是中書奉詔舉臺官，必以上語載敕中。

十一月［辛亥］，初，龐籍爲福建轉運使，請罷漳、泉、興化軍丁米〔三五〕，有司持不可。於是籍爲宰相遂行之。乙亥，上謂輔臣曰：「江淮連年荒歉，如聞發運、轉運司惟務誅剥，以敷額爲能，雖名和糴，實抑配爾。其減今年上供米百萬石。」因詔停灾傷人户所輸鹽米〔三六〕。

十二月［庚辰］，翰林天文院新作渾儀成，御撰運儀總要十卷。先是，包拯還自陝西，言：「伏見所降敕命陝西鹽法且依范祥擘畫通商放行，此誠國家大利。欲望聖慈特許就除祥權本路轉運副使，所貴事歸一局，易爲辦集。」又言：「勘會祥新法自皇祐元年正月至二年十二月終，共收見錢二百八十九萬一千貫有零，比較舊法二年計增錢五十一萬六千貫有零，三年春季又收到見錢七十餘萬貫，顯著成效，可備驅策。欲望允臣前奏。」三司使田況亦請久任祥使專其事。己亥，范祥爲陝西轉運副使。［甲辰］益州鄉貢進士房庶爲試校書郎。宋祁嘗上所著樂書補亡二卷，既召赴闕，庶自言嘗得古本漢志，云：「度起於黄鍾之長，以子穀秬黍中者，一黍之起，積一千二百黍之廣，度之九十分，黄鍾之長，一爲一分。今文脱『之起積一千二百黍』八字，故自前世以來，累黍爲赤以制律，是律生於赤，赤非起於黄鍾也。且漢志『一爲一分』者，蓋九十分之一，後儒誤以一黍爲一分，其法非是。當以秬黍中者一千二百實管中，黍盡，得九十分，爲黄鍾之長，九寸加一以爲赤，則律定矣。」直祕閣范鎮是之，乃言曰：「李照以縱黍累赤，胡瑗以横黍累赤，是皆以赤生律，不合古法。朝廷久以鍾律未正，下詔博訪，冀有所獲。今庶所言以律生赤，誠衆論所不及，請如其法試造赤律。」乃詔王洙與鎮同於修制所如庶説造律、赤、龠。律徑三分，圍九分，長九十分。龠徑九分，深一寸。赤起黄鍾之長，加十分。而律容千二百黍。初，庶言太常樂高古樂五律，比律成，才下三律，以爲今所用黍，非古所謂一稃二米黍也。赤比横黍所累者，長一寸四分。上召輔臣觀庶所進律、赤、龠，又令庶自陳其法，因問律吕旋相爲宫事，令撰圖以進。時胡瑗等制樂已有定議，特推恩而遣之。鎮爲論於執政，執政不聽。

壬辰皇祐四年春正月辛亥，徙英州别駕唐介爲全州團練副使、監郴州酒税。王堯臣、王守忠、陳旭等較慶曆、皇祐總四年天下財賦出入。凡金幣、絲纊、薪芻之類皆在其數，參相耗登。至皇祐元年，入一億二千六百二十五萬一千九百六十四，而所出亡餘。爲書七卷。丙辰，上之。詔送三司，取一歲中數以爲定式。

三月丁未，知諫院包拯爲龍圖閣學士、河北都轉運使。拯在諫院踰三年[三七]，數論斥大臣權倖，請罷一切内降曲恩。又别上唐魏鄭公三疏，請置座右，以爲龜鑑。别條七事，多見采納。拯前嘗建議罷河北屯兵，分之河南諸州，遇警即發。如謂戍兵不可遽減，則訓練義勇以壯邊備。雖小給餱糧，每歲不當屯兵一月之費，用一州賦，可給義勇十八萬。朝廷難之。丙辰，蠲江南東西路民所貸種糧。壬戌，出内藏庫絹十萬，下三司以助軍費。［戊辰］監郴州税唐介爲秘書丞。辛未，詔雜買務：「自今凡宫禁所市物，皆給實直，其非所缺者勿得市。」初，上謂輔臣曰：「國朝監唐世宫市之患，特置此務，以防擾人。近歲物非所急者一切收市，其擾人亦甚矣。」故降是詔。

夏四月戊寅，禁内宿臣僚聚會。先是，内出欹器一，陳於邇英閣御座前，諭丁度等曰：「中則正，滿則覆，虛則欹，率如家語、淮南、荀卿之説，其制度精好。」度等列侍觀之，帝曰：「日中則昃，月滿則虧。朕欲以中正臨天下，當與列辟共守此道。」度拜曰：「臣等亦願無傾滿以事陛下。」因言太宗嘗作此器，真宗亦嘗著論。庚辰，帝製後述以賜度等。

初，儂智高貢方物，求内屬，朝廷拒之。後復貢金函書以請，亦不報。智高與交阯爲仇，且擅廣源山澤之利，遂謀入寇，攻破橫山寨。五月乙巳朔，破邕州，僞建大南國，僭號仁惠皇帝，改年啓歷。癸丑，儂智高入橫州。丙辰，入貴州。庚申入龔州。辛酉，入藤州。又入梧州、封州。並棄城，知封州曹覲死之。壬戌，入康州，知州趙師旦、監押馬貴死之。癸亥，入端州。丙寅，圍廣州。［丁卯］資政殿學士、户部侍郎范仲淹卒，謚文正。既葬，帝篆其碑曰「褒賢之碑」。仲淹内剛外和，性至孝，好施予，置義莊以贍宗屬，爲政忠厚，所至有恩。邠、慶二州之民與屬羌皆畫像立生祠，及其卒也，羌酋數百人爲舉哀於佛寺，號之如父，齋三日而去。

吕中曰：先儒論本朝人物，以仲淹爲第一。觀其所學，必忠孝爲本。其所志則先天下之憂而憂，後天下之樂而樂。其有所爲，必盡其力，曰：「爲之自我者當如是，其成與否有不在我者，雖聖賢不能必。」此諸葛武侯不計成敗利鈍之誠心也。觀其論上壽之儀，雖晏殊有所不能曉；寬仲約之誅，雖富弼有所不能知；而十事之規模，雖張方平、余靖之諸賢有所不能識。仁宗晚年欲大用之，而范公已即世矣，豈天未欲平治天下歟。

［壬申］命崇儀使知韶州陳曙領兵討儂智高。

六月乙亥，起復前衛尉卿余靖爲祕書監、知潭州，前屯田員外郎、直史館楊畋爲廣南西路體量安撫，提舉經制盜賊。靖改爲廣南西路安撫使、知桂州。乙酉，祠部員外郎、判南曹范鎮上書曰：「陛下制樂三年，有司之論紛然未決，蓋由不議其本而争其末也。樂者，和氣也。發和氣者，聲音也。聲音生於無形。故古人以有形之物傳其法，然後無形之聲音得，而和氣可道也。有形者，秬黍也，律也，尺也，龠也，鬴也〔三八〕，斛也，筭數也，權衡也，鐘也，磬也，是十者必相合而不相戾，然後爲得。今皆相戾而不合，臣固知其無形之聲音不可得而和也。請以臣章下有司，問黍之二米與一米孰是，律之空徑三分與三分四釐六毫孰是，律之起尺與尺之起律孰是，龠之圓制與方制孰是，鬴之方尺圓其外深尺與方尺孰是，斛之方尺圓其外庣旁九釐五毫與方尺深尺六十二分孰是，筭數之法圓分與方分孰是〔三九〕，權衡之重以一米秬黍與二米孰是〔四〇〕？鐘磬依古法，有大小、輕重、長短、薄厚而中律，不依古法而中律，孰是孰不是？定然後制龠、合、升、斗、鬴、斛，以校其容受。容受合，然後下詔以求真黍。真黍至，然後可以爲量，爲鐘、磬量。

與鐘、磬合於律，然後可以爲樂也。」詔送詳定所。鎮說自謂得古法，然集賢校理司馬光數與之論難，以爲弗合。世鮮鐘律之學，卒莫辨其是非焉。彰化節度使、知延州狄青爲樞密副使。御史中丞王舉正言：「青出兵伍爲執政，本朝所無，恐四方輕朝廷。」左司諫賈黯言：「國初武臣宿將未有起兵伍登帷幄者，今其不可有五：四夷聞之有輕中國心，一也。小人無知，翕然向之，撼搖人心，二也。大臣將恥與爲伍，三也。不守祖宗之成規，而自比五季衰亂之政，四也。青雖才勇，未聞有破敵功，失駕御之術，五也。」御史韓贄亦以爲言，皆不聽。

秋七月乙巳，出内藏庫錢三十萬緡、絹十萬匹，下河北助糴軍糧。丙午，命知桂州余靖經制廣南東西路盜賊。廣州益修城備，賊知不可拔，圍五十七日。壬戌，解去。由清遠縣濟江攻賀州。

八月辛卯，改新知秦州孫沔爲荆湖南路江南西路安撫使。沔初入見，上以秦州事勉之，對曰：「秦州不足煩聖慮，當以嶺南爲憂也。」既而聞張忠死、蔣偕敗，上諭執政曰：「南事誠如沔料。」宰相龐籍因奏遣沔行，故有是命，仍許沔便宜從事。沔行至鼎州，復有詔加廣南東西路安撫使。

九月戊申，儂智高殺廣南鈐轄蔣偕於賀州。山南東道節度使、同平章事賈昌朝乙卯，召赴邇英閣講乾卦，上曰：「將相侍講天下盛事。」昌朝稽首謝。翌日，手奏曰：「乾之上九稱『亢龍有悔』，悔者，凶灾之萌，爻在亢極，必有凶災，不即言凶而言悔者，以悔有可凶可吉之義。若修德則免，悔而獲吉，故但言悔。『用九，見群龍無首，吉』者，聖人用剛健之德，乃可決萬務，當天下久盛，柔不可以濟，然亢而過剛又不能久，惟聖人外以剛健決事，内以謙恭應物，不敢自矜，爲天下首，乃獲吉也。」手詔褒答，仍以所陳卦義付史館。丁巳，命知桂州余靖提舉廣南東路兵甲〔四〕、經制賊盜。庚申，儂智高破昭州。辛酉，同修起居注韓絳爲右正言，上面諭曰：「卿，朕所選用，凡所言事不宜沽激，當存朝廷事體，務可行，毋使朕爲不聽諫者。」〔癸亥〕楊畋、曹修經制蠻事既無功，改命孫沔及余靖等，上猶以爲憂。辛相龐籍薦樞密副使狄青，青亦上表請行。翌日，入對，自言：「臣起行伍，非戰伐無以報國。願得蕃落騎數百，益以禁兵，羈賊首赴闕下。」上壯其言，庚午，改宣徽南院使、荆湖南北路宣撫使、提舉廣南東西路經制盜賊事。初，欲用入内都知任守忠爲青副，諫官李兑言：「唐失其政，以宦者觀軍容，致主將掣肘，是不足法。」遂罷守忠。

冬十月甲戌，殿中丞胡瑗落致仕，爲光禄寺丞、國子監直講，同議大樂。〔丙子〕狄青言：「騎兵便於乘高履險，步兵力不能抗，故每戰必敗，願得西邊蕃落兵自從。」或謂南方非騎兵所宜，樞密使高若訥言：「蕃部善射耐艱苦，上下山如平地，當瘴未發時，疾馳破之，必勝之道也。」青卒用騎兵破賊。丁丑，儂智高入賓州。〔辛巳〕右正言韓絳言：「狄青武人，不可獨任。」上以問龐籍，籍曰：「青起行伍，若用文臣副之，必爲所制，號令不專。不如不遣。」乃詔廣南將佐皆稟青節制，若孫沔、余靖分路邀擊，亦各聽沔等指揮。甲申，儂智高復入邕州。壬辰，樞密副使王堯臣言：「請析廣西宜、容、邕等州爲三路，以融、柳、象隸宜州，白、高、竇、雷、化、鬱林、儀、藤、梧、龔、瓊隸容州，欽、賓、廉、橫、潯、貴隸邕州。其三州並選武臣爲安撫都監兼知州事，以統支郡。若蠻人入寇，即三路率支郡併力掩擊之。知桂州以兩制以上，仍帶經略安撫使，以統制三路。」詔狄青詳酌，青以爲便，遂施行。

十一月壬寅朔，日有食之。甲辰，詔司天監、翰林天文院以唐戊寅、麟德、大衍、五紀、正元、觀象、宣明、崇真八曆及皇朝應天、乾元、儀天、崇天四曆算此月太陰直食及時辰分野〔四二〕，仍命知制誥王洙及編修唐書官劉羲叟參定。以司天監言，此月十五日太陰當食也。上謂輔臣曰：「朕臨御以來，命參知政事多矣。其間忠純可紀者蔡齊、魯宗道、薛奎而已。宰臣如王曾、張知白皆履行忠信〔四三〕，雖時有小失，而終無大過。李迪之心亦忠朴自守，但言多輕發爾。」復曰：「朕記其大，不記其小，然皆近世名臣也。」

十二月壬申朔，廣西鈐轄陳曙擊儂智高，兵敗於金城驛。東頭供奉官王承吉、白州長吏徐噩死之〔四四〕。曙素無威令，既與賊遇，士卒猶聚博營中，倉卒被甲以前，遂致覆軍。戊子，知桂州余靖言：「交阯乞會兵討賊，而朝廷久未報。智高，交阯叛者，宜聽出兵，毋阻其善意。」朝廷從其請。狄青奏：「假兵於外以除內寇，非我利也。以一智高橫蹂二廣，力不能討，乃假蠻夷，貪得忘義，因而啓亂，何以禦之。願罷交阯兵勿用，且檄靖無通交阯使。」朝廷卒用青計策，人亦服青有遠略云。己丑，雪。初，上以愆亢責躬減膳，見輔臣則憂形於色。龐籍等願守散秩避賢路。上曰：「是朕誠不能感天，而惠不能及民，非卿等之過也。」是夕，乃得雪。壬辰，兩府及侍臣觀新樂於紫宸殿。先是，邇英閣講尚書無逸，上曰：「朕深知享國之君宜戒逸豫。」楊安國言：「舊有無逸圖，請列於屏間。」上曰：「朕不欲坐席背聖人之言，當別書置之左方。」因命丁度取孝經天子、孝治、聖治、廣要道四章，對爲右圖，乃令王洙書無逸、知制誥蔡襄書孝經，又命翰林學士承旨王拱辰爲二圖序而襄書之。庚子，諫官韓絳言：「天子之柄不可移〔四五〕，事當間出睿斷。」〔四六〕上曰：「朕固不憚自有處分，所慮未中於理〔四七〕，而有司奉行則其害已加乎人。故每欲先盡大臣之慮而後行之。」絳又言：「林獻可遺其子以書抵臣，多斥中外大臣過失，臣不敢不以聞。」上曰：「朕不欲留中，恐開陰訐之路，第持歸焚之。」

癸巳皇祐五年春正月丁未，詔廣南西路轉運司移文止交阯助兵，從狄青之請也。狄青合孫沔、余靖兩將之兵，自桂州次賓州。青以張忠、蔣偕皆輕敵取死，軍聲大沮，前戒諸將毋得妄與賊鬬，聽吾所爲。陳曙恐青獨有功，乘青未至，以步卒八千犯賊，潰於崑崙關，其下殿直袁用等皆遁。青曰：「令之不齊，兵所以敗。」己酉，晨會諸將堂上，揖曙起，並召用等二十二人〔四八〕，按所以敗亡狀，驅出軍門斬之。沔、靖相顧愕然。靖嘗迫曙出戰，因離席而拜曰：「曙失律，亦靖節制之罪。」青曰：「舍人文臣，軍旅之責非所任也。」諸將皆股栗。辛亥，尚書右丞丁度卒。是日旬休，上趣駕臨奠。度性純質，居一室十餘年，無姬侍，嘗語諸子曰：「王旦爲宰相十五年，卒之日，子猶爲布衣。汝曹宜自力，吾不復有請矣。」丁巳，會靈觀火。賈黯言：「天意所欲廢，當罷營繕，赦守衛者罪，以示儆懼修省之意。」狄青既戮陳曙，乃按軍不動，更令調十日糧。賊覘者還，以爲軍未即進也。翌日，遂進軍。青將前陣，孫沔將次陣，余靖將後陣，夕次崑崙關。黎明整大將旗鼓，諸將環立帳前，待令乃發。而青已微服與先鋒度關，趣諸將會食關外，即歸仁鋪爲陣。戊午，賊列二鋭陣以拒官軍。及戰，前軍稍卻，賊氣鋭甚，沔等懼失色。青起自執白旗，麾蕃落騎兵張左右翼出賊後交擊，左者右，右者左，已而右者復左，左者復右，賊衆不知所爲，大敗走。儂智高復趣邕州，王師追奔五十里。其黨黄師宓、儂建中智忠並僞官屬死者五十七人，生擒賊首五百餘人〔四九〕。智高夜縱火燒城遁，由合江入大理國。遲明青按兵入城，得尸五千三百四十一，築京觀於城北隅。時有賊尸衣金龍衣，衆以爲智高已死，欲具奏。青曰：「安知非詐邪，寧失智高，不敢誣朝廷以貪功也。」智高自起至平，幾一年，吏民不勝其毒。先是，謡言「農家種，糴家收」，而智高爲青所破，皆如其謡，戰於歸仁也。張玉爲先鋒，賈逵將左，孫節將右，既陣，青誓曰：「不待令而舉者斬。」及節搏賊死山下，逵私念兵法，先據高者勝，乃引軍疾趨山，立始定，而賊至。逵擁衆而下，揮劍大呼，斷賊陣爲二。玉以先鋒突出陣前，而青麾蕃落騎兵出賊後，賊遂大潰。逵乃詣青帳前請罪，青撫逵背曰：「違令而勝，權也，何罪之有。」壬戌，知定州韓琦爲武康節度使、知并州，徙判并州，李昭亮判成德軍，宋祁知定州。祁在成德，請弛河東、陝西馬禁，聽蕃落民間自相賣買，民養馬者勿升户等。居三月，徙定州，又上言：「天下根本在河北，河北根本在鎮、定，以其扼賊衝，爲國門户。」又曰：「欲兵之彊，莫如多穀與財，欲士訓練，莫如善將〔五〇〕，欲人樂鬬，莫如賞重而罰嚴，欲賊顧望不敢前，莫如使鎮重而定彊。」〔五一〕又曰：「天下久平，馬益少。臣請多用步兵。夫鬬然聚，霍然去，雲奔飈馳，抄後掠前，此馬之長也。强弩巨梃，長鎗利刀，什什相聯，伍伍相逢〔五二〕，大呼薄戰，此步之長也。臣請損馬而益步，我能用步所長，雖契丹多馬無所用之。夫鎮、定一體也，自先帝以來爲一道，帥專而兵不分〔五三〕，故定搘其胸，而鎮掎其脇，勢自然爾。今判而爲二，平時號令文移不能一，賊脱叩營壘，則彼此不相謀，誰肯任責邪。河東馬强，士習善馳突，與鎮、定若表裏然，東下井陘不百里入鎮、定矣。賊若深走，以河東健馬佐鎮、定兵，掩其惰若歸者，萬出萬全，此一奇也。」又上禦戎論七篇。

二月癸未，狄青爲護國節度使、樞密副使。初，廣南捷書至，上大喜，謂宰相龐籍曰：「青破賊，卿執議之力也。」詔太常寺置丞一員，以近上知禮院官兼之。太常有丞自此始。乙酉，右諫議大夫孫沔、知桂州余靖並爲給事中，仍詔靖留屯邕州經制餘黨，候處置畢乃還桂州。

三月辛酉，御崇政殿，賜鄭獬等二百人及第，一百五十人出身，一百七十人同出身。壬戌，賜諸科五百二十二人及第、出身。甲子，奉安太祖御容於滁州天慶觀瑞命殿〔五四〕，太宗於并州資聖院統平殿，真宗於澶州開福院信武殿。

夏四月，命陝西轉運使李參專制置解鹽。參權慶州，視民缺乏，令自隱度穀麥之入，預貸以官錢，穀麥熟則償，謂之青苗錢，數年兵食常有餘。其後青苗法蓋取諸此。

呂中曰：青苗法非自安石始也。但其始也，官給以錢而民入以穀，則免和糴之擾，合常平之法，而不至强民以所難。至荆公則直取二分之息，而督之以勢，此所以可行於一邑，而不可行於天下也。

丁酉，邇英閣講書冏命「侍御僕從罔匪正人」。上曰：「君臣之際，必誠意相通而後治道成。」楊安國對曰：「陛下從諫弗咈，如水之走下，視群臣若僚友，自古盛王未之有也。」〔五五〕上曰：「臣下能進忠言，朕何惜夏禹之拜。」

五月乙巳〔五六〕，樞密使高若訥罷爲同群牧制置使。狄青既平嶺南，上欲用爲樞密使、同平章事。宰臣龐籍曰：「昔太祖時，慕容延釗將兵一舉得荆南、湖南之地，不過遷官、加爵邑、錫金帛。曹彬平江南，太祖賜錢二十萬貫。青殄戮凶醜，誠可褒賞。然方於延釗與彬之功，不逮遠矣。若遂用爲樞密使，則青名位極矣。萬一更立大功，欲何官賞之。」上乃從之。後兩府進對，上忽謂籍曰：「平南之功，前者賞之太薄，今以狄青爲樞密使，孫沔爲副。」聲色俱厲。籍錯愕對曰：「容臣等退至中書商議，明日再奏。」上曰：「勿往中書，只於殿門閣内議之，朕坐於此以俟。」籍乃與同列議於殿門閣内，具奏皆如聖旨。復入奏，上容色乃和。丁未，新知杭州孫沔爲樞密副使、知桂州余靖爲工部侍郎。戊申，詔：「如聞諸路轉運使多掊克於民，以官錢爲羨餘，入助三司經費，又高估夏秋諸物，抑人户輸見錢，並宜禁絶之。」三司嘗責諸道羨餘，淮南轉運使張瓌獨上金九錢。三司怒，移文詆之甚急。瓌以賦數民貧爲對。癸亥，御史中丞王舉正爲禮部尚書。

狄青自樞密副使遷樞密使，舉正又力言之，既不能得，因請解言職。上稱其得風憲體，遣使就第賜白金三百兩，而有是命。翰林學士孫抃爲左諫議大夫、權御史中丞。抃性篤厚，寡言質略無威儀，雖久處顯要，循循罕所建明。及制下，諫官韓絳論奏抃非糾繩才，不可任風憲。抃即手疏曰：「臣觀方今士人趨進者多，廉退者少，以善求事爲精神，以能訐人爲風采，捷給若嗇夫者謂之有議論，刻深若酷吏者謂之有政事。諫官所謂才者無乃謂是乎？若然，臣誠不能也。」上察其言，趣令視事。且命知審官院，抃辭以任言責不當兼事局乃止。甲子，詔諫官、御史上章論事，毋或朋比，以中傷善良。又詔：「兩制、兩省、臺諫官、三館帶職、省府推判官等次對言事，凡朝政得失，生民利病，災異時數，直言無隱，不得朋私挾情〔五七〕，抉擿陰細，無益治道，務在公實。」

六月丙戌，新修集禧觀成。初，會靈觀火，更名曰集禧。壬辰，詔諸路轉運使上供斛斗，依時估收市之，毋得抑配人户，仍停考課賞罰之制。先是，三司與發運司謀聚斂，奏諸路轉運使上供不足者皆行責降，有餘則加陞擢。由是貪進者競爲誅剥，民不堪命，上聞之，特降是詔，天下稱慶。

秋七月壬寅，詔以冬至有事於南郊。己酉，詔曰：「朕思得賢才，故開薦舉之路，虚心納用，皦然不疑。而比年以來，率多繆濫，不知而言兹曰蔽，知而言之兹曰罔。以此事上，予何賴焉。自今所舉非其人者，其令御史臺彈奏，當寘於法。見任監司以上，毋得論薦。」庚戌，上謂輔臣曰：「如聞諸州軍常於夏秋之際，先奏時雨沾足，田稼登茂。後或災傷，遂不敢奏，致使民稅不得蠲除，甚非長吏愛民之意。宜申飭之。」辛亥，作「鎮國神寶」。先是，上謂龐籍曰：「奉宸庫有良玉，廣尺而厚半之，蓋希代之珍也。不欲以爲服玩，且天子八璽，其一曰神寶。」遂令參知政事梁適撰寶名而刻之。

閏七月戊辰朔，詔內侍省：「自今內侍供奉官至黃門，以一百八十人爲額。」壬申，户部侍郎、平章事龐籍以本官知鄆州。判大名府陳執中爲吏部尚書、平章事，昭文館大學士、參知政事梁適爲禮部侍郎、平章事。丙子，集賢校理李中師爲淮南轉運使。中師入辭，上謂曰：「比聞諸路轉運使多獻羨餘，以希進。然遇災荒，不免暴取於民。此朕所不取也，其戒之。」出內藏庫緡錢十萬、紬絹二十萬、綿十萬，下河北助糴軍儲。

八月，兵部員外郎、天章閣待制兼侍講趙師民累請補郡，癸卯，除龍圖閣直學士、知耀州。師民嘗講論語，上問「修文德」，對曰：「文者，經天緯地之總稱。君人之道，撫之以仁，制之以義，接之以禮，講之以信，皆是也。」上曰：「然其所先者無若信也。曰信者，天下之大本，仁義禮樂皆必由之。此實王道之要。」師民在經筵十餘年，甚見器異。盛夏屬疾家居，上飛白書團扇爲和平字以寄意。將行，上自寫詩送之，目以儒林舊德。［壬子」翰林侍讀學士呂公綽言：「弟都官員外郎、知單州公著，頃因先臣致仕恩例乞試，蒙候得替取旨。後經三任十年，未曾有所干述。」〔五八〕詔公著充崇文院檢討。庚申〔五九〕，唐介爲殿中侍御史，充言事御史。介貶斥不二歲復召，議者謂天子優容言事之臣，近古未有也。辛酉，御崇政殿，策試賢良方正能直言極諫太常寺太祝趙彥若，及試武舉人。彥若所對疏闊，下有司考不中等而罷之。議者謂宰相陳執中不由科第以進，故陰風有司專抑儒士，非彥若實不能也。乙丑，武舉五十一人授官有差。前詔罷武舉人〔六〇〕，今所擢皆祕閣舊經試者云。

九月庚午，忠州團練使錢晦知河中府，上賜飛白「安民」字，因戒曰：「陝西兵方解，民困久矣。卿爲朕愛撫，無縱酒作樂，使人謂爲貴戚子弟。」晦頓首謝。乙酉，御崇政殿，召近臣觀新樂。先是，鐘磬之音未合古法，詔知鐘律者考定其當。議者各安所習，久而不決。乃命諸家各作鐘律以獻，親臨視之。然古者黃鐘爲萬事根本，故尺量權衡皆起於黃鐘。至隋用累黍爲尺，而制律容受卒不能合。及平陳得古樂，遂用之。五代之亂，大樂淪散，王朴始用尺定律，而聲與器皆失之。故太祖患其聲高，特減一律。至是，又減半。上雖勤勞，制作未能得其當者，有司失之於以尺生律也。初，賈昌朝侍經筵，上問：「鼎卦『聖人亨以享上帝』，今郊何以無鼎？」昌朝不能對。於是詔禮官議，以爲郊有亨牲進執，遂命阮逸、胡瑗鑄銅鼎，制鸞刀。上親書鼎名曰牛鼎、羊鼎、豕鼎，皆署而刻之，鸞刀亦親書刀名而署之。

冬十月丙申朔，日有食之。知耀州趙師民上疏曰：「太陽食於正朔，此雖是陰陽之事，亦慮是天意欲以感動聖心。臣非瞽史，不知天道，但率愚意言之。其月在亥，亥爲水，水爲正陰。其日在丙，丙爲火，火爲正陽。月掩日，陰侵陽，下蔽上之象也。今聖心慈仁恭勤儉約，動循典禮如此，自非下蒙上、邪撓正，使主恩不下究，而誰之咎歟？望陛下朝夕咨於丞弼心膂之臣，洎左右近侍耳目之官。其忠而純者，與之遴選内外百執事，及州縣牧宰，使主恩究於下，不爲群邪所蔽塞，則億兆之幸也。」丁巳，殿中侍御史唐介爲工部員外郎、直集賢院。上曰：「聞卿遷謫以來，未嘗有私書至京師，可謂不易所守矣。」介頓首謝，後數論得失，因言於上曰：「臣繼今言不行，必將固争，争之急或更坐黜，是臣重累陛下。願聽解言職。」許之。

十一月己巳，合祭天地於圜丘，大赦。

十二月［庚戌］，詔：「南郊赦書，第四、第五等户殘欠税物，並與倚閣。自今須納七分以上，方爲殘欠，仍著爲定式。」戊午，詔曰：「轉運之職，本以澄清官吏，綏撫人民，豈特事誅求以剥下乎。有能盡歲入以致增盈者，留爲本路移用，毋得進羨餘，務寬民力，以稱朕懷。」庚申，太常博士吴中復爲監察御史裏行。用中丞孫抃所薦也。中復，興國軍人，嘗知犍爲縣，有善政。抃未始識其面，即奏爲臺屬。或問之，抃曰：「昔人恥爲呈身御史，今豈薦識面臺官也。」

［是歲］左司諫賈黯建言：「臣嘗讀隋史見所謂立民社義倉者，取之以時，而藏之於民。下足以備凶灾，而上無所利焉。願倣隋制，詔天下州軍遇年穀豐熟，立法勸課蓄積以備灾。」然當時牽於衆論，終不果行。

甲午至和元年春正月壬申，時京師大疫，令太醫進方，内出犀牛角二本，析而觀之，其一通天犀，内侍請留供帝服御。帝曰：「吾豈貴異物而賤百姓哉。」立命碎之。癸巳，都知王守忠爲武信留後，他毋得援例。故事，宦官未有真爲留後者，守忠疾，復求爲節度使，宰相梁適曰：「宦官無除真刺史，况真節度使乎。」既卒，贈太尉、昭德節度使。

二月，樞密副使孫沔數言追册温成於禮不可，力求解職。壬戌，知杭州。三司使田况爲樞密副使。

三月，樞密使王貽永數以疾求罷。己巳，罷爲景靈宫使，加右僕射兼侍中、判鄭州。王德用爲樞密使。［乙亥］司天監言：日食四月朔。庚辰，德音，改元。

夏四月甲午朔，日有食之。是日雷，至申時見所食九分之餘。丙申，宰相率百官拜表稱賀。〔辛丑〕祥源觀火。先是，知制誥胡宿言：「漢書天文志曰：火，禮也，陛下明德恤祀，虔恭郊廟，宜蒙福應乃遘災旱。古者，祭天神無二主，禮專一配，所以奉天帝之尊〔六一〕，明不敢瀆。乞依去年八月八日詔書，及景祐二年禮官所定太祖定配之典，追寢去年八月二十四日今後每次南郊三聖並侑之詔，告謝天地，以順火性。」不報。戊午，殿中侍御史裏行吳中復對於延和殿，上謂曰：「比上封者多言陰陽不和，蓋由大樂未定。且樂之不合，於古久矣，朕以謂水旱之來，係時政得失，非樂所召也。」〔庚申〕殿中侍御史呂景初言：「聖人在上，不能無灾，而有救灾之術。今百姓困窮，國用虛竭，利源已盡，惟有減用度爾。用度之廣，無如養兵，比年招置太多，未加揀汰，祖宗時四方割據，中國才百餘州，民力未完，耕植未廣，然用度充足者，兵少故也。望詔中書、樞密院議罷招補而汰冗濫。」

五月己丑，客星出天關之東南數寸，嘉祐元年三月乃没。

六月癸丑，殿中侍御史裏行吳中復上殿彈宰相梁適奸邪。上曰：「近馬遵亦有彈疏。」且言：「唐室自天寶而後治亂分，何也？」中復對曰：「明皇初任姚崇、宋璟、張九齡爲宰相，遂致太平，及李林甫用事，紀綱大壞，治亂於此分矣。雖威福在於人主，然治亂要在輔臣。」上曰：「朕每進用大臣，未嘗不采天下公議所歸，顧知人亦未易爾。」甲寅，出内藏庫紬絹五十萬、緡錢三十萬，下河北助糴軍儲。

秋七月丁卯，知益州程戡爲參知政事。戊辰，禮部侍郎平章事梁適罷，以本官知鄭州。己巳，殿中侍御史馬遵知宣州，呂景初通判江寧府，裏行吳中復通判虔州。梁適之得政也，中官有力焉。及遵等於上前極陳其過，上左右或言：「御史捃拾宰相，自今誰敢當其任者。」適既罷，左右欲並遵等去之。知制誥蔡襄以三人者無罪，繳還詞頭，改付他舍人，亦莫敢當者，遂用熟狀降敕。戊子，吏部郎中歐陽脩知同州。先是，脩守南京，以母憂去。服除入見，上惻然憐脩髮白，問：「在外數年〔六二〕，今年幾何？」恩意甚至，命判吏部流内銓。小人恐脩復用，乃陰求所以中脩，脩在銓曹未浹日也〔六三〕。

八月甲午，知制誥賈黯權判吏部流内銓。承平日久，百官職業皆有常憲度〔六四〕，樂於因循，而銓衡徒文書備具而已。黯始欲以風義拯救其弊。益州推官桑澤在蜀三年，不知其父死，後代還，舉者甚多，應格當遷，方投牒自陳，人皆知其嘗喪父，莫肯爲作文書，澤知不可乃去發喪制服，以不得家問爲解。澤既除喪求磨勘，黯以謂：「澤三年不與其父通問，亦有人子之愛於其親乎？使澤雖非匿喪，猶爲不孝也。」言之於朝，澤坐廢歸田里，不齒終身。晉州推官李亢故嘗入錢得官，已而有私罪，默自引去，匿所得官，以白衣應舉及第。積十年，當磨勘，乃自首言其初事。黯以爲此律所謂罔冒也，奏罷之，奪其勞考。丙申，知諫院范鎮言：「陛下每遇水旱之灾，必露立仰天痛自刻責，盡精竭意〔六五〕，無所不至。蓋百吏不稱職，使陛下憂勤於上，而人民苦愁於下也。夫以國家用調責之三司，三司責之轉運使，轉運使責之州，州責之縣，縣責之民，民竭其力以佐公上，而自用不給〔六六〕，則嗟怨之氣干戾天地，此水旱之所以作也。願詔中書、樞密大臣，考究祖宗朝建隆、天聖中官吏與所畜兵及天下賦入之數〔六七〕，而斟酌裁節之。庶國用有常，而民力有餘。陛下雖高拱無所事，而天地之和應矣。惟留神采擇。」丙午，參知政事劉沆依前官平章事。初，歐陽脩罷判流内銓，知諫院范鎮請復脩等職任，而宰臣劉沆亦請留脩。戊申，命脩修唐書。戊午，知制誥賈黯言：「陛下日御邇英閣，召侍臣講讀經史，其咨訪之際，動關政體，而史臣不得預聞，臣切惜之。欲乞令修起居注官入侍閣中，事有可書，隨即記録。」從之。

九月［辛酉朔］，殿中侍御史趙抃彈劾不避權幸，時號鐵面御史。殿中丞王安石方辭召試〔六八〕，除群牧判官。安石猶力辭，歐陽脩諭之，乃就職。館閣校勘沈康詣宰相陳執中，求爲群牧判官。執中曰：「安石辭讓召試，故朝廷優與差遣。且朝廷設館閣以待天下賢才，亦當爵位相先。而乃争奪如此，公視安石顔何厚也！」康慚沮而去。癸亥，起居舍人知制誥吕溱、工部郎中知制誥兼侍講史館修撰王洙，並爲翰林學士。故事，翰林學士六員，時楊察、趙槩、楊偉、胡宿、歐陽脩並爲學士，於是察加承旨，湊及洙復同除學士，洙蓋第七員也。温成皇后之喪，洙陰與石全彬附會時事，陳執中、劉沆在中書，喜其助己，故員外擢洙，議者非之。甲子，同修起居注吴奎、劉敞並知制誥，仍以敞爲右正言。陳執中言：「奎、敞修注未一月，不應驟遷。」上不聽，曰：「此豈計資日月邪。」謝日，上面諭以：「外間事不便，有聞，當一一語朕也。」己巳，邇英閣講周禮「大荒大札則薄征緩刑」〔六九〕。楊安國曰：「所謂緩刑者，乃過誤之民爾。今衆持兵往劫糧廩〔七〇〕，一切寬之，恐不足以禁奸。」帝曰：「不然，天下皆吾赤子也。一遇饑饉，州縣不能存恤，餓殍所迫，遂致爲盜，又捕而殺之，不亦甚乎。」丁丑，詔開封府：「自今凡決大辟囚，並覆奏之。」初，開封府言：「得樞密院劄子，軍人犯大辟無可疑者，更不以聞。其百姓則未有明文。」上重人命，至是軍人亦令覆奏。

冬十月辛卯朔，太白晝見。己亥，范鎮言：「臣比嘗建議，方今官冗兵多，民力不堪。請詔中書斟酌裁抑，及今累月不報。夫兵不在衆，在練之與將如何爾。儂智高寇嶺南，前後遣兵不知幾萬，亡走奔北不可勝紀。陛下親遣狄青，然而卒能取勝者，蕃落數百騎爾。此兵不在衆，近事之效也。陛下何不持此説，以詰大臣之欲益兵者。臣愚以謂備契丹莫若寬河北、河東之民，備靈夏莫若寬關陝之民，備雲南莫若寬兩川湖嶺之民，備天下莫若寬天下之民。民力寬則知自愛，雖有外虞，人人可爲兵用，人人自愛之兵以禦外虞，何往而不克、何征而不服哉。」

吕中曰：有有形之險，有無形之險。有形，地利是也。無形，人心是也。人心苟固則忠信可以撻兵甲，道德可以爲藩籬，衆心成城，何畏乎夷狄哉。不然，鉅橋之積雖富，莫過乎前徒倒戈之衆；阿房之役未已，隨激乎匹夫揭竿之怨。然則欲備契丹，莫若寬河北之民，欲備靈夏，莫若寬關陝之民。范公鎮之言，知本之論也。

「臣恐朝廷之憂不在四夷，而在冗兵與窮民也。近年以來，地數震動，河不軌道，日月星辰譴見於天，皆民之感也。伏請明敕大臣，求所以息民之術，以應天地之變，而爲宗廟、社稷計，臣不勝大願。」丙辰，太常少卿周湛爲淮南江浙荆湖制置發運使〔七〕。湛入辭，上謂曰：「朝廷遴選此職，不可陰置苞苴於京師。」湛皇恐對曰：「臣蒙聖訓，不敢苟附權要以謀進身。」

十一月辛酉，降同知太常禮院吴充知高郵軍，太祝鞠真卿知淮陽軍。禮院故事，常預爲印狀列署衆銜，或非時中旨訪問，則白判寺一人書填印狀，通進施行。有詔問温成皇后應如他廟用樂舞否？禮直官李亶以事白王洙，洙即填印狀奏云：當用樂舞。事下禮院，充、真卿怒，即牒送亶於開封府，使按其罪。洙抱案卷以示知府蔡襄曰：「印狀行之久矣。禮直官何罪？」襄患之，乃復牒送亶於禮院。禮院吏相率逃去。初，真卿好遊臺諫之門，殿中侍御史趙抃奏蔡襄不按治禮直官罪。於是，執政以爲充因教抃上言，禮直官訴於内臣云，欲送禮直官於開封府者，充與真卿也。明日，詔禮直官及繫檢禮生各贖銅八斤，充、真卿俱補外。抃及諫官范鎮等皆言充等無罪，不當降黜。不報。乙丑，太常丞、同修起居注馮京落同修起居注。時臺諫争言吴充、鞠真卿不當補外。京最後上疏言愈切，宰相劉沆怒，請出京知濠州。臺諫又争言京不當奪職，請復之，不報。壬午，入内押班石全斌爲入内副都知〔七二〕。〔丙戌〕知制誥劉敞封還詞頭，奏曰：「全斌昨已有制旨降宫苑使、利州觀察使，未能三日復换此命，朝令夕改，古人所非。臣雖鄙賤，實惜此體，不敢輒撰誥詞。」從之。後三月，全彬卒爲入内副都知。知制誥劉敞言：「臣昨聞吴充、馮京落職，將謂其人所行，實有過當，所言實有不可，是以觸忤聖意，不蒙矜恕。及於延和殿奏事，面奉宣詔，充乃是振職，京意亦無他。中書惡其太直，不與含容。臣竊驚駭，不覺憤咽。前古以來，唯有人主不能容受直言，或致竄謫臣下。今陛下慈聖好諫，寬大如此，不知中書何故不務將順聖德之美，須要排逐言者。」又言：「臣前論吴充、馮京謫官，面蒙宣諭本末，臣即言若如此，則是大臣蔽君之明，專君之權，而擅作威福也。必恐感動陰陽，有地震、日蝕、風霧之異。今臣竊聞鎮戎軍地震，一夕三發，去臣所言五日之内爾。又京師雪後昏霧累日，復多風埃，太陽黄濁，此皆災異之可戒懼者也。」

［十二月］丁未〔七三〕，殿中丞、直秘閣司馬光上古文孝經，詔送秘閣。（十二月）［癸丑］殿中侍御史趙抃言：「宰相陳執中本家捶撻女奴迎兒致死，一云執中親行杖，一云嬖妾阿張酷虐毆殺。夫正家而天下定，執中家不克正，陛下倚之，而望天下之治定，是猶卻行而求前，何可得也。」執中亦自請置獄。已而有詔罷獄。臺官皆言不可，逮執中去位，言者乃止。皇祐末，太常博士張述上書曰：「生民之命，繫於宗廟社稷之重，而以繼嗣爲之本。陛下春秋四十四，宗廟社稷之寄，未有託焉。此臣所以夙夜彷徨而憂也。謂宜遴選宗親才而賢者，異其禮秩，試以職務，俾内外知聖心有所屬，則天下大幸。」前後七上疏，最後語尤激切，上終不以爲罪。

乙未至和二年春正月丁亥，觀文殿大學士、兵部尚書晏殊卒。殊雖早貴，然奉養清儉，善知人，如孔道輔、范仲淹皆出其門，而富弼、楊察皆其壻也。

二月壬辰，汾州團練推官郭固爲衛尉寺丞。初，知并州韓琦言固嘗造車陣法，令固自齎車式詣闕進呈。既試用之，而有是命。廣州司理陳仲約誤入人罪死，有司當仲約公罪應贖。上謂知審刑院張揆曰：「死者不可復生，而獄吏雖蹔廢，他日復得敘官，可不重其罰邪。」癸巳，詔仲約特勒停，會赦未許叙用。庚子，殿中侍御史趙抃言宰臣陳執中宜罷免者八事。甲辰，趙抃言：「臣近累次彈奏，乞正宰臣陳執中之罪。風聞同知諫院范鎮妄行營救，伏望陛下開日月之明，判忠邪之路，取内外之公議，立朝廷之大法，則天下幸甚。」乙卯，流内銓引對前雍丘縣主簿陳琪改京官，上謂判銓賈黯曰：「琪乃龐籍女婿，今保薦多至二十四人，得非專欲諂附大臣故爾邪，且與幕職官知縣。」

三月乙丑，邇英閣講周禮「視祲」，上謂講官盧士宗曰：「妖祥之興，皆由人事。君人者必在修德以承天意乎。」丁卯，詔修起居注自今每御邇英閣，立於講讀官之次。「丙子」詔封孔子後爲衍聖公。初，太常博士祖無擇言：「孔宗愿襲封文宣公，祖謚不可加後嗣，乞詔有司更定美號。」乃下兩制定更封宗愿，而令世襲焉。己卯，邇英閣講周禮「大罍」。王洙曰：「祠天地之器，以質信爲本。」上曰：「曹操不事質信而多詐忌，何以事上帝乎？」張揆讀後漢書應劭議刑，揆曰：「當漢獻帝亂世，有司猶能守法，今天下奏獄或違法出罪，負冤不伸，水旱之灾未必不由此也。」上曰：「祖宗以來，多用中典，奏讞者往往貸之，豈欲刑罰之濫乎。」群牧使楊偉等言：「判官王安石文行推高〔七四〕，乞除職名。」詔特授集賢校理。安石又固辭不拜。辛巳，知諫院范鎮言：「臣伏見去冬多南風，今春多西北風，乍寒乍暑，欲雨不雨。又有黑氣蔽日，此皆人事之感動也。黑氣蔽日者，陰侵陽、小人惑君也。欲雨不雨者，政事不決也。陳執中爲相，不病而家居者百日矣。陛下以御史之言爲是，即乞速退執中，以解天意，以御史之言爲非，乞敕執中起視事，無使天意久不決也。乍寒乍暑，不當賞而賞，當罰而不罰也。鄧保吉不當爲内侍都知，鄧宣言不當爲内侍押班，而又改官。石全斌不當爲觀察使，未幾而又爲内侍副都知，是不當賞而賞也。陛下有旨，不應法律賞罰，即中書、樞密大臣執奏〔七五〕，而中書、樞密大臣不執奏，是當罰而不罰也。冬而多南風，春而多西北風，皆逆氣也。風主號令，主思慮，陛下思慮若有爲小人所惑，而號令數變易也。天變之發，皆所以覺悟人君也。」丙戌，邇英閣王洙講周官「典瑞含玉」。上曰：「若使人用此而骨不朽，豈如功名之不朽哉。」丁亥，知審刑院張揆言：「知虢州周日宣妄言澗水衝注城郭，當坐不實之罪。」上曰：「州郡多奏祥瑞，至水旱之灾或抑而不聞。今守臣自陳墊壞官私廬舍，意亦在民，當恕罪也。」

夏四月辛亥，罷諸路里正衙前。先是，知并州韓琦言：「州縣生民之苦，無重於里正衙前。自兵興以來，殘剥尤甚，殊可痛傷。請自今罷差里正衙前，只差鄉户衙前，令於一縣諸鄉中第一等選一户物力最高者爲之，以三年一替。」皆謂如琦所議便。知制誥韓絳請行鄉户五則之法，乃命韓絳、蔡襄與三司使副判官置司同定奪。凡差諸州軍鄉户衙前，以産、錢與物力從多至少置簿，排定户數，分爲五則，遂更著淮南、兩浙、荆湖、福建之法，下三司頒行之。其法雖逐路小有不同，然大率得免里正衙前之役，民甚便之。［丙辰］知諫院范鎮言：「伏見周制冢宰制國用，唐宰相兼鹽鐵轉運，或判户部，或判度支。今中書主民，樞密院主兵，三司主財，各不相知。故財已匱而樞密院益兵不已，民已困而三司取財不已，中書視民之困而不知使樞密減兵、三司寬財以救民困者，制國用之職不在中書也。欲乞使中書、樞密院通知兵民財利大計，與三司量其出入制爲國用，則天下民力庶幾少寬。」自天聖以來，上每以經費爲慮，命官裁制者數矣。臣下亦屢以爲言，而有司不能承上之意，牽於習俗，卒無所建明。議者以爲恨焉。

五月［乙丑］，先是，久不雨，上問翰林侍讀學士呂公綽何以致雨。公綽曰：「獄久繫則旱。」上親慮獄，已而大雨。［戊寅］御史中丞孫抃與其屬言，乞正執中之罪。不報。於是抃與知雜事郭申錫、侍御史毋湜、范師道、殿中侍御史趙抃同乞上殿，閤門以違近制，不許。壬午，詔抃等輪日入對。

六月己丑，翰林學士歐陽脩爲翰林侍讀學士、知蔡州，知制誥賈黯知荆南，皆從所乞也。先是，脩奏疏言：「宰臣陳執中自執政以來，不叶人望，累有過惡，招致人言。而執中遷延，尚玷宰府。臣願陛下盡以御史前後章疏，出付外廷，議正執中之過惡，罷其政事。」已而脩及黯皆得補外。殿中侍御史趙抃言：「竊見近日以來，所謂正人賢士者紛紛引去，如呂溱知徐州，蔡襄知泉州，吴奎被黜知壽州，韓絳知河陽府。又聞歐陽脩乞知蔡州，賈黯乞知荆南府。侍從之賢如脩輩無幾，今堅欲請郡者非他，蓋傑然正色立朝，既不能曲奉權要，而乃日虞中傷，皆欲效溱、襄、奎、絳而去爾。今陛下又從其請而外補之，朝廷萬一有緩急事，則陛下何從而詢訪也，何從而裨益也，何從而謀議也，何從而質正也。伏望陛下勿使脩等去職，留爲羽翼，以自輔助。」知制誥劉敞亦以爲言，脩、黯遂復留。戊戌，陳執中罷爲鎮海節度使、判亳州。孫抃等既入對，極言執中過惡，請罷之。退又交章論列，抃最後乞解憲職補外，以避執中朋黨中傷之禍。於是得請。始御史因執中殺婢事欲擊去之，上未聽。而諫官初無論列者。御史並以爲言，而趙抃攻范鎮尤力，臺官皆助之。鎮累奏乞與御史辯，不報。及御史入對，又言執中私其女子，傷化不道。執中既罷，上以諭鎮，鎮復言：「朝廷置御史以防讒慝，非使其爲讒慝也。審如御史言，則執中可誅。如其不然，亦當誅御史。」並繳前五奏，乞宣示執政，相與庭辯之。卒不報。鎮於是與趙抃有隙。知永興軍文彦博爲吏部尚書、平章事，判并州富弼爲户部侍郎、平章事。彦博與弼並命，是日宣制，上遣小黄門數輩覘於庭，士大夫相慶得人。後數日，翰林學士歐陽脩奏事殿上，帝具以語脩，且曰：「古之求相者，或得於夢卜。今朕用二相，人情如此，豈不賢於夢卜哉。」脩頓首稱賀。癸卯，龍圖閣直學士兼侍讀張昪爲權御史中丞。上嘗諭執政以昪清直可任風憲，故使代孫抃。時富弼初入相，歐陽脩復翰林，士大夫咸謂三得人也。甲辰，知鄆州龐籍改知并州。籍入對，上新相文彦博、富弼，意甚自得，謂籍曰：「朕用二相何如？」籍曰：「二臣皆朝廷高選，陛下拔之，甚副天下望。」上曰：「誠如卿言。文彦博猶多私，至於富弼，萬口一辭，皆曰賢相也。」籍曰：「文彦博臣頃與之同在中書〔七六〕，實無所私，但惡之者毁之爾。富弼未執大政，朝士大夫未有與之爲怨，故交口譽之，冀其進用而已，亦有所利焉。若富弼以陛下之爵禄植私恩，則非忠臣，何足賢也。若一以公議槩之，則向之譽者將轉而爲謗矣，陛下所宜深察也。且陛下既知二臣之賢而用之，用之則當信之堅、任之久，然後可以責成功。若以一人言進之，未幾又以一人言疑之，臣恐太平之功未易卒致也。」上曰：「卿言是也。」乙巳，儂智高母儂氏〔七七〕、弟智光、子繼宗、繼隆伏誅〔七八〕。智高亦自爲大理所殺，函其首至京師。

秋七月戊午，新知蔡州、翰林侍讀學士歐陽脩復爲翰林學士，新知制誥賈黯復判流内銓。戊辰，資政殿大學士吴育爲宣徽南院使、判延州。育侍讀禁中，上因語及臣下毁譽多出愛憎。育曰：「聖言要切，實四海之幸。然知而形之於言，不若察而行之於事。自古人君皆因信讒邪而致亂，照奸險而致治。至於安危萬端，不出愛憎二字。蓋人主事有不可不密者，有不可不明者。語及軍國機微，或干權要，不可不密也。若指人姓名，陰言其罪，而事狀未見者，此不可不明也。若不明則讒邪得計，忠正難立，故聖王之行，如天地日月，坦然明白。進一人使天下皆知其善，退一人使天下皆知其惡，則陰邪不能陷害，至公可以立身，此百王之要道也。」上益重之，數欲大用，而諫官或誣奏育在河南，嘗貸民出息錢，久之，遂命出帥〔七九〕。

八月己酉，契丹主宗真卒，子洪基立，改清寧元年。癸卯，知諫院范鎮言：「比者，京師及輔郡歲一赦，去歲再赦，今歲三赦，又在京諸軍歲再賜緡錢，姑息之政無甚於此。夫歲一赦者，細民謂之熱恩，以其必在五月六月間也。猾胥姦盜倚爲過惡，指以待免，況再赦而三赦乎。今備塞之人五六十萬，使聞京師端坐而受賜者，能不動心哉。請自今罷所謂一赦，以摧姦猾，而使善良得以立也。罷兵士之待賜錢以益内外〔八〇〕，而使民得以寬也。」乙未，知諫院范鎮言：「先朝以御寶印紙給言事官，使以時奏上〔八一〕，所以知言者得失而殿最之。請據今御史、諫官具員，置章奏簿於禁中，時時觀省之，仍以尚書省所置簿具言行否，每季録付史官。」詔中書置臺諫官言事簿，令以時檢句銷注之，仍録與樞密院。

九月辛巳，右諫議大夫李柬之言：今選舉之路未精，補蔭之門太廣，恩倖之路未塞，因緣之弊未除。於是中書先請自二府、宣徽、節度使遇南郊仍舊奏二人，而罷每歲乾元節任子，餘詔兩制臺諫官定議以聞。

冬十月乙未，出内藏庫錢一百萬，下河北市糴軍儲。己亥〔八二〕，禮部貢院上删定貢舉條十二卷〔八三〕。丁未〔八四〕，邇英閣讀史記龜策傳，上問：「古人動作，必由此乎？」孫抃對曰：「古有大疑，既決於己，又詢於衆，猶謂不有天命乎。於是命龜以斷吉凶，所謂謀及乃心，謀及卿士，謀及庶人，謀及卜筮。蓋聖人貴誠不專人，謀默與神契，然後爲得也。」上善其對。壬子，邇英閣讀周禮「祭祀割羊牲登其首」。王洙曰：「祭陽以其首，首主陽，祭陰以其血，血主陰也。神明不測，故但以類而求之。」上曰：「然天地簡易非已誠，其能應乎？」又講左氏傳鄭人鑄刑書，洙曰：「子産以鄭國之法鑄之於鼎，故使民知犯某罪有某罰也。」上曰：「使民知法爲亂不止〔八五〕，不若不知而自化也。」

十一月丙辰，出内藏庫絹三十萬，下并州市糴軍儲。丙寅，邇英閣讀太史公傳。上謂李淑曰：「太史公欲行其道而不果，身未免於禍，深可悲也。顧其是非不繆於聖人，真良史之才矣。」

十二月壬子，新修醴泉觀成，即祥源觀也，因火更其名。

校證

〔一〕以西戎爲名 再造本、文海本同，長編卷一六六、王應麟玉海卷二五皇祐禦狄論均作「以西伐爲名」。宋史卷二九五葉清臣傳、歷代名臣奏議卷三二八禦邊均作「以伐西戎爲名」。

〔二〕按長編卷一六七下有「辛丑，錫卒……」說明前述不一定發生在本月，只是因張錫去世而繫此。

〔三〕河北民流 再造本、文海本同，長編卷一六七、陳均皇朝編年綱目備要卷一四、徐自明宋宰輔編年録卷五作「河決民流」。

〔四〕生十二年 再造本、文海本同，長編卷一六七、宋史卷四九五蠻夷傳、李攸宋朝事實卷一六兵刑、文獻通考卷三三〇四裔考均作「生十三年」。

〔五〕二百四十三萬 再造本、文海本同，長編卷一六七、司馬光涑水記聞卷四作「二百四十五萬」。

〔六〕四説法 李校（改爲四税）：原作「四説」，據長編卷一六八改。汪按：不必改，説見前校。

〔七〕富賈 再造本、文海本、皇朝編年綱目備要卷一四同，長編卷一六八作「畜賈」，宋史卷一八二食貨志作「蓄賈」。

〔八〕百八 李校：原作「百八」，改爲八百，據長編卷一六八改。汪按：再造本、文海本、宋史卷一八二食貨志、彭百川太平治迹統類卷二八用度損益、章如愚群書考索後集卷五七財賦茶鹽亦作「百八」，另皇朝編年綱目備要卷一四作「八百」。若作「百八」，鹽價太貴，作「八百」近是。然校改尚嫌武斷。

〔九〕六萬三千　再造本、文海本同，長編卷一六八、宋史卷一八二食貨志、太平治迹統類卷二八用度損益均作「六萬五千」，疑作「五千」是。

〔一〇〕肄習　原作「隸習」，不文，再造本同，文海本字難辨，據長編卷一六八、玉海卷七律曆、卷一〇九音樂校改。

〔一一〕御撰　原作「御選」，據再造本、文海本、長編卷一六八、宋史卷一二七樂志等校改。

〔一二〕亞獻徹豆用之　再造本、文海本同，長編卷一六八、宋史卷一二七樂志「亞獻」後有「終獻」。

〔一三〕文武職官致仕官　再造本、文海本同，長編卷一六九「職官」後有「及分司官」四字。

〔一四〕思永　原作「恩永」，據前文及再造本、文海本、長編卷一六八、宋史卷三二〇彭思永傳校改。

〔一五〕沿邊水災　再造本、文海本同，長編卷一六九、徐松宋會要輯稿食貨三九之一九、又六四之二四、群書考索後集卷六四財賦内庫均作「頻年水災」。

〔一六〕集賢院及　再造本、文海本同，胡瑗皇祐新樂圖記卷上、長編卷一六九、宋會要輯稿樂四之二二、宋史卷一二七樂志均作「集兩制及」。

〔一七〕按古今調譜中和　再造本、文海本同，長編卷一六九作「按古合今調譜（一本「譜」作「諧」）中和」，佚名宋大詔令集卷一四九議樂詔、群書考索卷五〇樂作「按古合今調諧中和」，宋會要輯稿樂四之二二作「按古今今調諧中和」，皇祐新樂圖記卷上、宋史卷一二七樂志均作「按古今調諧中和」。疑作「按古合今調諧中和」是。

〔一八〕發祖宗之功德　再造本、文海本同，上引諸書「發」字後均有「揚」字，似佳。

〔一九〕重光　文海本作「重所」，再造本、長編卷一六九、趙汝愚宋朝諸臣奏議卷三四包拯上仁宗論張堯佐除四使不當均作「重新」。

〔二〇〕包拯吴奎陳旭吴奎　再造本、文海本同，按「吴奎」不當重出，長編卷一六九無後一「吴奎」，似是。

〔二一〕於體差便　再造本、文海本同，長編卷一六九作「於禮差便」。

〔二二〕三十卷　再造本、文海本同。長編卷一七〇作「二十卷」，按此書又名大饗明堂記，宋史卷二〇四藝文志：「文彦博、高若訥大饗明堂記二十卷」。文獻通考卷一八七經籍考、陳振孫直齋書録解題卷六、玉海卷五七藝文均作「（文彦博）大饗明堂記二十卷」。故作「二十卷」是。

〔二三〕謹重　再造本、文海本、太平治迹統類卷六仁宗聖政同，長編卷一七〇無「重」字。范祖禹帝學卷五作「慎」。

〔二四〕易旨精微　「旨」原作「有」，再造本、文海本「旨」字不規範，似「旨」。長編卷一七〇、太平治迹統類卷六仁宗聖政均作「易旨精微」，據校改。

〔二五〕幸承明問　再造本、文海本同，長編卷一七〇、太平治迹統類卷六仁宗聖政均作「幸承聖問」。

〔二六〕朕雖知暑　再造本、文海本同，長編卷一七〇、皇朝編年綱目備要卷一二、太平治迹統類卷六仁宗聖政均作「朕雖盛暑」。

〔二七〕盛治　再造本、文海本同，長編卷一七〇、皇朝編年綱目備要卷一二、太平治迹統類卷六仁宗聖政、范祖禹帝學卷五均作「臨御」。

〔二八〕近習回撓　再造本、文海本、宋史卷三一六吴奎傳、宋名臣奏議卷四〇吴奎上仁宗論水災、皇朝編年綱目備要卷一四等均同，惟長編卷一七一作「阻撓」。

〔二九〕傚　再造本、文海本、呂中宋大事記講義卷一一同，長編卷一七一、皇朝編年綱目備要卷一三、宋名臣言行録後集卷一韓琦、杜大珪名臣碑傳琬琰之集中卷四八李清臣韓忠獻公琦行狀均作「倣」。

〔三〇〕在北邊　再造本、文海本作「視山中」，長編卷一七一、皇朝編年綱目備要卷一三、宋名臣言行録後集卷一韓琦及上引韓忠獻公琦行狀均作「視中山」，中山即定州，疑作「視中山」是。

〔三一〕虜中　原作「邊方」，據再造本、文海本回改。

〔三二〕甲子　再造本、文海本同，長編卷一七一作「甲申」。

〔三三〕丁酉　原作「丁丑」，再造本、文海本同，長編卷一七一作「丁酉」，因本月己卯朔，月内不當有丁丑日，故應作「丁酉」，據改。

〔三四〕上　「上」字原闕，再造本、文海本同，據長編卷一七一補。

〔三五〕興化軍　「軍」，原作「運」，據再造本、文海本、長編卷一七一、宋史卷一二仁宗紀、卷一七四食貨志校改。

〔三六〕停　再造本、文海本作「閣」，長編卷一七一作「倚閣」。

〔三七〕三年　再造本、文海本同，長編卷一七二、太平治迹統類卷九仁宗諸臣謀國遠略作「二年」。

〔三八〕黼　原作「黼」，據本書下文及再造本、文海本、長編卷一七二、宋史卷七一律曆志等校改。

〔三九〕法　再造本、文海本同，長編卷一七二、太平治迹統類卷七皇祐論樂同異、文獻通考卷一三一樂考、宋史卷七一律曆志均作「以」。

〔四〇〕一米秬黍　再造本、文海本同，長編卷一七二、太平治迹統類卷七皇祐論樂同異、文獻通考卷一三一樂考、宋史卷七一律曆志均作「二米秬黍」。

〔四一〕廣南東路　原作「廣西東路」，按宋無「廣西東路」，據再造本、文海本、長編卷一七二校改。

〔四二〕太陰直食　再造本、文海本同，長編卷一七三一作「太陰真食」，宋會要輯稿運曆一之七作

「太陰蝕分」，文獻通考卷二八五象緯考作「太陰食分」。

〔四三〕忠信　再造本、文海本同，長編卷一七三、歷代名臣奏議卷一四一右正言陳瓘奏、韓淲澗泉日記卷上、綦崇禮北海集卷二二進御故實、羅從彥豫章文集卷五遵堯録皆作「忠謹」。

〔四四〕白州長史　再造本、文海本同，長編卷一七三作「白州長史」。又清代廣西通志卷八一忠義專爲徐噩立傳，言其「以討歐希範功，擢宣教郎、白州長史，皇祐間……」，故似作「白州長史」是。

〔四五〕不可移　再造本、文海本同，長編卷一七三作「不下移」，皇朝編年綱目備要卷一四、邵博聞見後録卷一、豫章文集卷五遵堯録、孫夢觀雪窗集卷二故事仁宗皇帝聖訓先盡大臣之慮均作「不可下移」。

〔四六〕間出　再造本、文海本及上引諸書均同，惟長編作「簡出」。

〔四七〕中於理　再造本、文海本及歷代名臣奏議卷三〇七袁説友應詔上言、豫章文集卷五遵堯録同，惟長編卷一七三作「中於禮」。

〔四八〕二十二人　再造本、文海本同，長編卷一七四、皇朝編年綱目備要卷一四、太平治迹統類卷一〇仁宗平儂智高、李攸宋朝事實卷一六兵刑均作「三十二人」。余靖武溪集卷五大宋平蠻碑作「三十一人」。

〔四九〕賊首　再造本、文海本、太平治迹統類卷一〇仁宗平儂智高同，長編卷一七四、宋史卷二九○狄青傳均作「賊」，無「首」字，武溪集卷五大宋平蠻碑作「生擒五百人」，亦不言「首」。

〔五〇〕善將　再造本、文海本同，長編卷一七四、宋史卷二八四宋祁傳、宋朝諸臣奏議卷一三六宋祁上仁宗論河北根本在鎮定、宋祁景文集卷二九上便宜劄子均作「善擇將」。

〔五一〕定彊　原作「定疆」，據再造本、文海本、長編卷一七四、宋史卷二八四宋祁傳等校正。

〔五二〕相逢　再造本、文海本同，長編卷一七四、景文集卷二九上便宜劄子、歷代名臣奏議卷三二八作「相遮」，宋朝諸臣奏議卷一三六宋祁上仁宗論河北根本在鎮定、王稱東都事略卷六五宋祁傳作「相縫」。

〔五三〕帥專　原作「師專」，再造本、文海本同，據長編卷一七四、宋史卷二八四宋祁傳、皇朝編年綱目備要卷一四、東都事略卷六五宋祁傳、宋朝諸臣奏議卷一三六宋祁上仁宗論河北根本在鎮定、景文集卷二九上便宜劄子校改。

〔五四〕滁州天慶觀瑞命殿　再造本、文海本、長編卷一七四同，宋史卷一○九禮志神御殿、宋朝事實卷六廟制作「滁州大慶寺端命殿」，錦繡萬花谷前集卷四○神像作「滁州端命殿」。然玉海卷一六○宮室皇祐滁州端命殿明記：「皇祐五年三月，仁宗宣諭曰：恭惟太祖擒皇甫暉於滁州，是受命之端也……甲子，乃詔滁州因舊寺建殿，命曰端命。」王明清揮麈後録卷一：「皇祐五年十月，因通判州事王靖建言，始創端命殿宇於天慶觀之西，奉安太祖御容。」故似以「滁州天慶觀端命殿」爲是。

〔五五〕盛王　再造本、文海本、范祖禹帝學卷六等同，長編卷一七四作「聖王」。

〔五六〕乙巳　李校：原作「己巳」，按是月無己巳日，據長編卷一七四改。汪按：今從之。

〔五七〕朋私　再造本、文海本同，長編卷一七四作「徇私」。

〔五八〕干述　再造本、文海本同，長編卷一七四作「干請」。

〔五九〕庚申　李校：原作「庚午」，按是月無庚午日，據長編卷一七四改。汪按：今從之。

〔六〇〕武舉人　再造本、文海本同，長編卷一七五、皇朝編年綱目備要卷一四「武舉」後均無「人」字。無「人」似是。

〔六一〕天帝　原作「天地」，據再造本、文海本、長編卷一七六、胡宿文恭集卷七論郊丘定配等校改。

〔六二〕在外數年　再造本、文海本同，長編卷一七六、歐陽脩文忠集附録卷二吳充歐陽脩行狀均作「在外幾年」。

〔六三〕浹日　再造本、文海本同，長編卷一七六作「浹旬」。

〔六四〕度　再造本、文海本、文獻通考卷三九選舉考同，長編卷一七六作「蓋」，劉攽彭城集卷三四賈黯行狀作「共」，各從下讀。皇朝編年綱目備要卷一五無此字。

〔六五〕竭意　再造本、文海本同，長編卷一七六、宋朝諸臣奏議卷四〇范鎮上仁宗論水旱乞裁節國用均作「竭慮」。

〔六六〕自用不給　再造本、文海本、長編卷一七六等均同，惟宋朝諸臣奏議卷四〇范鎮上仁宗論水旱乞裁節國用作「用猶不足」。

〔六七〕祖宗朝建隆天聖中　再造本、文海本同，長編卷一七六作「祖宗朝逮天聖中」，范鎮上仁宗論水旱乞裁節國用、歷代名臣奏議卷二四四均作「祖宗朝及天聖中」。

〔六八〕方辭　再造本、文海本同，長編卷一七七、魏泰東軒筆録卷九作「力辭」。

〔六九〕大札　原作「大扎」，再造本同，文海本此字模糊，按周禮注疏卷一〇鄭玄注：「大札，大疫病也。」又據長編卷一七七、宋史卷二九四楊安國傳等校改。

〔七〇〕持兵往劫　再造本、文海本同，長編卷一七七、范祖禹帝學卷六、程大昌演繁露續集卷一均作「持兵仗劫」。宋史卷二〇〇刑法志作「持兵杖劫」。

〔七一〕荆湖　原作「荆河」，再造本、文海本同，據長編卷一七七、宋史卷一〇仁宗紀校改。

〔七二〕石全斌　按本書「石全斌」之「斌」又作「彬」，宋元史籍也多如此，今暫從原樣，不作統一。

〔七三〕據長編，丁未日已入十二月，本書繫時似有誤。

〔七四〕文行推高　再造本、文海本、宋會要輯稿選舉三三之八同，長編卷一七九作「文行頗高」。

〔七五〕即　再造本、文海本同，長編卷一七九、宋朝諸臣奏議卷四范鎮上仁宗論黑氣蔽日及風雨寒暑變異、歷代名臣奏議卷三〇一均作「聽」。

〔七六〕頃　原作「項」，據再造本、文海本、長編卷一八〇、皇朝編年綱目備要卷一五校改。

〔七七〕母儂氏　再造本、文海本、宋史卷一二仁宗紀同，長編卷一七五卷一八〇、宋會要輯稿蕃夷五之六一、隆平集卷二〇外國、太平治迹統類卷一〇仁宗平儂智高、文獻通考卷三三〇四裔考均作「母阿儂」。皇朝編年綱目備要卷一四、元黎崱安南志略卷一五作「母阿儂氏」。

〔七八〕繼宗繼隆　再造本、文海本同，長編卷一七五卷一八〇、宋史卷一二仁宗紀及上引諸書均作「繼宗繼封」。又涑水記聞卷一三記繼封爲儂智高長子，繼明爲次子，與諸書又不同。

〔七九〕出帥　原作「出師」，再造本、文海本同，「出師」令人費解。長編卷一八〇、太平治迹統類卷六仁宗聖政作「出帥」，即命吴育出外作帥臣（吴育實外任鄜延帥），似是。

〔八〇〕罷兵士之待賜錢以益内外　再造本、文海本同，按「待賜錢」不文，長編卷一八〇、皇朝編年綱目備要卷一五、宋朝諸臣奏議卷一〇〇范鎮上仁宗論不可數赦、文獻通考卷一七三刑考均作「特賜錢」。又「益」上引諸書並作「均」。似是。

〔八一〕以時奏上　原作「以特奏上」，再造本、文海本同。據長編卷一八〇、宋會要輯稿職官五五之七、又儀制六之一二、皇朝編年綱目備要卷一五、宋朝諸臣奏議卷五一范鎮上仁宗乞簿上臺諫章奏、玉海卷六一藝文至和章奏簿等校改。

〔八二〕己亥　再造本、文海本、玉海卷一一六選舉同，長編卷一八一作「乙巳」。

〔八三〕删定貢舉條　再造本、文海本、玉海卷一一六選舉同，長編卷一八一、宋史卷二〇四藝文志作删定貢舉條制。

〔八四〕丁未　原作「丁卯」，再造本、文海本、太平治迹統類卷六仁宗聖政並同，長編卷一八一作「丁未」，按本月乙酉朔，依干支法，月內不可能有「丁卯」日，故作「丁未」是，據校改。

〔八五〕爲亂不止　再造本、文海本同，長編卷一八一作「爲亂可止」，范祖禹帝學卷六、玉海卷二六帝學作「而亂可止」。

宋史全文卷九下

宋仁宗六

丙申嘉祐元年春正月甲寅朔，上御大慶殿受朝。上暴感風眩，趣行禮而罷。

二月甲辰，御延和殿，上康復。丙午，宰臣率百官拜表稱賀。

閏三月癸未朔，樞密副使王堯臣爲參知政事，參知政事程戡爲樞密副使〔一〕，以戡與文彦博姻家故也。

夏四月，初，龍圖閣直學士李柬之請更定選舉補蔭之法。知諫院范鎮、承旨孫抃等言，遂敕中書、樞密院裁定。自是每歲減入流者無慮三百員。

五月，左千牛衛大將軍宗實，幼養於宫中，上及皇后鞠視如子。上始得疾，中外憂恐，宰相文彦博、劉沆、富弼勸早立嗣，上許之。上疾有瘳，其事中輟。知諫院范鎮上疏曰：「陛下方不豫時，有言曰：『我惟宗廟社稷計，以憂勞而成此疾，得非皇嗣未立乎？』祖宗後裔蕃衍盛大，拔其尤賢者，優其禮數，試之以政，以繫天下之心。異日誕育皇嗣，復遺還邸。真宗皇帝取宗室子養之宮中，此天下之大慮也。太祖皇帝捨其子而立太宗皇帝者，天下之大公也。陛下觀太祖皇帝大公之心，考真宗皇帝時故事，斷於聖心，以幸天下，臣不勝大願。」

六月，殿中侍御史趙抃上疏曰：「上有怪見之文〔二〕，下有妖言之俗。天其或者，豈非以陛下皇嗣未立、人心未有所繫，欲陛下深思遠圖而然也。願擇用宗室賢善子弟，或教育宮闈，或封建任使，左右以良士，輔導以正人，盤石維城，根本深固，惟陛下以至公而財擇焉。」〔三〕通判并州司馬光上疏曰：「儲貳者，天下之根本。根本未定，則衆心未安也。伏望遴選宗室之中聰明、剛正、孝友、仁慈者，使攝居儲貳之位，以俟皇嗣之生，退居藩服亦足以鎮安天下之心。」時京師自五月大雨不止，水冒安上門關，折壞官私廬舍數萬區，諸路亦奏江河決溢，河北尤甚，民多流亡，令所在賑救之。己卯，詔群臣實封言時政缺失。

秋七月〔丙戌〕，翰林學士歐陽脩上疏曰：「陛下臨御三十餘年，而儲副未立，此久缺之典也。近聞臣寮多以此事爲言，大臣亦嘗進議，陛下聖意久而未決，而庸臣愚士知小忠而不知大體者，因以爲異事，遂生嫌疑之論，此不思之甚也。伏望陛下出於聖斷，擇宗室之賢者，依古禮文，且以爲子，未用立爲儲副也。既可以徐察其賢否，亦可以俟皇子之生。臣又見樞密使狄青出自行伍，遂掌樞密，始初論者以爲不可，今三四年間，外雖未見過失，而不幸有得軍情之名，且武臣掌國機密而得軍情，豈是國家之利。欲乞且罷青樞務，任以一州，既以保全之，亦爲國家消未萌之患。」知制誥吳奎言：「陛下在位三十五年，而嗣續未立。今之災沴，乃天地祖宗感發聖意，在禮，太宗無嗣則擇支子之賢者，以昭穆言之，則太祖、太宗之曾孫，以近親言之，則太宗之曾孫，陛下所宜建立，用以繫四海之心，俟有皇子則退所爲後者，頗優其禮數，願陛下勿聽邪説以誤大事。」殿中侍御史呂景初亦言：「商周之盛，並建同姓，兩漢皇子多封大國，有唐宗室出爲刺史，國朝二宗相繼尹京，願擇宗子之賢者，使得問安侍膳，於宮中以消姦萌，或尹京典郡爲夾輔之勢。」己丑，出内藏庫絹二十萬匹、銀十萬兩，賑貸河北水災州軍。是月，有彗出紫微垣，歷七星，其色白光丈餘。

八月庚戌朔，日有食之。司馬光又上疏曰：「切以爲國家者，政有大小，事有緩急。當今事大而急者，在於根本未建，衆心危疑。不以此時早擇宗室之賢，使攝儲副之位，内以輔衛聖躬，外以鎮安百姓〔四〕，萬一有出於意外之事，可不過爲之防哉。」癸丑，復知池州包拯爲刑部郎中、知江寧府〔五〕，江南東路轉運使唐介爲户部員外郎。時殿中侍御史吳中復乞召拯、介還朝。宰臣文彦博因言：「介頃爲御史〔六〕，言臣事多中臣病，其間雖有風聞之誤，然當時責之太深，請如中復所奏召用之。」故有是命。是日，知諫院范鎮言：「近日以來，彗出東方，天意若告陛下，將有急兵至，不可晏然復如前日也。陛下以臣言爲然，乞以臣前所上章與大臣速定大議。以臣言爲不然，乞加臣萬死之罪。」乙卯，鎮又言：「臣前六奏宗廟社稷大計，四奏進入，兩奏奉聖旨送中書，臣兩至中書，而中書遞相設辭以拒臣。是陛下欲爲宗廟社稷計，而大臣不欲爲之也。今星變主急兵，萬一兵起，大臣家族首領顧不保，其爲身計亦已疏矣。就使事有中變而死陛下之職，與其死於亂兵，不猶愈乎。乞陛下以臣此章示大臣，使其自擇死所。」庚申，知諫院范鎮爲户部員外郎兼侍御史知雜事，鎮固辭不受。癸亥，樞密使狄青罷樞密使，加同平章事判陳州。三司使、工部尚書韓琦爲樞密使，知益州張方平爲三司使。自西鄙用兵，西蜀多所調發，方平還自益州，奏免橫賦四十萬貫匹，及減興、嘉、邛州鑄錢十餘萬，蜀人便之。始方平主計，京師有三年糧而馬粟倍之。至是馬粟僅足一歲，而糧亦減半。方平遂畫漕運十四策。宰相富弼讀方平奏上前，晝漏盡十刻，上太息稱善。弼曰：「此國計大本，非常奏也。」悉如所啓施行，退謂方平曰：「自慶曆以來，公論食貨詳矣。朝廷每有所損益，必以公奏議爲本。」其後未期年而京師有五年之蓄。［丙寅］翰林學士胡宿知審刑院，詳議官缺，判院者當擇人薦於上，宿與同列得二人，一人者監税河北，以水災虧課，同列議曰：「虧課小失，不足白上以累才。」宿不可，至上前悉白之，且曰：「此人小累，才足惜。」上曰：「果得才，小累何恤。」遂除詳議官。同列退誚宿曰：「詳議欲得人，公固欲白上，緣是不得奈何。」宿曰：「彼得與不得，一詳議官爾。是固亦有命也。宿以誠事主，今白首矣，不忍毫髮欺君以喪平生節。爲之開陳，聽主上自擇爾。」同列驚曰：「某從公久，乃不知公所存如此。」〔乙亥〕范鎮言：「伏見國家自廢祖宗舊樂用新樂以來，及今四五年，日食、星變、冬雷、秋雹〔七〕，大雨不時，寒暑不節，不和之氣莫甚此者。使樂無所感動則已，樂而有所感動，則衆異之至，未必不由是也。去年十二月晦，大雨雪，大風，宮架輒壞〔八〕，元日大朝會，樂作而陛下疾作，臣恐天意以爲陛下不應變祖宗舊樂，而輕用新樂也。自初議樂時，臣屢論新樂非是，其間書一通最爲詳悉，今再具進呈，乞下執政大臣參詳臣書。如可采，伏乞且用祖宗舊樂，以俟異時別加製作。」丁丑，詔太常恭謝用舊樂。

九月壬午，司馬光又上疏曰：「自古帝王即位則立太子，此不易之道也。欲望陛下察臣區區之心，斷而行之，使遠近煥然無復憂疑〔九〕，自然神靈悅於上而災異伏，衆庶喜於下而姦宄消〔一〇〕。」范鎮亦乞因恭謝大禮決定大議。辛卯，恭謝天地於大慶殿，大赦改元。癸卯，侍御史范師道知常州，殿中侍御史趙抃知睦州。先是，宰相劉沆進不以道，深疾言事官。因言：「自慶曆後，臺諫官用事朝廷，命令之出，事無當否悉論之，必勝而後已。又專務抉人陰私莫辯之事，以中傷士大夫。執政畏其言，進擢尤速。」遂舉行御史遷次之格，滿三歲者與知州。而抃等又嘗乞避范鎮，請各補外，沆遽引格出之。師道及抃蓋嘗攻沆之短。中丞張昪等言沆挾私出御史，請留抃及師道。不報。

冬十月丁卯，出內藏庫銀十萬兩、絹二十萬匹、錢一十萬貫，下河北市糴軍儲。先是，提舉糴便糧草薛向請罷並邊入中粟，自京輦錢帛至河北，專以見錢和糴。時楊察爲三司使，請用其說，因輦絹四十萬匹當緡錢七十萬，又蓄見錢及擇上等茶場八，總爲緡錢百五十萬，儲之京師，而募商人入錢並邊，計其道里遠近，優增其直，以是償之。且省輦運之費。唯入中芻豆計直償以茶如舊。

十一月［辛巳］，判大名府賈昌朝爲樞密使。翰林學士歐陽脩言：「昌朝禀性回邪，執心傾險，頗知經術，能緣飾姦言，善爲陰謀以陷害良士，小人朋附者衆，皆樂爲其用。臣願速罷昌朝還其舊任，則天下幸甚。」范鎮入對垂拱殿〔一〕，言：「臣前後上章凡十九次，切慮留中大臣不盡得見。今錄進呈，乞付中書、樞密大臣同共參詳。」鎮待罪幾百日，須髮爲白，至泣以請，上亦泣曰：「朕知卿言是也，當更俟三二年。」鎮由是卒辭言職，朝廷不能奪也。己丑，范鎮復爲起居舍人，充集賢殿修撰。

十二月壬子，平章事劉沆罷知應天府。范師道、趙抃既出，御史中丞張昪言：「天子耳目之官，進退用舍，必由陛下。奈何以宰相怒斥之。又請與其屬俱出，吳中復指沆治溫成喪，天下謂之『劉彎』，俗謂鬻棺者爲彎，則沆素行可知。」昪等益論辯不已，凡上十七章。沆知不勝，乃自請以本官兼一學士守南京。故有是命。昪彈劾無所避，上謂昪曰：「卿孤特乃能如是。」昪曰：「臣樸學愚忠，仰託睿聖，是爲不孤。今陛下之臣持祿養交者多，而赤心謀國者少。陛下似孤立也。」上爲之感動。權知開封府曾公亮爲給事中、參知政事，知江寧府包拯爲右司郎中、權知開封府。拯立朝剛嚴，聞者皆憚之，貴戚、宦官爲之斂手。舊制，凡訟訴府吏坐門先收狀牒，謂之牌司。拯開正門，徑使至庭自言曲直，吏民不敢欺。乙卯，天章閣侍講胡瑗管勾太學。瑗既爲學官，其徒益衆，太學至不能容，取旁官舍容之。禮部所得士，瑗弟子十常居四五。於是，瑗擢經筵，治太學猶如故。

丁酉嘉祐三年春正月癸未，翰林學士歐陽脩權知貢舉。先是，進士益相習爲奇僻鉤章棘句，寖失渾淳，脩深疾之，遂痛加裁抑。時所推譽皆不在選，囂薄之士候脩晨朝，群聚詆斥之，然文體自是亦少變。

呂中曰：唐之文體，至韓愈而古。本朝之文〔三〕，至歐陽子而古。謂歐陽子今之韓愈，非溢美矣。然唐文三變，非唐之文變也，乃韓、柳自變於下也。故當時惟韓、柳之徒與之俱變，而天下之文體不爲之變，以其變之之權不出於上也。我朝承五季之亂，蓋風俗、文章屢變之下流，而人心、學術一新之都會也。自我太祖、太宗留意文治，而真宗復戒厲詞臣之浮靡。仁宗復進好古篤行之士，以矯文弊，是其斡旋天下之大勢，轉移風俗之要樞蓋自上始，則文體之變雖在於嘉祐之時，實萌於天聖之初矣。

二月，太子太師致仕杜衍卒，自作遺疏，其略曰：「無以少安而忽邊防，無以既富而輕財用。宜早建儲嗣以安人心。」

三月丁亥，賜進士章衡等二百六十二人及第，一百二十六人同出身。是歲，進士與殿試者始皆不落。己丑，賜諸科三百八十九人及第。庚子，陳州言，護國節度使、同平章事狄青卒，謚武襄。青爲人謹密寡言，其計事必審中機會而後發。師行，先正部伍，明賞罰，與士同寒饑勞苦。雖敵猝犯之，無一士敢後先者。故其出常有功，喜推其功以與將佐。始與孫沔破賊，謀一出青，賊已平，經制餘事，悉以諉沔，退然如不用意者。沔始服其勇，既又服其爲人，自以爲莫及也。

夏四月丙寅，雄州言：北界幽州地大震，司天監言：「據崇天曆，己亥年日當食正月朔，乞定戊戌年十二月爲閏以避之。」詔不許。

五月庚辰，并代鈐轄、管勾麟府軍馬郭恩與夏人戰於斷道塢〔一三〕，死之。己亥，詔審官三班院：「文武官舊皆自投文字乞磨勘轉官，有妨廉節。自今更不許自陳。其任西川、廣南官歲滿前五月，餘路前兩月，令本院預舉行之。」

秋七月辛卯，令翰林承旨孫抃、中丞張昪磨勘轉運使及提點刑獄課績，以歲滿所上功狀分殿最，爲上中下三等，用唐考功四善之法以稽行實〔一四〕。

〔八月〕癸亥〔一五〕，策試賢良方正能直言極諫王彰、材識兼茂明於體用夏噩。彰所對不入等，噩入第四等。（八月）丁卯，置天下廣惠倉。初，樞密使韓琦請罷鬻諸路户絶田，募人承佃，以夏秋所輸之課，給在城老幼貧乏不能自存者。既建倉，乃詔逐路提點刑獄司專領之。戊辰，知諫院陳旭言：比日内降營求恩賞者甚多，請令中書、樞密院推勘〔一六〕，以正干請之罪。從之，仍榜御史臺閤門。

冬十二月，王洙侍邇英閣講周禮，至「三年大比，大考州里，以贊鄉大夫廢興」，上曰：「古者選士如此，今率四五歲一下詔，故士有抑而不得進者。」戊申，詔自今間歲貢舉，進士諸科悉解舊額之半。進士增試時務策三條，諸科增試大義十條。又別置明經科。舊置説書舉，今罷之。每秋賦，自縣令佐察行義保任之，上於州，州長貳復審察得實〔一七〕，然後上本道使者類試，已保任而後有缺行，則州縣皆坐罪。若省試而文紕繆，坐元考官。

戊戌嘉祐三年春二月乙巳，太常博士吳及改右正言。及復上疏曰：「同姓者，國家之屏翰；儲副者，天下之根本。陛下根本未立，四方無所繫心。請擇宗室子以備儲副，陛下他日有嫡嗣，則厚加恩禮，俾令歸邸，於理無嫌，於義爲順。」

三月辛未朔，翰林學士歐陽脩兼侍讀學士。脩言：「侍讀最爲清近，祖宗時不過一兩人。今與經筵者十四人，而侍讀十人，外議皆云經筵無坐處矣。欲乞罷臣此命，不使朝廷遴選之清職，遂同例授之冗員。」〔一八〕詔不許，脩固辭不拜。脩又言：「切以學士、待制號爲侍從之臣，所以承宴間、備顧問，以論思獻納爲職。自祖宗以來，尤所精擇。其後員數漸多，往時學士、待制至六七十員，近年稍各除拜，今猶及四十餘員。欲乞檢詳前史及國朝故事，自觀文殿大學士至待制並各立員數，苟無其人，虛位以待。」己卯，起居舍人范鎮知制誥。鎮自罷言職，每因事未嘗不以儲嗣爲言，冀上心感動。及知制誥，正謝又面論之曰：「陛下許臣復三年矣，願早定大計。」

夏四月乙丑，罷修睦親宅祖宗神御殿。

五月壬申，管勾國子監吳中復請自今遇科場補試監生，以四百五十人爲額。從之。尋又增一百五十人。初，鹽鐵副使郭申錫受詔行河，與河北都轉運使李參論議不相中，訟參遣小吏黃守忠齎河圖屬宰相文彦博。御史張伯玉亦奏參朋邪結託有狀。乃詔推劾。而申錫、伯玉皆不實，伯玉以風聞免劾。乙酉，詔曰：「朕常患民之好事，而風俗漸靡於薄也。思有以革正之。非吾士大夫躬率以義，而導之於善，則何以哉。申錫與參相決河議論之異，遂成私忿，以至興獄，置對逾旬，參驗所陳，一無實者。士人之行，乃至是乎。使吾細民何所視效。其降申錫知徐州。」尋改知濠州。

六月丙午，平章事文彦博罷爲河陽三城節度使、同平章事、判河南府。郭申錫、張伯玉攻彦博雖不勝，彦博亦不自安，數求退。上許之。樞密使、工部尚書韓琦依前官平章事，樞密使賈昌朝罷爲景靈宮使，兵部尚書宋庠爲樞密使、同平章事，樞密副使田況爲樞密使，右諫議中丞張昪爲樞密副使。權知開封府包拯爲權御史中丞。拯言：「東宮虛位日久，天下以爲憂。夫萬物皆有根本，而太子者，天下根本也。根本不立，禍孰大焉。」上曰：「卿欲誰立？」拯曰：「臣所以乞預建太子者，爲宗廟萬世計爾。陛下問臣欲誰立，是疑臣也。臣行年七十，且無子，非邀後福者。」上喜曰：「徐當議之。」拯又言：「近年内臣祿秩權任優崇稍過，凡事更加裁抑。」又言：「朝廷詔令行之未久，即有改易。乞今後處置事宜，申明制度，更加謹重。」又陳教養宗室之法。請條責諸路監司及御史府，自舉屬官。諫官、御史不避二府薦舉者。聽兩制得至執政私第。事多施行。壬子，上謂三司使張方平曰：「監御厨内臣竇昭齊等，宴日擅殺羊羔。且羊羔乃物之未成者，而枉其生理，嘗戒使勿殺，今復殺之，不可不懲也。特衝替。」丁卯，交阯貢異獸二，稱貢麟。知慶州杜植奏請回降詔書，但云得所進異獸，足使殊俗不能我欺，又不失朝廷懷遠之意。乃詔止稱異獸云。

秋七月壬辰，復以度支員外郎范祥制置解鹽。從三司使張方平及御史中丞包拯之言也。祥自皇祐五年坐他罪責去。祥始言歲入緡錢可得二百三十萬，後不能辦，至和元年，止百六十九萬，遂以元年入錢爲歲課定率，量入計出，可助邊費十之八。久之，並邊復聽入芻粟以當實錢，而虚估之弊滋長，券直亦從而賤，歲損官課無慮百萬。祥既受命，請重禁入芻粟者，其券在嘉祐已前，每券別使輸錢一千，然後予鹽。又言商人持券若鬻鹽京師皆虧失本錢，請置官京師，蓄錢二十萬緡以待商人至者，券若鹽估賤〔一九〕，則官爲售之，券紙六千，鹽席十千，毋輒增損，所以平其市估，使不得爲輕重。詔以都鹽院監官兼領之，自是稍復祥舊云。權知開封府歐陽脩言：「臣伏見諫官陳旭乞請僥求内降之人，委二府劾奏干請者之罪。蒙朝廷依奏施行。臣自權知開封府，未及兩月之間，十次承准内降，雖有司執奏，終許公行，然小人干求未有約束止絕。臣欲乞根究因緣干求之人，奏攝下府勘劾，重行責罰。」

八月丁未，詔三司，京西比歲旱，屢蠲民租，其以緡錢十萬下本路助糴軍儲。

九月，恭謝天地之歲，始用薛向議，罷並邊入中粟，自京輦錢帛至河北，專以見錢和糴，唯入中芻豆則仍計直給茶。行之未久，論者謂輦運科折煩擾居民，且商人入錢者少，芻豆虛估益高，茶益賤。詔翰林學士韓絳、知諫院陳旭即三司經度。絳等言：「自改法以來，邊儲有備，商旅頗通，未宜輕變。唯輦運之費，宜從官給，舊輸稅絹無得折錢。其入中芻豆，罷勿給茶，所在平其市估，至京以銀、紬、絹三物償之。」皆從其說。自是茶法不復爲邊糴所傾，而通商之議起矣。初，茶法屢變，歲課日削。至和中，歲售錢並本息計之，才百六十七萬二千餘緡，官茶所在陳積，縣官獲利無幾。論者皆謂宜弛禁便。景祐中，葉清臣嘗上疏乞弛禁，三司以爲不可。至是，著作佐郎何鬲、三班奉職王嘉麟又皆上書，請罷給茶本錢，縱園户貿易，而官收稅租錢與所在征算歸榷貨務，以償邊糴之費。淮南轉運副使沈立亦集茶法利害爲十卷，宰相富弼、韓琦、曾公亮等決意向之，力言於上。癸酉，命絳、旭及知雜御史呂景初即三司置局議之。

冬十月乙巳，出内藏庫紬絹十萬，下河東轉運司助糴軍儲。甲子，提點江東路刑獄王安石爲度支判官。安石獻書萬言，極陳當世之務，其略曰：「今天下之財力日以困窮，而風俗日以衰壞，患在不知法度故也。」又曰：「今之失患在不法先王之政，法先王之政者，當法其意而已。法其意則吾所改易更革不至乎傾駭天下之耳目，囂天下之口，而固已合乎先王之政矣。」又曰：「因天下之力以生天下之財，取天下之財以供天下之費，自古治世未嘗以不足爲天下之公患也，患在治財無其道爾。」

大事記曰：安石上書於嘉祐，亦謂方今法度不合先王之政。朝廷欲有所施爲變革，一有流俗僥倖之人不悦而非之，遂止而不改爲，蓋指慶曆而言。而安石變法之藴，亦略見於此書，特安石更變之説與仲淹同，而更變之意則與仲淹異耳。嗚呼。使慶曆之法盡行，則熙、豐之法不變，使仲淹之言得用，則安石之言可塞。今仲淹之志不盡行於慶曆，安石之學不用於嘉祐，而乃盡用於熙寧，世道升降之機，識者又於此而三致意焉。

十一月癸丑，命翰林學士韓絳、諫官陳旭、御史吕景初同三司詳定省減冗費。於是置省減司於三司，自是多所裁損云。己丑，詔置在京都水監，凡内外河渠之事，悉以委之。

十二月壬子，御崇政殿，召近臣觀河南府所進芝草。上曰：「今日嘉雪大滋宿麥，其瑞大勝芝草也。」即賜喜雪宴於中書。上春秋高，未有繼嗣，韓宗彦上書請修胎養令。

己亥嘉祐四年春正月丙申朔，日有食之，遣官祭社。右正言吴及言：「日食者，陰陽之戒，在人事，則臣陵君，妻乘夫，四夷侵中國。今大臣無姑息之政，非所謂臣陵君，失在陛下淵嘿臨朝，使陰邪未盡屏也。后妃無權倖之家，非所謂妻乘夫，失在左右親倖驕縱無節也。羌戎順服，非所謂四夷侵中國，失在將帥非其人，爲虜所輕也。」因言孫沔在并州苛暴不法，燕飲無度；龐籍前在并州，輕動寡謀，輒興堡塞，屈野之衄，爲國深恥。沔卒坐廢。甲辰，翰林學士胡宿權知貢舉。

二月，始命韓絳、陳旭、吕景初即三司置局，議弛茶禁。其十月，三司言：「宜約至和之後一歲之數，以所得息錢均賦茶户，恣其買賣，所在收算。請遣官詢察利害以聞。」詔遣司封員外郎王靖等分行六路，及還，皆言如三司議便。己巳，詔弛茶禁，因以三司歲課均賦茶户，凡爲緡錢六十八萬有奇，使歲輸縣官，比輸茶時，其出幾倍。朝廷難之，爲損其半，歲輸緡錢三十三萬八千有奇，謂之租錢，與諸路本錢悉儲以待邊糴。自是唯臘茶禁如舊，餘茶肆行天下矣。乙亥，詔三司以天下廣惠倉隸司農寺〔三〇〕。癸卯，詔：「如聞陝西民間多濫鑄大錢，以至市易不通。其以見行當三大鐵錢並當小鐵錢之二。本路官員已支三月俸者即計其數貼支。」

三月，御史中丞包拯奏：「張方平身主大計，而乘勢賤買所監臨富民邸舍，無廉恥，不可處大位。」故命出守，尋改知應天府。以吏部侍郎宋祁爲三司使。丁未，御崇政殿賜進士劉輝等二百三十人及第，三十二人同出身，諸科一百七十六人及第、同出身。己未，新三司使宋祁知鄭州，權中丞包拯權三司使。先是，右司諫吳及言：「祁在定州，縱家人貸公使錢數千緡，及在蜀奢侈過度。」而拯亦言祁益部多遊宴，且其兄庠方執政，不可任三司。故命祁出守，而拯代居其位。翰林學士歐陽脩言：「拯在臺日，常指陳張方平過失，臺中相繼論列，方平由此罷去，而以宋祁代之。又聞拯亦曾彈奏宋祁過失，而拯遂代其任。此所謂蹊田奪牛，豈得無過，非整冠納履當避嫌疑者也。」疏奏，拯即家避命，不許。久之乃就職。有上封者論：「義勇爲河北伏兵，有事則集於戰陣，無事則散歸田里，以時講習，無所敗事〔二〕。今河北義勇是也。而議者但以爲城守之備，誠於河北邢、冀二州分東西兩路，命二郡守臣分領義勇，萬一犬戎倡狂入寇，即兩路義勇之師赴援掩擊，如是，河北則二十餘所常伏鋭兵〔三〕，群胡何恃而不懼哉。」朝廷下其章河北路帥臣等議。時大名府李昭亮等議曰：「分義勇爲兩路，置官統領，以張用兵之勢，外使敵人疑而生謀，内亦摇動衆心，恐非寓兵之術也。姑令在所點集訓練，三二年間，武藝稍精，漸習行陣，遇有警，得將臣統馭，制其陣隊，示以賞罰，何戰而不可哉。」

夏四月，初著作佐郎何鬲以皇嗣未立，上疏請訪唐、周苗裔備二王後。下禮院議，曰：「唐室世數已遠，惟周則我受禪之所自，義不可廢。」詔取柴氏諸房中最長一人，令歲時親奉周祀，給公田十頃，專管勾陵廟。丙子，吏部郎中何郯同知通進銀臺司兼門下封駁事。時封駁職廢，鄭上言：「本朝設此司，實代給事中之職。乞準王曾、王嗣宗故事，凡有詔敕並由銀臺司。」從之。癸未，司徒致仕陳執中卒，禮官韓維議其謚曰：「皇祐之末，後宫之喪，執中不能考正儀典，知治喪皇儀非嬪御之禮[三]，追册位號與宫闈有嫌，建廟用樂踰祖宗舊制，閨門之内，禮分不明。謹按謚法：寵禄光大曰榮，不勤成名曰靈，請謚曰榮靈。」判太常寺孫抃等請易名爲恭。判尚書考功楊南仲覆議，請謚曰恭襄。詔謚曰恭。維累疏論列，以謂責難於君謂之恭，臣之議執中，政以其不恭，因乞罷禮官。不報。上篆其墓碑曰「褒忠」。

五月戊戌，詔曰：「君臣同德，以成天下之務。而過設禁防，疑以私慝，非朕意也。舊制，臣寮不許詣執政私第，執政嘗所薦舉不得爲御史，其悉除之。」始用包拯議也。

六月戊辰，同判宗正寺趙良規言：「國家乘百年之運，崇七世之靈，雖神主有合食之名，而太祖虚東向之位。伏請講求定儀，爲一代不刊之典。」禮部尚書王舉正等議曰：「大祫之祭，所以合昭穆尊卑，必以受命之祖居東向之位。本朝太祖實爲受命之君，然僖祖以降，四廟在上，故每遇大祫，止列昭穆而虚東向。魏晉以來，亦用此禮。今親享之盛，謂宜如舊爲便。」詔恭依。己巳，宰臣富弼等請加尊號曰「大仁至治」。詔不許。知諫院范師道言：「比災異數出，而崇尚虚文，非所以答天戒。」知制誥劉敞言：「尊號非古也。陛下不受徽號已二十年，奈何一旦增虛名而損實德。」上曰：「朕意亦謂當如此。」故富弼等奏五上，卒不許。太子中允王陶、大理評事趙彦若、國子博士傅卞、於潛縣令孫洙並爲館閣編校書籍官。館閣編校書籍自此始。三館秘閣凡八員。丁丑，詔諸路轉運使：「凡鄰路鄰州災傷而輒閉糶者，以違制坐之。」戊寅，是夕月食幾盡。己卯，放宫人二百四十一人〔二四〕，修陰教以答天變也。

秋七月，又放宫人二百三十六人。裝御營卒桑達數十人酗酒鬬呼〔二五〕，指斥乘輿，皇城使以旨捕送開封府推鞫。案成，達棄市。糾察刑獄劉敞移府問所以不經審訊之由。府報曰：「近例，凡聖旨、中書門下、樞密院所鞫獄，皆不慮問。」敞曰：「此豈可行邪？」遂奏請自今一準定格。樞密使以開封府有例，不復論可否進呈報。敞争之曰：「先帝以京師刑獄最煩，故建糾察一司，此則先帝不敢兼於庶獄，庶謹惟有司之任。又朝廷舊法不許用例破條，今顧于刑獄，極謹人命至重之際，而廢條用例，此臣所不喻也。」上乃以敞章下開封府，著爲令。

八月乙未，御崇政殿册試應才識兼茂明於體用科陳舜俞、賢良方正直言極諫錢藻汪輔之。舜俞、藻所對策並入第四等，輔之亦入等。監察御史裏行沈起言其無行，罷之。輔之躁忿，因以書誚讓富弼曰：「公爲宰相，但奉行臺諫風旨而已，天下何賴焉。」

弼不能答。

九月癸巳朔，御製袷享舞名，文舞曰化成治定，武舞曰崇功昭德。上自製迎神、送神樂章，詔宰臣富弼等撰大祚至采茨曲詞十八。

冬十月癸酉，袷於太廟，大赦。以益州爲成都府，并州爲太原府。韓琦之在太原也，乞復并州爲節鎮。詔兩制議之。翰林學士胡宿以爲：「商爲宋星，參爲晉星，國家受命始於商丘，京師當宋之分野，而并爲晉地，參商仇讎之星，今欲崇晉，非國之利也。」上是宿議。及琦秉政，因袷享赦書卒復之。宿又以爲言，不報。

十一月己亥，以河南處士邵雍爲將作監主簿，後再命爲潁州團練推官，皆辭疾不起。

庚子嘉祐五年春正月，有大星墜西南，光燭地，有聲如雷。同知諫院范師道言：「漢晉天文志：天狗所下，爲破軍殺將伏屍流血。甘氏圖：天狗墜，大賊起。今備禦盜賊未見其至，雖有將帥，不老而愚，士卒雖多，勁勇者少。夷狄可保也，如州郡何？州郡可保也，如盜賊何？必有包藏險心，乘間而動者。宜擇將帥訓練卒伍。」詔天下防其未然。

三月甲午，詔三司：「河東路糴糧草，舊支一分見錢三分茶，自今並以見錢給之。」

歲星晝見。己巳，詔書既弛茶禁，論者猶謂茶户困於輸錢，而商賈利薄，販鬻者少。知制誥劉敞、翰林學士歐陽脩頗論其事。時朝廷方排衆論而行之，不聽。

夏四月己卯，度支判官、直集賢院王安石同修起居注。安石以入館才數月，館中先進甚多，不當超處其右，固辭之。［癸未］翰林學士承旨孫抃爲樞密副使。抃久居侍從，泊如也，人稱其長者。及程戡罷宰臣，進擬例以三司使、御史中丞、知開封府一人補其員。上曰：「朕欲用舊人。」即以命抃。丙戌，命權三司使包拯、右諫議大夫呂居簡、户部副使吴中復同詳定均税。

五月甲午，觀文殿大學士龐籍致仕。籍自定州召還，既入見，詣中書求致仕。執政曰：「公康寧如是，且上意方厚，奈何欲去之堅也。」籍曰：「若待筋力不支，人主厭棄，然後去，斯不得已爾，豈得爲止足哉。」遂歸臥於家，前後凡七上表，乃許之，仍詔籍出入如二府儀。丁酉，詔三司置寬恤民力司。

六月乙亥，遣官分行天下，訪寬恤民力事。

秋七月甲午，户部員外郎、知諫院唐介知荆南。從介請也。敕過門下，知封駁事何郯封還之，言介爲諫官有補朝廷，不當出外。詔介復知諫院如故。戊戌，翰林學士歐陽脩等上所修唐書二百五十卷，刊修及編修官皆進秩，或加職，仍賜器幣有差。自天聖初下赦書，即詔民流積十年者，其田聽人耕。自是每下赦令，輒以招集流亡募人耕墾爲言。又詔州縣長吏令佐能勸民墾闢荒田，增稅及二十萬已上議賞。久之，天下生齒益蕃，田野加闢，獨京西唐、鄧間尚多曠土，唐州閒田尤多，或請廢爲縣。知州事趙尚寬曰：「土曠可益墾闢，民稀可益招徠，何必廢郡也。」乃按圖記召信臣故迹，益發卒，復三大陂一大渠，教民自爲支渠轉相浸灌，而四方之民來者雲集。比三年，廢田盡爲膏腴，增户萬餘。監司上其狀，三司使包拯亦以爲言。丙午，詔留再任。庚戌，詔曰：「朕樂與士大夫惇德明義，以先天下，而在位殊趣弗率朕旨，論事之官搜抉隱微，無忠恕長厚之風，使吾俗靡然，陷溺於薄。而望教成治立，其可得哉！中書門下其采端實之士，明進諸朝，察辯矯激巧僞者，加放詘焉。」時御史中丞趙槩言：「比年以來，搢紳之論〔三六〕，多險刻，競浮薄。宜戒敕之。」故有是詔。壬子，命吴奎、吴中復、王安石、王陶同相度牧馬利害以聞。

八月甲子，眉州進士蘇洵爲試校書郎。洵，嘉祐初與其二子軾、轍至京師，翰林學士歐陽脩上其所著權書、衡論、機策，宰相韓琦善之，召試舍人院，再以疾辭，故有是命。壬申，詔中外士庶並許上館閣缺書，每卷支絹一匹，五百卷與文資官。相度牧馬利害所吴奎等上言：「自古國馬盛衰，皆以所任得人失人而已。汧、渭之間未嘗無牧，而非子獨能蕃息於周；汧、隴之間未嘗無牧，而張萬歲獨能蕃息於唐。此前世得人之效也。然得人而不久其任，久其任而不使專其事，使得專其事而不臨以賞罰，亦不可以有功。」歐陽脩言：「今之馬政皆因唐制，而今馬多少與唐不同者，唐世牧地皆與馬性相宜，今或陷没夷狄，或已爲民田。請下河東、京西轉運司遣官，訪草地有可以興置監牧，則河北諸監有地不宜馬，可行廢罷。」乙酉，罷諸路同提點刑獄使臣，置江南東西〔二七〕、荆湖南北、廣南東西、福建、成都、梓、利、夔路轉運判官。

〔九月〕丙申，樞密直學士呂公弼同詳定均税。

十一月丁亥，均州防禦使李珣爲相州觀察使，單州團練使劉永年爲齊州防禦使〔二八〕。知制誥楊畋封還珣、永年詞頭，因言：「珣等無尺寸裨補之功，特以外戚故除之。臣恐天下謂陛下忽祖宗謹重名器之訓，開親戚僥倖之門，曲緣私恩〔二九〕，輕用王爵。」尋詔他舍人草制。范鎮言：「朝廷如以楊畋之言爲是，當罷珣等所遷官。倘以爲非，即乞卻令元當制官命詞。」内批不許。既而鎮復有論列，遂罷之。辛卯，詔：「勾當御藥院内臣如當轉出外而特留者，更不許累寄所遷資序。」初，中丞趙槩言：「有遷官至遥領團練使者，謂之闇轉。乞限年明與改官。」故條約之。辛丑，樞密使宋庠判鄭州。殿中侍御史呂誨等、右司諫趙抃論庠不才，詔從優禮罷之。參知政事曾公亮依前官充樞密使，樞密副使張昪、禮部侍郎孫抃並爲參知政事，翰林學士歐陽脩、樞密直學士陳旭、御史中丞趙槩並爲樞密副使。辛亥，度支員外郎司馬光、度支判官王安石同修起居注。光五辭而後受，安石終辭之，最後有旨令閤門吏齎敕就三司授之，安石不受，隨而拜之，安石避於厠，吏置敕於案而去，安石遣人追還之。朝廷卒不能奪。

十二月戊寅，右諫議大夫呂公弼知成都府。公弼初至，人疑其少威斷，會營卒犯法當杖不肯受，曰：「寧請劍不能受杖。」公弼再三諭之，不從，乃曰：「杖，國法，不可不受。劍，汝所請，亦不汝違也。」命杖而復斬之，軍中肅然。

辛丑嘉祐六年春三月乙酉，召輔臣觀御書兖州至聖文宣王廟牓。癸巳，賜進士王俊民等一百三十九人及第，五十四人同出身，諸科一百二人及第並同出身。己亥，宰臣富弼以母喪去位。庚子，以富弼母喪罷大燕。時同知禮院晏成裕言：「君臣之義，哀樂所同，請罷春燕以表優恤大臣之意。」上亟從其言。

夏四月庚辰，樞密副使陳旭知定州。三司使、給事中包拯爲樞密副使。知諫院唐介知洪州，右司諫趙抃知虔州，侍御史知雜事范師道知福州，殿中侍御史呂誨知江州。旭始除樞密副使，或言旭陰結宦者史志聰、王世寧等，故有此命。介等遂交章論列，上以其章示旭，旭奏：「臣前任言職，彈斥内臣，多坐黜逐。今言者乃以此污臣，乞付吏辨劾。」上顧謂輔臣曰：「凡除拜二府，朕豈容内臣預議耶。」而介等言不已，故兩罷之。

呂中曰：宦官、宫妾便於小人，而不便於君子者也。後世人主除拜大臣，不詢於外朝，而詢於内朝，則過矣。故石顯者，貢禹、玄成之所倚也。梁冀者，胡廣、趙戒之所託也。高力士者，楊國忠之所恃也。此自古小人未嘗不與宦官、宫妾、外戚爲一者。我朝所以無内朝之患，以外朝之除拜，在内不得而知，内庭之請謁，在外可得而抑之也。

初，諸路敦遣行義文學之士赴京師者二十三人，其至者十六人，皆館於太學，即舍人院試論策。五月丙戌，賜出身。五人辭不就試，亦以試將作監主簿命之。

六月壬子朔，日有食之。初，司天言當食六分之半。是日未初，從西食四分，而陰雲雷電，頃之雨。渾儀所言不爲災。權御史中丞王疇言：「頃歲日食於正陽之月，實亦陰晦，宰臣集班表賀，甚失陛下祗畏奉天之意。恐有司或援近例乞賀班者，臣故得以先事而言也。」同判尚書禮部司馬光言：「日之所照，周遍華夷。雲之所蔽，至爲近狹。雖京師不見，四方必有見者。天意若曰：人君爲陰邪所蔽，災曆甚明，天下皆知其憂危，而朝廷獨不知也。食不滿分者，乃曆官術數之不精，當治其罪，亦非所爲賀也。」於是詔百官毋得稱賀。甲戌，以富弼爲起復禮部尚書、平章事。故事，執政遇喪皆起復，弼以爲金革變禮，不可用於平世。上五遣使起之，卒不從命。或言弼初與韓琦同在二府，左提右挈，圖致太平，天下謂之韓、富。既又同爲宰相，琦性果斷，弼性審謹，琦質直，語或涉俗，俗謂語多者爲絮，嘗議政事，弼疑難者數四，琦意多不決〔三〇〕，曰：「又絮耶？」弼變色曰：「絮是何言歟！」又嘗言及宰相起復故事，琦曰：「此非朝廷盛典也。」於是弼力辭起復，二人稍有間云。戊寅，同修起居注王安石辭起居注，既得請，又申命之。安石復辭至七八乃受。於是，徑遷知制誥，安石遂不復辭官矣。嘗有詔「今後舍人院不得申請除改文字」，安石與同列言：「若詞頭所批事情不盡，而不得申請，自非執政大臣欲傾側而爲私，則立法不當。如此，陛下舉天下之事屬之七八大臣，方今大臣之弱者，則不敢爲陛下守法以忤諫官、御史，强者恣行所欲，而諫官、御史亦無敢忤其意者。陛下兩聽其所爲，而無所問。安有朝廷如此，久而無亂者乎！」安石由是與執政忤。樞密副使歐陽脩言：「近見諫官唐介、臺官范師道等因言陳旭事得罪，陛下自臨御以來，擢用諍臣，開廣言路，一旦臺諫聯翩被逐四出，命下之日，中外驚疑。臣謂方今言事者規切人主則易，欲言大臣則難。臣自立朝，耳目所記，景祐中，范仲淹言宰相呂夷簡貶知饒州，皇祐中，唐介言宰相文彦博貶春州别駕，至和初，吴中復、吕景初、馬遵言宰相梁適皆罷職出外。其後，趙抃、范師道言宰相劉沆，亦罷職出外。前年韓絳言富弼，貶知蔡州。今又唐介等五人言陳旭得罪，斥逐諫臣，非朝廷美事。阻塞言路，不爲國家之利。欲望召還介等，置之朝廷，以勸守節敢言之士。」

秋七月甲午，出内藏庫絹二十萬匹，下河北助糴軍儲。壬寅，同知諫院司馬光以三劄子上殿，其一論君德曰：「臣竊惟人君大德有三：曰仁，曰明，曰武。仁者，非嫗煦姑息之謂也，興教化，修政治，養百姓，利萬物，此人君之仁也。明者，非煩苛伺察之謂也，知道誼，識安危，别賢愚，辨是非，此人君之明也。武者，非强亢暴戾之謂也，唯道所在，斷之不疑，姦不能惑，佞不能移，此人君之武也。故仁而不明，猶有良田而不能耕也。明而不武，猶視苗之穢而不能耘也。武而不仁，猶知穫而不知種也。三者兼備則國治强，闕一則衰，闕二則危，三者無一焉則亡。臣竊見陛下天性慈惠，謹微接下，子育元元，泛愛群生，雖古先聖王之仁殆無以過。然踐祚垂四十年，而朝廷紀綱猶有虧缺，閭里窮民猶有怨歎。意者群臣不肖，不能宣揚聖化，將陛下之於三德，萬分一亦有所未盡歟。臣伏見陛下推心御物，端拱淵默，群臣各以其意有所敷奏，陛下不復詢訪利害，盡察得失，一皆可之，誠使陛下左右前後股肱耳目之臣皆忠實正人，則如此至善矣，或有一姦邪在焉，則豈可不爲之寒心哉。伏望陛下以天性之至仁〔三〕，廓日月之融光，奮乾剛之威斷，善無微而不録，惡無細而不誅，則唐虞三代之隆，何遠之有。」其二論御臣，曰：「臣聞致治之道無他，在三而已：一曰任官，二曰信賞，三曰必罰。國家御群臣之道，累日月以進秩，循資塗而授任，苟日月積久，則不擇其人之賢愚而寘高位，資塗相值，則不問其人之能否而居重職，非特如是而已，國家采名不采實〔三二〕，誅文不誅意。夫以名行賞則天下飾名以求功，以文行罰則天下巧文以逃罪。陛下誠能博選在位之士，使有德行者掌教化，有文學者待顧問，有政術者爲守長，有勇略者爲將帥，有功則增秩加賞而勿徙其官，無功則降黜廢棄而更求能者，有罪則流竄刑誅而勿加寬貸，如是而朝廷不尊，萬事不治，百姓不安，四夷不服，臣請伏面欺之誅。」其三論揀軍，言養兵之術，務精不務多。上以其一留中，其二送中書，其三送樞密院，戒揀軍官。

八月庚申，詔三館秘閣校宋、齊、梁、陳、後魏、後周、北齊七史，書有不完者訪求之。[乙丑]司馬光言：「臣切以赦者害多而利少〔三三〕，非國家之善政也。漢大司馬吳漢病篤，光武親臨問所欲言，對曰：『惟願陛下無赦而已。』王符亦曰：『今日賊良民之盛者，莫大於數赦。』蜀人稱諸葛亮之賢，亦曰：『軍旅屢興，而赦不妄下。』然則古之明君賢臣未嘗以赦爲美也。伏望下中書，今後每歲疏決不過一次〔三四〕，或早，或晚，或外人不可預期〔三五〕，或遇親祀南郊之歲，更不疏決，永爲定制。庶幾爲惡之人不敢指以自寬，有所戒懼。」丁卯，司馬光進五規：一曰保業，二曰惜時，三曰遠謀，四曰重微，五曰務實。

保業略曰〔三六〕：天下，重器也，得之至艱，守之至艱。王者始受天命之時，天下之人皆我比肩也，相與角智力而爭之。智竭不能抗，力屈不能支，然後肯稽顙而爲臣。當是之時，有智相偶者則爲二，力相參者則爲三，愈多而愈分，自非智力首出於世，則天下莫得而一也。斯不亦得之至艱乎。及夫群雄已服、衆心已定也，人之性皆以爲子孫萬世如泰山之不可摇也，於是乎驕惰之情生。驕者玩兵黷武，窮泰極侈，神怒不恤，民怨不知，一旦涣然四方麋潰，秦、隋之季是也。惰者沈酣宴安，慮不及遠，善惡雜揉，是非顛倒，日復一日，至於不振，漢、唐之季是也。斯不亦守之至艱乎。惜時略曰：周易「泰極則否，否極則泰，豐亨宜日中」，孔子傳之曰：「日中則昃，月盈則食。」是以聖人當國家隆盛之時，則戒懼彌甚，故能保其令聞，永久無疆也。遠謀略曰：詩云：「迨天之未陰雨，徹彼桑土，綢繆牖户」，迨天之未陰雨者，國家閒暇無災害之時也。徹彼桑土者，求賢於隱微也。綢繆牖户者，修敕其政治也〔三七〕。謹微略曰〔三八〕：宴安怠惰，肇荒淫之基；奇巧珍玩，發奢泰之端；甘言悲辭〔三九〕，啓僥倖之除〔四〇〕；附耳屏語，開讒賊之門；不惜名器，導僭逼之源；假借威福，授陵奪之柄。凡此六者，其初甚微，日滋月益，遂至深固，比知而革之，則用力百倍矣。務實略曰：夫安國家利百姓，仁之實也。保基緒傳，子孫孝之實也。辨貴賤，立綱紀，禮之實也。和上下，親遠邇，樂之實也。決是非，明好惡，政之實也。詰姦邪，禁暴亂，刑之實也。察言行，試政事，求賢之實也。量材能，課功狀，審官之實也。詢安危，訪治亂，納諫之實也。選勇果，習戰鬭，治兵之實也。實之不存，雖文之盛美，無爲也〔四一〕。

丁亥，御崇政殿，策試賢良方正能直言極諫王介、蘇軾、蘇轍。軾所對入第三等，介第四等，轍第四等次。時轍對語切直，胡宿力請黜之。上不許，曰：「求直言而以直棄之，天下其謂我何。」乃收入第四等次。及除官，知制誥王安石疑轍右宰相，專攻人主，比之谷永，不肯爲詞。韓琦笑曰：「彼策謂宰相不足用，欲得婁師德、郝處俊而用之，尚以谷永疑之乎。」已而諫官楊畋見上曰：「蘇轍，臣所薦也。陛下赦其狂直而收之，此盛德事也。乞宣付史館。」上悅，從之。戊寅，詔：「自今知州軍監、知縣、縣令有清白不擾而實惠及民者，令本路監司保薦再任。政績尤異，當加獎擢。」

閏八月庚子，樞密使曾公亮爲吏部侍郎、平章事，參知政事張昪爲樞密使。辛丑，樞密副使歐陽脩參知政事，翰林學士胡宿爲樞密副使。群臣多更張庶事，以革宿弊。宿曰：「變法，古人所難，不務守祖宗成法而徒紛紛，無益於治也。」丁未，司馬光奏：「臣曾三上章乞陛下早定繼嗣，以遏亂源，伏望取臣所上三章，少加省察。」上時簡默不言，雖執政奏事首肯而已。聞光言，沈思良久，曰：「得非欲選宗室爲繼嗣者乎。此忠臣之言，但人不敢及爾。」光曰：「臣自謂必死，不意陛下開納。」上曰：「此何害，古今皆有之。」因令光以所言付中書。光曰：「不可。願陛下自以意喻宰相。」是日，光詣中書，宰相韓琦問光：「今日復何所言？」光默計此大事，不可不使琦知，思所以廣上意者，即曰：「所言宗廟社稷大計也。」琦喻意，不復言。

九月癸丑，詔三司：「如聞河北秋稼甚登，其出內藏庫緡錢一百萬，助糴軍儲。」壬戌，知諫院楊畋、司馬光等言：「故事，凡臣僚上殿奏事，悉屏左右內臣不過去御座數步，恐漏泄機事。」詔自今止令御藥使臣及扶侍四人立殿角，以備宣喚，餘悉屏之。司馬光復奏：「臣向者進說，陛下欣然無難。今寂無所聞。此必有小人言：『陛下春秋鼎盛，子孫當千億，何遽爲此不祥之事。』小人無遠慮，特欲倉卒之際，援立所厚善者爾。唐自文宗以後，立嗣皆出於左右之意，至有稱定策國老、門生天子者。」上大感悟，曰：「送中書。」光至中書，見琦等曰：「諸公不及今議。異日夜半禁中出寸紙以某人爲嗣，則天下莫敢違。」琦等皆唯唯曰：「敢不盡力。」時知江州呂誨亦上言：「惟陛下思祖宗造宋之艱難，監成安隳漢之基祚〔四二〕，窒奸臣附會之漸，絕後世窺覦之患，早爲定斷，慰安人心。」

冬十月，知諫院楊畋言：「文臣七遷，而內臣始得一磨勘，其法不均。宜如文武官例增其歲考。」畋爲言事官，顧以士人比閹寺，議者譏其失職。壬辰，起復前左衛大將軍、岳州團練使宗實爲泰州防禦使、知宗正寺。宰相韓琦等與同列奏事，讀光、誨二章，未及有所啓。上遽曰：「朕有此意，但未得其人。」因左右顧曰：「宗室中誰可者？」琦曰：「此事非臣下敢言，當出自聖擇。」上曰：「宮中嘗養子二人，小者甚純然不慧，大者可也。」琦請其名，上曰：「名某，今三十許歲矣。」議定將退，琦復奏曰：「此事至大，臣等未敢施行。陛下今夕更思之，來日取旨。」明日，又啓之，上曰：「決無疑也。」琦曰：「事當有所漸，容臣等商量所除官。」時皇子猶居父喪，乃議起復泰州防禦使、知宗正寺。上喜曰：「如此甚好。」琦又曰：「此事若行，不可中止。乞從內批。」上曰：「此豈可使婦人知之，只中書行可也。」遂降此詔。至和末，上得疾。文彥博、富弼、劉沆與王堯臣勸上早立嗣，上既許之，及疾愈，寢其奏。既而言者相繼，范鎮、司馬光所言尤激切。包拯爲中丞，又力言之。上未許，言者亦稍息。琦一日取漢書孔光傳懷之以進，曰：「漢成帝即位二十三年，無嗣，立弟之子定陶王爲太子。成帝中才之主，猶能之，以陛下之聖，何難哉。」於是，因光等言，卒成上意。

壬寅嘉祐七年春正月乙亥，詔太常禮院：「自今南郊，以太祖皇帝定配。改溫成皇后廟爲祠殿，歲時令宮臣以常饌致祭。」初，諫官楊畋上言〔四三〕：「三后並侑〔四四〕，欲以致孝也，而適所以瀆乎享帝。後宮有廟，欲以廣恩也，而適所以瀆乎享親。請如禮官所議。」故降是詔。

〔二月〕初〔四五〕，江湖漕鹽既雜惡，又官估高，故百姓利食私鹽，由是盜販者衆，捕之急則起爲盜賊。虔州官糶鹽歲才及百萬斤〔四六〕，朝廷以爲患。先是，屯田員外郎蔡挺知南安軍，常條奏利害。至是，擢挺權提點江西刑獄，使之制置。挺令民首納私藏兵械，以給巡捕吏卒，令販黄魚籠挾鹽不及二十斤、不以甲兵自隨者，止論算交綱〔四七〕。淮南既團新綱，又損糴價〔四八〕，歲課視舊額增至三百餘萬斤，盜販者稍稍畏縮。朝廷以挺爲能，留之江西，積數年乃徙。久之，江西鹽皆團綱運致如虔州焉。權陝西轉運副使薛向言：「陝西之兵，廂禁軍凡二十五萬，其間老弱病患伎巧占破數乃過半〔四九〕。請下諸路揀其不任征役者汰之，敢占伎巧者論如法。」從之。

〔三月乙卯〕樞密副使趙槩爲參知政事，權知開封府吴奎爲樞密副使。

夏四月壬申，改命起居舍人、知制誥兼侍講司馬光爲天章閣待制。先是，光與呂公著並召試中書，光已試而公著終辭。及除知制誥，光乃自言：「拙於文辭，本當辭召，初疑朝廷不許，故黽勉從命。繼聞公著終辭得請，臣始悔恨向者之不辭，而妄意朝廷之不許也。」章九上，卒改他官。

五月丁未朔，命起居舍人司馬光仍知諫院。光上疏曰：「竊以國家之治亂，本於禮，而風俗之善惡，繫於習。上行下效謂之風，薰蒸漸漬謂之化，淪胥委靡謂之流，衆心安定謂之俗。及夫風化已失，流俗已成，則雖有辯智，弗能諭也。彊毅不能制也，重賞不能勸也，嚴刑不能止也，自非聖人得位而臨之，積百年之功，莫之能變也。太祖、太宗知天下之禍生於無禮也，於是以神武聰明，躬勤萬幾，征伐刑賞，斷於聖意，然後人主之勢重，而群臣慴服矣。於是剪削藩鎮，齊以法度，擇文吏爲之佐，以奪其殺生之柄，攬其金穀之富〔五〇〕，選其麾下精鋭之士，聚諸京師，以備宿衛，制其腹心，落其爪牙，使不得陸梁，然後天子、諸侯之分明，而悖亂之原塞矣。於是，節度使之權歸於州，鎮員之權歸於縣〔五一〕。又分天下爲十餘路，各置轉運使，以察州縣百吏之臧否，復漢部刺史之職，使朝廷之令必行於轉運使，轉運使之令必行於州，州之令必行於縣，縣之令必行於吏民。然後上下之敘正，而紀綱立矣。自是申明軍法〔五二〕，使自押官以上，各有階級以相臨統，小有違犯，罪皆殊死。然後行伍之政肅，而士用命矣。此皆禮之大節也。故能四征弗庭，莫不率服，汛掃九州以陟禹之迹。至於真宗重之，以明德繼二聖之政，宣佈善化，銷鑠惡俗。以至於今，治平百年。此乃陛下當戰戰栗栗守而勿失者也。臣竊見陛下有中宗之嚴恭，文王之小心，而小大之政，多謙遜不決，委之臣下，誠所委之人常得忠賢則可矣，萬一有姦邪在焉，豈不危甚矣哉。古人所謂委任而責成功者，擇人而授之職業叢脞之務，不身親之也。至於爵禄廢置，殺生予奪，不由己出不可也。威福之柄，失於人而習以爲常，則不可復收也。此明主之所謹也。自景祐以來，國家怠於久安樂，因循而務省事，執事之臣頗行姑息之政〔五三〕。於是胥吏諠譁而斥逐中丞，輦官悖慢而廢退宰相。衛士凶逆，其獄不窮姦，澤加於舊。軍人駡三司使，而法官以爲非犯階級。凡此數者，皆非所以習民於上下之分也。於是元帥畏偏裨，偏裨畏將校，將校畏士卒，姦邪怯懦之臣至有簡省教閱使之驕惰，保庇羸老使之繁冗，屈撓正法使之縱恣，詆訾粟帛使之憤惋，彼既爲之，則此效之，下既言之，則上從之，前既行之，則後襲之。苟彼爲而此不效，下言而上不從，前行而後不襲，則怨怨聚於其身，而禍亂生矣。夫祖宗苦身焦思以變衰唐之俗，陛下高拱熟視以成後魏之風。此臣所以爲陛下痛惜也。」又上疏論財利曰：「在隨材用人而久任之，在養其本原而徐取之，在減損浮冗而省用之。」己未，知荆南府李參爲群牧使。執政初議欲用參爲三司使，孫抃獨不可，曰：「此人若主計，外臺承風刻削，則天下益困弊矣。」乃不果用。

六月癸未，單州團練使劉永年爲汝州團練使、知代州。虜人取山木積十餘里〔五四〕，輦載相屬於路，前守懼生事不敢遏，永年曰：「虜伐木境中而不治，他日將不可復制。」遣人縱火，木盡焚之。上其事，帝稱善。虜移文代州捕縱火盜，永年報曰：「盜固有罪，然木在我境，何預汝事。」虜不敢復言。

秋七月〔壬子〕，太常禮院言：「皇祐參用南郊百神之位不應祀法，宜如隋、唐舊制，設昊天上帝五方位，以真宗配，而五人帝、五官神從祀，餘皆罷。又當時嘗停孟冬之薦，今明堂去孟冬祀日尚遠，請復薦廟前者，祖宗並侑。今用典禮，獨配前者，地祇神州並享，今以配天而亦罷。是皆變禮中之大者也〔五五〕。開元、開寶二禮，五帝無親獻儀。」詔恭依，而五方帝亦行親獻。丁卯，右衛大將軍、岳州團練使宗實辭泰州防禦使、知宗正寺，不許。

八月，韓琦與歐陽脩等私議曰：「宗正之命既出，外人皆知其爲皇子矣。不若遂正其名。」脩曰：「知宗正寺告敕付閤門得以不受。今立爲皇子，止用一詔書事定矣。」遂入對，乞聽宗實辭所除官。上曰：「勿更爲他名，便可立爲皇子。明堂前速與了當。」琦因請諭樞密院，張昪至曰：「陛下不疑否？」上曰：「朕欲民心先有所繫屬。」昪即再拜稱賀。琦等乞帝書手劄付外施行。丁丑，琦召翰林學士王珪令草詔，珪請對，言：「此大事也，後不可悔。」上指心曰：「此決自朕懷，卿何疑焉！」乃再拜，退而草詔以進。己卯，詔曰：「右衛大將軍、岳州團練使宗實，皇兄濮安懿王之子，猶朕之子也。少鞠於宮中，而聰知仁賢見於夙成。夫立愛之道自親者始，固可以厚天下之風，而上以嚴宗廟也。其以爲皇子。」乙酉，詔太常寺登歌用柷敔。先是，翰林學士王珪言：「郊廟升歌之樂，有金石絲竹匏土革而無木音，宜詔有司考樂之失，而合八音之和。」於是下禮官議而增置之。辛丑，皇子以肩輿入内。初讓宗正，與記室周孟陽謀之，及立爲皇子，猶固稱疾，孟陽入見曰：「太尉稱疾堅臥，其義安在？」皇子曰：「非敢徼福，以避禍也。」孟陽曰：「假如得請歸藩，遂得燕安無患乎？」皇子撫榻而起曰：「吾慮不及此。」遂入内，良賤不滿三十口，行李肅然，有書數厨而已。中外聞之相賀。

九月乙巳朔，以皇子爲齊州防禦使，進封鉅鹿郡公。

龜鑑曰：前星未耀，少海尚虚。選四歲宗子養之禁中，是以得儲貳之義。時皇祐之四年，上之春秋二十有八也〔五六〕。先是，太常博士張述入疏，凡二語，雖激厲，玉音嘉納。繼是吴及言之，趙抃言之，歐陽脩言之，文彦博、富弼、劉沆又言之，諫官、御史相率以盡言，而司馬雖以并州通守，亦越職而言事。其間如范蜀公自知諫院以至罷言職，前後上章凡十九次。吾觀君實與鎮書言：「此大事，不言則已，言一出豈可復反，願公死争之。」既而蜀公入對，温公召還，前後奏疏未嘗不以國本爲慮。蜀公待罪百日，鬚髪爲白，其爲心至忠切也。上亦泣曰：「朕知卿言是，當更俟三年。」久之，蜀公又曰：「陛下許臣復三年矣，願早定大計。」温公反覆執奏，且謂向者進説，陛下欣然無難。今寂無所聞，此必小人以子孫千億之言間陛下也。門生國老之戒，言人之所難言何切哉。至和六年，各起復知宗正寺之命始下矣。英宗之爲皇子也，封防禦使則辭，封鉅鹿郡公則辭，封皇子則又辭，凝静謙退，蓋得於内學涵養之餘。末年韓魏公贊決大計，斷以不疑之語，安可中輟之言，自是元良之位正焉。親受大統，雖我魏公定策之勳，而聖心蓋亦先定也。休哉此事，安可與婦人知之。戒決自朕懷，非由大臣之諭。聖謨洋洋，真可爲後代之龜鑑也。

辛亥，大饗明堂，大赦。

冬十月，度支員外郎蔡抗爲廣東轉運使。先是，岑水銅冶大發，官市諸民，止給空文。姦民無所取資，群聚私鑄，與江西鹽盜合，郡縣患之。抗曰：「採銅入官而不畀其直，又從而誅之，豈但民犯法也。」因命銅入即償直，民盡樂輸，私鑄遂絶。番禺歲運鹽給英、韶二州，道回遠，多侵竊雜惡。抗命十舟爲一運，使攝官主之，歲終會其課以爲殿最。是歲，鹽課增十三萬緡〔五七〕。乙未，詔：「天下常平倉多所移用，而不足以支凶年。其令內藏庫與三司共支緡錢一百萬，下諸路助糴之。」

十二月丙申，幸龍圖、天章閣，召輔臣、近侍、三司副使、臺諫官、皇子、宗室、駙馬都尉、主兵官觀祖宗御書。又幸寶文閣，爲飛白書分賜從臣，下逮館閣。作觀書詩，韓琦等屬和，遂宴群玉殿。庚子，再會於天章閣觀瑞物，復宴群玉殿。上曰：「天下久無事，今日之樂，與卿等共之，宜盡醉勿辭。」又召韓琦至御榻，前別賜酒一巵，從臣霑醉，至莫而罷。是歲，冬無冰。

癸卯嘉祐八年春正月己酉，翰林學士范鎮知貢舉。

二月癸未，上不豫。丙戌，中書、樞密院奏事於福寧殿之西閣。見上所御幄帟、裀褥皆質素暗敝，久而不易。上顧韓琦等曰：「朕居宮中，自奉止如此爾。此亦生民之膏血也，可輕費之哉。」

三月甲子，御延和殿，賜進士許將等一百二十七人及第，六十七人同出身，諸科一百四十七人及第、同出身。乙丑，以聖體康復，宰臣拜表稱賀。辛未，晦，上暴崩於福寧殿。

夏四月壬申朔，輔臣入至寢殿，啓皇后召皇子入，使嗣立。皇子驚曰：「某不敢爲，某不敢爲。」因反走。輔臣共執之。召翰林學士王珪草遺制，韓琦宣遺制，英宗即皇帝位，見百官於東楹。帝欲亮陰三年，命韓琦攝冢宰，輔臣皆言不可，乃止。癸酉，大赦，除常赦所不原者。

呂中曰：仁宗在位四十二年，天下安樂，惟仁治而已。唐介以是進言於英宗，則願其善繼仁宗，豐功盛德不可名言。而所可見者五事，所以爲仁。范祖禹進言於哲宗，則願以爲法。又曰：「我國家之有天下，强不如秦，富不如隋，形勢不如漢，土地不如唐，所恃者人心而已。太祖基之，太宗、真宗培之，至我仁祖四十二年，深仁厚德，滲漉天下，刑以不殺爲威，財以不蓄爲富，兵以不用爲功，人才以不作聰明爲賢。以寬厚待民，以恩禮待士夫，而以至誠待夷狄。故熙寧以後，民不敢怨。靖康之時，民不忍叛者，皆我仁祖之功。此蘇文忠公所以謂社稷長遠終必賴之者〔五八〕，誠確論也。

乙亥，群臣表請聽政，不從。改名部署曰總管。先是，輔臣奏事，上裁決當理，中外皆稱明主。是日晚，忽得疾，語言失序。韓琦與同列入白太后，下詔候聽政日請太后權同處分。從之。壬午，輔臣入對於柔儀殿西閣，皇太后御內東門小殿垂簾聽政。司馬光上皇太后疏曰：「群生無福，大行皇帝奄棄天下，皇帝繼統。往者，大行皇帝嗣位之初，章獻明肅皇太后保護聖躬，於趙氏實有大功。但以自奉之禮或崇重太過，外親鄙猥之人，或忝污官職，左右讒諂之人，或竊弄權柄。此所以負謗於天下。今殿下初攝大政，大臣忠厚如王曾，清純如張知白，剛正如魯宗道，質直如薛奎者，殿下當信之用之；鄙猥如馬季良，讒諂如羅崇勳者〔五九〕，殿下當疏之遠之。若趙氏安則百姓皆安，況於曹氏必世世長享富貴明矣。趙氏不安，則百姓塗地，曹氏雖欲獨安，其可得乎？」乙酉，作「受命寶」，命歐陽脩篆其文曰：「皇帝恭膺天命之寶」。熒惑自七年八月庚辰夕伏，積二百四十九日，命輔臣祈禳於集英殿。己丑，晨見東方。戊戌，司馬光上疏曰：「今者聖體痊平，初臨大政，四方之人拭目而視，傾耳而聽，舉措云爲不可不審。夫爲政之要，在於用人、賞善、罰惡而已。三者之得，則遠近翕然向風從化，可以不勞而成，無爲而治。三者之失，則流聞四方，莫不解體，綱紀不立，萬事隳頹，治亂之原，安危之機，蓋在於是。」

五月，右司諫王陶充皇子位伴讀，屯田員外郎周孟陽、秘書丞孫思恭充皇子位說書。司馬光言：「臣聞三代令主置師傅保以教其子，又置三少與之燕居。至於前後左右侍御僕從之人，皆選孝弟端良之士，逐去邪人，毋得在側。使之日見正事，聞正言，然後道明而德成，心俞而體安，福被兆民，功流萬世，此教之所以爲益也。今王陶等雖爲皇子官屬，若不日日得見，或見而遽退，左右前後侍御僕從，或有佞邪讒巧之人雜處其間，則親近易習，積久易遷，諂諛易入，詐僞易惑，如此則雖有碩儒端士爲之師傅，終無益也。伏望陛下多置皇子官屬，博選天下有學行之士以充之，使每日在皇子位，與皇子居處燕遊，講論道義，聳善抑惡，輔成懿德。如此則必進德修業，日就月將，善人益親，邪人益疏，誠天下之大幸也。」戊辰，皇子仲鍼、仲糾始就東宮聽讀。

六月癸巳，司馬光上太后及帝疏曰：「竊惟今日之事，皇帝非皇太后無以君天下，皇太后非皇帝無以安天下，兩宮相恃，猶頭目之與心腹也。萬一姦人欲有關説〔六〇〕，涉於離間者，當立行誅戮，以明示天下。」帝初以憂疑得疾，舉措或改常度，其遇宦官尤少恩，左右多不悦者，乃共爲讒間，兩宮遂成隙。太后對輔臣嘗及之，韓琦因出危言感動太后曰：「臣等只在外見得官家，内中保護全在太后。若官家失照管，太后亦未得安穩。」太后驚曰：「相公是何言，自家更切用心。」琦曰：「太后照管則衆人自然照管矣。」同列爲縮頸流汗。或謂琦曰：「不太過否？」琦曰：「不如此不得。」間有傳帝在禁中嘗失事，衆頗惑之。琦曰：「豈有殿上不曾錯了一語，而入宮門即得許多錯。」琦固不信也。」傳者亦稍息。

龜鑑曰：母子之間，人所難言。自魏公一倡，而歐陽脩繼之。吕誨、王疇繼之。司馬光又數繼之。既以保佑之語勉太后，又以順承之語勉天子，幸也。慈聖以慈稱，英宗以孝聞，非魏公之功而誰功，蓋亦偉矣。然魏公雖有其功，而不自有其功，他日門人親客燕坐，從容語及定策事，公正色曰：「此仁宗神德聖斷爲天下計，皇太后母道内助之力，朝廷定議久矣，臣子何預焉。」勞而不伐，有功而不德，公之襟量蓋可想見。久旱喜雨詩曰：「須臾慰滿三農望，卻斂神功寂若無。」公之口不言功，於此見之矣。

秋八月庚辰，王珪議上大行皇帝謚曰神文聖武明孝，廟號仁宗。司馬光言：「人君之職有三而已：量材而授官，一也；度功而加賞，二也；審罪而行罰，三也。材有短長，故官有能否。功有高下，故賞有厚薄。罪有大小，故罰有輕重。此三者，人君所當用心。」

九月辛亥，皇子光國公仲鍼爲忠武節度使、同平章事、淮陽郡王，賜名頊。

冬十月甲午，葬仁宗皇帝於永昭陵。

十一月丙午，祔仁宗神主於太廟，廟樂曰大仁之舞，以王曾、吕夷簡、曹瑋配享廟庭。方帝疾甚時，云爲多錯，往往觸忤太后。韓琦歸自陵下，太后遣中使持一封文書付琦，琦啓之，則帝所寫歌詞並宫中過失事。琦即付使者焚毁，及進對簾前，太后嗚咽流涕具言之，且曰：「老身殆無所容，須相公作主。」琦曰：「此病故爾，病已必不然。子病母可不容之乎。」太后不懌。歐陽脩繼言曰：「昔温成驕恣，太后處之裕然〔六一〕，何所不容。今母子之間，反不能忍邪？」太后意稍解。他日，琦等見上，上曰：「太后待我無恩。」對曰：「自古聖帝明王不爲少矣，而獨稱舜爲大孝。惟父母不慈愛而子不失孝乃可稱爾。政恐陛下事太后未至，父母豈有不慈愛者。」上大悟，自是亦不復言太后短矣。

十二月己巳，始御延英閣，召侍讀、侍講講論語，讀史記。劉敞讀史記至堯授舜以天下，因陳説曰：「舜至側微也，堯越四嶽禪之以位。天地享之，百姓戴之，非有他道，惟其孝友之德光於上下。何謂孝友，善事父母爲孝，善兄弟爲友。」辭氣明暢，上竦體改容〔六二〕，知其以諷諫也。左右屬聽者皆動色。太后聞之亦大喜。庚辰，命翰林學士王珪、賈黯、范甯修仁宗實録，集賢校理宋敏求、直秘閣吕夏卿、秘閣校理韓維兼充檢討官。

校證

〔一〕程戡 原作「程勘」，據再造本、文海本、長編卷一八二、宋史卷二九二程戡傳改。下文一「戡」字，四庫本、文海本原作「勘」，今亦據再造本、長編、宋史校改。

〔二〕怪見 再造本、文海本同，長編卷一八二、彭百川太平治迹統類卷一一嘉祐建儲之議、趙汝愚宋朝諸臣奏議卷三〇趙抃上仁宗論天下之本貴於前定、趙抃清獻集卷八奏疏言皇嗣未立均作「譎見」。

〔三〕財擇 再造本、文海本、清獻集卷八奏疏言皇嗣未立同，長編卷一八二作「裁擇」，太平治迹統類卷一一嘉祐建儲之議、宋朝諸臣奏議卷三〇趙抃上仁宗論天下之本貴於前定作「擇」，前無「財」字。

〔四〕鎮安 原作「填安」，再造本、文海本同，不文，據長編卷一八三、宋朝諸臣奏議卷三〇司馬光上仁宗論根本未建、司馬光傳家集卷一九請建儲副或進用宗室第二狀校改。

〔五〕復知池州包拯爲刑部郎中知江寧府 原作「復知制誥馮拯爲刑部郎中知江寧府」，再造本、文海本同。按馮拯早已於天聖元年閏九月去世，此不當復出，必有誤。今據長編卷一八三、一八四及宋史卷三一六包拯傳校改。

〔六〕頃 原作「須」，再造本、文海本同，據長編卷一八三、宋史卷三一三文彦博傳、王稱東都事略卷六七文彦博傳、太平治迹統類卷一〇唐介論張堯佐、杜大珪名臣碑傳琬琰之集下卷一三文彦博傳校改。

〔七〕秋雹　再造本、文海本、太平治迹統類卷七皇祐論樂同異同，長編卷一八三、陳均皇朝編年綱目備要卷一五、宋朝諸臣奏議卷九六范鎮上仁宗乞復用舊樂、歷代名臣奏議卷一二八均作「秋雹」。

〔八〕輒壞　再造本、文海本作「輙壞」，四庫本闕文，長編卷一八三、皇朝編年綱目備要卷一五、范鎮上仁宗乞復用舊樂、歷代名臣奏議卷一二八均作「輒壞」。太平治迹統類卷七皇祐論樂同異作「折壞」。

〔九〕焕然　再造本、文海本同，長編卷一八四、宋朝諸臣奏議卷三〇司馬光上仁宗乞早定至策、傳家集卷一九請建儲副或進用宗室第三狀作「涣然」。

〔一〇〕姦宄消　原作「姦冗消」，文海本同，據再造本、長編卷一八四、宋朝諸臣奏議卷三〇司馬光上仁宗乞早定至策、傳家集卷一九請建儲副或進用宗室第三狀校改，「冗」、「宄」形近致誤。

〔一一〕垂拱　李校：原作「重拱」，據長編卷一八四改。汪按：再造本亦作「垂拱」，文海本則作「重拱」。宋無「重拱殿」而有垂拱殿，李校是，今從之。

〔一二〕本朝之文　再造本、文海本同，吕中類編皇朝大事記講義卷一〇作「本朝之文體」，聯繫前後文，似有「體」字較佳。

〔一三〕管勾麟府軍馬郭恩與夏人戰於斷道塢　「管勾麟府軍馬」，原作「管勾麟府軍府軍事」，再造本、文海本均同，據長編卷一八五、皇朝編年綱目備要卷一五、隆平集卷一九郭恩傳、宋史卷一二仁宗紀等校改。「斷道塢」，李校：原作「繼道塢」，據長編卷一八五、宋史仁宗紀四改。汪按：再造本、文海本作「繼道塢」，「斷道塢」在長編卷一八五、一八六凡出現三次。李校是，今從之。另宋史卷三二六郭恩傳作「斷道堰」。

〔一四〕四善之法　原作「四書之法」，再造本、文海本同，據長編卷一八六、徐松宋會要輯稿職官五九之八、章如愚群書考索後集卷一五官制考課、王應麟玉海卷一一八選舉考課校改。

〔一五〕據長編卷一八六，「癸亥」日已入八月，下文「八月」當移此。

〔一六〕推勘　再造本、文海本同，長編卷一八六、宋朝諸臣奏議卷二三曾肇上哲宗進仁宗朝戒飭内降詔書事迹乞禁止請謁附録、曾肇曲阜集卷二上哲宗皇帝乞復轉對附録均作「推劾」。

〔一七〕得實　原作「得失」，據再造本、文海本、長編卷一八六、宋史卷一五五選舉志等校改。

〔一八〕例授　原作「列授」，據再造本、文海本、長編卷一八六、歐陽脩文忠集卷九一辭侍讀學士劄子校改。

〔一九〕估賤　原作「估錢」，再造本、文海本同，據長編卷一八七、宋史卷一八一食貨志、皇朝編年綱目備要卷一五及本書上下文義校改。

〔二〇〕隸　原作「肄」，據再造本、文海本、長編卷一八九、李攸宋朝事實卷一五財用校改。

〔二一〕無所敗事　再造本、文海本同，長編卷一八九、宋史卷一九〇兵志、太平治迹統類卷三〇兵制損益、文獻通考卷一五六兵考作「無待儲廩」。

〔二二〕二十餘所　再造本、文海本同，長編卷一八九作「一十餘所」（有校記可參考），宋史卷一九〇兵志、文獻通考卷一五六兵考作「三十餘所」。

〔二三〕知治喪皇儀　再造本、文海本、韓維南陽集卷二二贈太師兼侍中陳執中謚榮靈議、宋史卷二八五陳執中傳、歷代名臣奏議卷二八一同，惟長編卷一八九作「如治葬皇儀」。

〔二四〕二百四十一人　再造本、文海本同，長編卷一八九作「二百一十四人」。

〔二五〕裝御營　再造本、文海本同，長編卷一九〇作「有御營」。劉邠彭城集卷三五故朝散大夫給事中集賢院學士權判南京留司御史臺劉公行狀作「裝卸營」。難定孰是，暫依原文。

〔二六〕搢紳之論　再造本、文海本同，長編卷一九二作「搢紳之倫」。

〔二七〕東西　李校：原作「東北」，據長編卷一九二改。汪按：再造本、文海本作「東北」，劉敞公是集卷三〇制誥罷諸路同提點刑獄使臣置轉運判官作「東西」，可爲佐證。

〔二八〕劉永年　原作「劉永平」，再造本、文海本同，據本書上下文及長編卷一九二、宋朝諸臣奏議卷三四楊畋上仁宗論李珣劉永年無功除授、傳堯俞上仁宗論劉永年再除防禦使、趙抃清獻集卷九奏狀乞檢會前奏追奪劉保信等恩命、王安石臨川文集卷五二單州團練使劉永年可齊州防禦使知代州制校改。下文「永平」亦據此校改。

〔二九〕曲緣私恩　原作「曲緣私息」，文海本同，不文，據再造本、長編卷一九二、宋朝諸臣奏議卷三四楊畋上仁宗論李珦劉永年無功除授、歷代名臣奏議卷二八九校改。

〔三〇〕意多不決　再造本、文海本同，長編卷一九三作「意不快」。點校本宋宰輔編年録卷五引長編同，而四庫本引作「意急不決」。

〔三一〕以天性之至仁　再造本、文海本同，長編卷一九四、傳家集卷二〇陳三德上殿劄子、歷代名臣奏議卷一作「以天授之至仁」，皇朝編年綱目備要卷一六作「推天地之至仁」。

〔三二〕采名不采實　再造本、文海本同，點校本長編卷一九四作「求名不求實」，校云：「二『求』字，宋本、宋撮要本、閣本及宋史全文卷九下、永樂大典卷一二四二八、温國文正司馬公文集卷一八三德皆作『采』。」汪按：皇朝編年綱目備要卷一六、宋朝諸臣奏議卷一司馬光上仁宗論致治之道有三等亦皆作「采」，似作「采」是。

〔三三〕赦者　李校：原作「赦書」，據長編卷一九四、司馬公文集卷一八論赦及疏決狀改。汪按：再造本、文海本同。今從李校。

〔三四〕今後　李校：原作「今歲」，據長編卷一九四、司馬公文集卷一八論赦及疏決狀改。汪按：再造本、文海本作「後」不作「歲」。今從李校。

〔三五〕或　再造本、文海本同，長編卷一九四、宋朝諸臣奏議卷一〇〇司馬光上仁宗論不可數赦、傳家集卷二〇論赦及疏決狀均作「使」。

〔三六〕按：以下原文用史論格式，但實與本書體例有異，姑從原書。

〔三七〕政治 再造本、文海本及長編等諸書同，惟傳家集卷二一進五規狀作「政事」。

〔三八〕謹微 再造本、文海本、皇朝編年綱目備要卷一六等同，長編卷一九四、宋朝諸臣奏議卷一司馬光上仁宗五規、傳家集卷二一進五規狀作「重微」。

〔三九〕悲辭 再造本、文海本、宋朝諸臣奏議卷一司馬光上仁宗五規、傳家集卷二一進五規狀同，長編卷一九四、皇朝編年綱目備要卷一六、歷代名臣奏議卷三二作「卑辭」。

〔四〇〕除 再造本、文海本、長編卷一九四、宋朝諸臣奏議卷一司馬光上仁宗五規、歷代名臣奏議卷三二、傳家集卷二一進五規狀均作「塗」，皇朝編年綱目備要卷一六作「途」。

〔四一〕無爲 再造本、文海本及上引諸書均作「無益」。

〔四二〕成安竂漢 再造本、文海本及宋朝諸臣奏議卷三一呂誨上仁宗乞檢會前後臣僚奏議早爲定斷、歷代名臣奏議卷七三同，惟長編卷一九五作「成沖竂漢」。

〔四三〕據長編卷一九六，諫官楊畋此時確有上言，但所言内容本書未録，下文所録乃翰林學士王珪之言。宋史卷九九禮志、皇朝編年綱目備要卷一六、東都事略卷八〇王珪傳、王珪華陽集卷四五太祖配享議可證。臨川文集卷四二議南郊三聖並侑劄子亦收此文，疑誤。

〔四四〕三后 原作「二后」，再造本、文海本同，據前後文及上引諸書校改。

〔四五〕李校：「先是」以下，長編卷一九六在本年二月。汪按：「先是」以前述江湖漕鹽文字與「先是」以下相聯，亦應繫二月。

〔四六〕糴鹽　再造本、文海本、皇朝編年綱目備要卷一六同，長編卷一九六、宋史卷一八二食貨志、文獻通考卷一六征榷考作「糶鹽」。作「糶鹽」似是。

〔四七〕止論算交綱　再造本、文海本同，長編卷一九六、宋史卷一八二食貨志、皇朝編年綱目備要卷一六、文獻通考卷一六征榷考作「止輸算勿捕」，宋會要輯稿食貨二四之一作「止輸稅勿捕」。

〔四八〕損　原作「捐」，據再造本、文海本及上引諸書校改。

〔四九〕占破　李校：「破」字原闕，據長編卷一九六補。汪按：再造本、文海本有「破」字，應作校補依據。

〔五〇〕攬其　李校：原作「覽其」，長編卷一九六作「攬其」，兹據長編、司馬公文集卷二二謹習疏改。汪按：再造本、文海本亦作「覽其」。李校是。

〔五一〕鎮員　再造本、文海本同，長編卷一九六、皇朝編年綱目備要卷一六均作「鎮將」。按「鎮將之權歸於縣」，後范祖禹等也曾講過，疑作「鎮將」是。

〔五二〕軍法　李校：原作「軍伍」，據長編卷一九六、司馬公文集卷二二謹習疏改。汪按：再造本、文海本亦作「軍伍」。今從李校。

〔五三〕頗行　李校：原作「順行」，據長編卷一九六、司馬公文集卷二二謹習疏改。汪按：再造本、文海本亦作「順行」。今從李校。

〔五四〕虜　本月條内四「虜」字，原均作「敵」，據再造本、文海本回改。

〔五五〕中之大者　再造本、文海本及宋史卷一〇一禮志、皇朝編年綱目備要卷一六、文獻通考卷七四郊社考等均同，惟點校本長編卷一九七據太常因革禮卷三六大享明堂校改爲「折中之大者」。

〔五六〕皇祐之四年上之春秋二十有八　按宋仁宗生於大中祥符三年，二十八歲應是景祐四年而非皇祐四年，疑「皇祐」爲「景祐」之訛。

〔五七〕十三萬　再造本同，文海本字模糊，長編卷一九七作「十五萬」。

〔五八〕蘇文忠公　原作「蘇忠公」，再造本、文海本同，然下文所引爲蘇軾語，據宋會要輯稿禮五八之八九、宋史卷三三八蘇軾傳，蘇軾謚「文忠」，故據類編皇朝大事記講義卷一二補「文」字。

〔五九〕羅崇勳　原作「郭崇勳」，再造本、文海本同，據長編卷一九八、東都事略卷八七上司馬光傳、宋名臣言行録後集卷七司馬光、名臣碑傳琬琰之集中卷五一蘇軾司馬文正公光行狀、傳家集卷二七上皇太后疏校改。

〔六〇〕關説　原作「開説」，再造本、文海本、四庫本長編卷一九八、傳家集卷二八上兩宮疏等同。今依點校本長編及東都事略卷八七上司馬光傳、太平治迹統類卷一一嘉祐建儲之議、宋朝諸臣奏議卷九司馬光上英宗論兩宮當相恃爲安、樓鑰攻媿集卷二三上兩宮奏疏校改。

〔六一〕裕然　再造本、文海本、東都事略卷六九韓琦傳同，點校本長編卷一九九、皇朝編年綱目備要卷一六、太平治迹統類卷一一嘉祐建儲之議作「裕如」。

〔六二〕竦體改容　再造本、文海本及宋史卷三一九劉敞傳、太平治迹統類卷一一嘉祐建儲之議、彭城集卷三五劉敞行狀等均同，惟點校本長編卷一九九作「竦然改容」。

宋史全文卷十

宋英宗

甲辰治平元年春正月，景靈宫使宋庠屢請老，上曰：「朕初嗣位，何可遽休大臣。」戊申，命庠知亳州〔一〕。辛酉，詔以仁宗配享明堂。初，禮院奏乞與兩制同議仁宗當配何祭。翰林學士王珪等議，請循周公嚴父之道，以仁宗配享明堂。知制誥錢公輔議：「太祖則周之后稷，配祭於郊者也。太宗則周之文王，配祭於明堂者也。真宗則周之武王也，雖有配天之功，而無配天之祭。未聞成王以嚴父之故，廢文王而移於武王也。仁宗則周之成王也，雖有配天之業，而亦無配天之祭，亦未聞康王以嚴父之故，廢文王而移於成王也。當仁宗嗣位之初，儻有建是論者，則配天之祭常在乎太祖、太宗矣。」〔二〕又詔臺諫及講讀官與兩制禮院再詳定以聞。御史中丞王疇言：「配考之文見于易，嚴父之義著於經。聖法章明，咸足稽按。臣請依王珪等議，奉仁宗皇帝配享明堂。」知諫院司馬光、呂誨議：「竊以孝子之心，誰不欲尊其父者。聖人制禮，以爲之極，不敢踰也。孝經曰：『嚴父莫大於配天。』周公其人也。孔子以周公有聖人之德，成太平之業，制禮作樂，而文王適其父也，故引之以證聖人之德莫大於孝。答曾子之問而已，非謂凡有天下者，皆當以其父配天然後爲孝也。」翰林侍讀學士孫抃等奏：「仁宗繼體保成，置天下於大安者四十二年，功德於人可謂極矣。今祔廟之始，遂抑而不得配上帝之享，非所以宣章陛下爲後嚴父之大孝。」詔從抃等議。

三月，司馬光言：「臣聞陛下昔在藩邸事濮王，承順顏色，備盡孝道。凡宮中之事，濮王皆委陛下幹之，無不平允。陛下事皇太后，當一如濮王，然後可視天下之政，當一如宮中之事，然後可。況濮王之親以恩，皇太后之親以義，其奉養之謹，非特有所加則無以取信也。宮中之事小，天下之事大，其聽斷之勤，非特有所加則無以致治也。」呂誨言：「陛下孝養之禮，臣不得而知之。安親之道，誠有未至。何則？累聖成業，靡思經緝，邦國大事，都無裁處，獻納之言，盡決簾帷之下，是陛下自處休佚，而置聖后煩勞，得謂之孝乎？」又言於皇太后曰：「皇帝躬親治事勤勵如此，在於聖慮，應已慰安。臣愚以謂東殿簾帷，宜五七日一御。」

夏四月，司馬光言〔三〕：「前代帝王升遐之後，後宮下陳者盡放之出宮〔四〕，所以遂物情，重人世，省浮費，遠嫌疑也。」癸未，放宮人三百二十五人〔五〕。甲申，御邇英閣，上諭内侍曰：「方日永，講讀官久侍對未食，必勞倦，自今視事畢，不俟進食即御經筵。」故事，講讀畢拜而退，上命毋拜〔六〕，後遂以爲常。

五月，上既康復，韓琦久欲太后罷東殿垂簾，嘗一日取十餘事併以稟上，上裁決如流，悉皆允當。於是詣東殿覆奏上所裁決十餘事，太后每事稱善。琦遂白太后求退。太后曰：「相公安可求退，老身合居深宮，卻每日在此，甚非得已。」琦即稱：「前代如馬、鄧之賢，不免貪戀權勢。今太后便能復辟，誠馬、鄧之所不及。未審決取何日撤簾？」太后遽起，琦即厲聲命鑾儀司撤簾。簾既落，猶於御屏後見太后衣也。

呂中曰：當國家危疑之日，大臣以能任事者，一曰德望，二曰才智。有才智而無德望以鎮之，則未足以服天下之心。有德望而無才智以充之，則未足以辦天下之事。故曰可以託六尺之孤，可以寄百里之命，臨大節而不可奪，君子人也。韓魏公不動聲色，垂紳搢笏而措天下於太山之安者，蓋自慶曆、嘉祐之時〔七〕，可屬大事重厚如勃，其德望服人心久矣。至於處事應變，動中事機，胸中才智又足以運用天下，此其所以正英宗之始歟。在真宗之初，則有呂端，在仁宗之初，則有王曾，其皆安國家、定社稷之名臣歟。

辛亥，上問執政：「積弊甚衆，何以裁救？」富弼對曰：「恐須以漸釐改。」又問：「寬治如何？」吴奎對曰：「聖人治人固以寬，然不可以無節。書曰：『寬而有制，從容以和』。」癸亥，宰臣韓琦等奏：「請下有司議濮安懿王合行典禮，詳處其當，以時施行。」詔須大祥後議之。

閏五月己丑，召樞密直學士、知瀛州唐介爲右諫議大夫、權御史中丞。上面諭介曰：「卿在先朝有直聲，今出自朕選，非由左右言也。」韓琦言：「群臣邪正皆陛下所知，至於進退，實繫天下利害，惟陛下以此爲先，不可不察也。」上然之。

六月己亥，進封皇子淮陽郡王頊爲潁王。增置宗室學官講書四員、教授五員、小學教授十二員，並舊六員爲二十七員，以分教之。丁未，增置同知大宗正事一員。［丙午］初，宗室坐序爵，仍自爲賓主，講官位主席之東隅。於是，睦親宅都講吳申不肯坐，且曰：「宗室當以親族尊卑爲序，與講官分賓主。」再移書大宗正，不能決。因內朝出申二書，上是之。宗室正講席自申始。作睦親、廣親北宅於芳林園。［辛亥］知太原府陳升之言母老，請揚、湖、越一州，庶便奉養。上以邊臣當久任，難於屢易，不許。［乙卯］上謂宰臣曰：「程戡何如人？」對曰：「戡在鄜延已三歲，習邊事。」上曰：「延州都監高遵教卒，戡數言其能績，乞加贈恤。此高瓊族子，朕知其爲庸人也，戡必以后族故爾。大臣苟若此，朕何所賴焉。」戊午，淮陽郡王府翊善王陶爲潁王府翊善，淮陽郡王府記室參軍韓維爲諸王府記室參軍，侍講孫思恭爲諸王府侍講。潁王性謙虛，眷禮宮僚，遇維尤厚。一日侍王坐，近侍以弓樣靴進，維進曰：「王安用舞靴。」王亟令毀去。上始疾甚，時出語頗傷太后，維等極諫曰：「上已失太后歡心，王盡孝恭以彌縫尤懼不逮〔八〕，不然父子俱受禍矣。」王感悟，他日太后謂輔臣曰：「皇子近日殊有禮，皆卿等善擇宮僚所致。」

秋八月丙辰，入内都都知任守忠蘄州安置。初，上爲皇子，令守忠宣召，避不肯行。及上即位，遂交鬭兩宮間。司馬光、吕誨交章劾之，帝納其言。翌日，遂絀守忠。丁巳，以上供米三萬石賑宿、亳州水災飢民。

九月丁卯，詔復置武舉。初，有詔以是日開邇英閣，至重陽節當罷。侍講吕公著、司馬光言〔九〕：「先帝時無事常開講筵，願不惜頃刻之間，日御講筵。」從之。

冬十一月乙亥，命屯田郎中徐億、職方員外郎李師錫、屯田員外郎錢公紀刺陝西諸州軍百姓爲義勇。初宰相韓琦奏：「三代漢唐以來，皆籍民爲兵。唐置府兵，最爲近古。今之義勇，河北幾十五萬，河東幾八萬，勇悍純實，若稍加簡練，亦唐之府兵也。河北、河東、陝西三路當西北控御之地，事當一體。今若於陝西諸州亦點義勇，止刺手背，則又知不復刺面，可無驚駭。」詔從之。乃命億等往，除商、虢二州不籍，餘悉籍義勇。凡主户家三丁選一，六丁選二，九丁選三，年二十至五十材勇者充，歲以十月番上，閱教一月而罷，得十五萬六千八百七十三人。於是，知諫院司馬光奏曰：「今議者但怪陝西獨無義勇，不知陝西之民三丁已有一丁充保捷矣。若更聞此詔，下必大致驚擾。」又奏：「古者兵出民間，耕桑之所得，皆以衣食其家。今既賦斂農民之粟帛以贍正軍，又籍農民之身以爲兵，是一家獨任二家之事也。以臣愚見，河北、河東已刺之民猶當放遣，況陝西未刺之民乎。」終弗聽。光又六奏及申中書自劾求去，亦終不許。嘗至中書與韓琦辯，琦謂光曰：「君但見慶曆間陝西鄉兵初刺手背，後皆刺面充正軍，憂今復然爾。今已降敕榜與民約，永不充軍戍邊矣。」光曰：「雖光亦未免疑也。」琦曰：「吾在此，君無憂此語之不信。」光曰：「光終不敢奉信，非獨不敢，但恐相公亦不能自信爾。」琦怒曰：「君何相輕甚耶。」光曰：「相公長在此可也。萬一均逸偃藩，他人在此，因相公見成之兵遣使運糧戍邊，反掌間耳。」琦默然，竟不爲止。其後十年，義勇運糧戍邊率以爲常矣。

呂中曰：慶曆之時，詔刺陝西義勇。方平曰不可。韓公曰可。治平之時，詔刺陝西義勇，温公曰不可，韓公曰可。夫以祖宗之至仁，大臣之盡忠，而籍民爲兵，猶莫之免，良以費省而用足也。然弓手之刺，率皆市人不可用〔一〇〕，而宣毅驕甚，所至爲寇，何韓公之慮不及張公邪？義勇之刺，其後運糧戍邊率以爲常，何韓公之慮不及司馬公邪？曰張公、司馬公之慮誠是矣，而韓公亦未可深貶也。石壕之詩公蓋誦之久矣，彼誠見漢唐調發之弊，故欲收拾强悍者養以爲兵〔二〕，則良民可以保其相聚之樂。公之慮及此，又安得以一時之見盡非之哉。

講義曰：刺義勇有議，温公曰：「陝西之民已刺保捷，既斂農民之粟帛以贍軍，又籍農民之身以爲兵，運糧戍邊，恐重爲民害。」韓公又曰：「唐置府兵最爲近古，今之義勇即唐府兵，收拾强悍以養爲兵，則良民可以保相聚之樂，非求異也。」亦同以國事爲念耳。

屯田員外郎、知襄邑縣范純仁爲江東轉運判官。襄邑有牧地，衛士縱馬暴民田，純仁取一人杖之。牧地初不隸縣，有詔劾純仁。純仁言：「兵須農以養，恤兵當先恤農。」朝廷是之，釋不問，且聽牧地隸縣自純仁始。純仁，仲淹子也。

十二月丙午，翰林學士王疇爲樞密副使。上嘗謂輔臣曰：「疇善文章。」歐陽脩曰：「其人亦勁正，但不爲赫赫之名爾。」一旦晚御小殿，召疇草詔，因從容談中外事，語移時。上喜曰：「卿清直好學，朕知之久矣，非今日也。」不數日遂有是命。知制誥錢公輔封還詞頭，言：「疇望輕資淺，在臺素餐，不可大用。」上以初政除兩府而公輔沮格制命不行，丁未，責授滁州團練副使，不簽書本州事。内侍省押班王昭明爲環慶路駐泊兵馬鈐轄，供備庫副使李若愚爲涇原路鈐轄，令體量蕃情，治其訴訟公事，及有賞罰則與其帥議，而大事即以聞，各許歲乘驛奏事。後數日，又以西京左藏庫副使梁寔領秦鳳，内殿承制韓則順領鄜延。諫官呂誨言：「自唐以來，舉兵不利，未有不自於監軍者。我朝因循未革，奈何又增置此員。如走馬承受，官品至卑，一路亦不勝其害。況今鈐轄寄重，其實已均安撫使之權矣。欲乞朝廷罷之。」御史傅堯俞、趙瞻皆有論列。訖不從。

集賢校理宋敏求、直集賢院韓維同修起居注。初修起居注缺，中書進敏求及集賢校理楊繪。上問修起居注選何等人，中書對：「近例以制科、進士高等與館職有才望者。繪第二人進士，今以次當補。」上曰：「修起居注即知制誥，豈以次補。」乃命易繪。丁巳，三司修造案勾當公事張徽權發遣户部判官事，知東明縣皮公弼權發遣度支判官事。近歲三司官以次遷而任不久，凡天下財利盈虚出入，雖能者居之，未及究本末而已用次遷他職，故相習以養資假途爲説，而不事其職。至是，中書奏請擇其尤繁要者五員，用資淺人久任，今命徽等，用新制也。

乙巳治平二年春正月（辛巳）［丁丑］［一三］，賜許蔡州見錢鈔十萬貫，令和糴以救飢民。壬午，命供備庫副使孟淵等十九人往開封府界及京東西、淮南路募兵。司馬光言：「邊臣之請兵無窮，朝廷之募兵無已，倉庫之束帛有限［一三］，百姓之膏血有涯。願陛下斷自聖志，罷招禁軍。但選擇將帥訓練舊有之兵，以備禦四夷，不患不足。」

［二月］辛丑［一四］，權發遣户部副使呂公著言：「今京畿諸縣及京東西、淮南州軍類多

饑饉，民有餓莩。凡力役之事皆宜權罷。」從之。三司使、給事中蔡襄知杭州。初，上自濮邸立爲皇子，皇太后垂簾，外人稍稍言襄嘗有異議。上數問襄如何人，一日因其請朝假，變色謂中書曰：「三司掌天下錢穀，事務煩多，而襄十日之中在假者四五，何不別用人？」琦等初尚剖解，上意不回，至是因表請罷，琦遂質於上。上曰：「内中不見文字，然在慶寧即已聞之。」琦曰：「事出曖昧。若虚實未明，乞更審察。」曾公亮曰：「京師從來喜造謗議〔一五〕，衆人傳之便以爲實。」歐陽脩曰：「疑似之謗不惟無迹可尋，就令迹狀分明，猶須更辨真僞。」上曰：「造謗者因何不及他人？」遂命襄出守。工部侍郎吕公弼權三司使。至和初，公弼爲三司使，帝在藩邸嘗得賜馬不善，求易之，公弼不許。至是，奏事畢，上曰：「朕往在宫中，卿不欲與朕易馬，是時朕固已知卿也。」公弼頓首謝，又曰：「卿繼蔡襄爲使，襄訴訟不以時決，頗多留事。」公弼知上不悦襄，對曰：「襄勤於事，未嘗有慢失，恐言者妄爾。」上益以公弼爲長者。賜貢院奏合格進士、明經、諸科彭汝礪等三百六十一人及第、出身。翰林學士賈黯對：「天下未嘗乏人，顧所用如何爾。」退而上五事：一知人之明，二養育以漸，三才不求備，四以類薦舉，五擇取自代。

三月辛未，新除侍御史知雜事吕誨以嘗言中丞賈黯過失辭職。黯奏曰：「諫官、御史本人主耳目，一時公言，非有嫌怨，且誨爲人方正謹厚，臣得與之共事，必能叶濟。」詔以諭誨，誨遂受命。因言：「朝廷之事，臺諫官不得預聞，及其政令行下方始得知，比正其所失，則曰已行之命，難以追改。是執政之臣常自取勝耳目之官，與不設同矣。又聞近日臣僚建議，以先帝臨政信任臺諫官，所陳已行之事，多有追奪，欲陛下矯先帝之爲，凡事堅執不可易。行一繆令，進一匪人，倡言於外曰出自清衷，人必不敢動摇。果有之，是欲窒塞聖聰，恐非廟社之福也。」

夏四月戊戌，詔禮官及待制以上議崇奉濮安懿王典禮以聞。宰臣韓琦等以元年五月奏進呈故也。辛丑，詔：「向命監司知州薦所部吏，歲限定員，本防其濫，不問能否一切取足，非詔意也。自今務在得人，不必充所限之數。」

五月［癸亥］，資政殿學士陳旭爲樞密副使。丙子，權御史中丞賈黯奏：「近者皇子封拜，並除檢校太傅。臣按太師、太傅、太保是爲三師，太尉、司徒、司空是爲三公。今皇子以師傅名官，於義弗安。臣愚以爲自今皇子及宗室卑者除官，並不可帶師傅，改授三公。」詔可。

六月辛卯，江東轉運判官范純仁爲殿中侍御史，權發遣鹽鐵判官呂大防爲監察御史裏行。近制，御史有缺，則命翰林學士、御史中丞知雜事迭舉二人，而自上擇取一人爲之。至是缺兩員，舉者未上，内出純仁、大防名而命之。

講義曰：此即仁宗言臺諫必由中旨，詔毋以輔臣所薦充臺諫之意也。蓋諫臣乃人主之耳目，出於宰相之進擬，則爲宰相之鷹犬。今也，皆由内出其名以命之，而非出於左右之所舉，此治平臺諫之權所以重也，此治平臺諫之爭所以激也。

初議崇奉濮安懿王典禮，宜準先朝封贈期親尊屬故事，高官大國，極其尊榮，考之今古，實爲宜稱〔二六〕。王珪等議：「濮王於仁宗爲兄，於皇帝宜稱皇伯而不名。」己酉，中書又奏：「漢宣帝、光武皆稱其父爲皇考。今王珪等議稱皇伯，於典禮未見明據。」太后聞之，辛亥，内出手書，切責韓琦等以不當議稱皇考。甲寅，詔曰：「如聞集議議論不一，宜權罷議。當令有司博求典故，務合禮經以聞。」翰林學士范鎮時判太常寺，即率禮官上言：「陛下既考仁宗，又考濮安懿王，則其失非特漢宣、光武之比矣。」因具列儀禮及漢儒論議、魏明帝詔爲五篇奏之。臺官自中丞賈黯以下各有奏，乞從王珪等議〔二七〕。奏皆留中不行。司馬光又言：「王珪等二十餘人，皆以爲宜準先朝封贈期親尊屬故事，凡兩次會議，無一人異辭。而政府之意獨欲尊濮王爲皇考，巧飾詞説，誤惑聖聽。政府言：儀禮、令文五服年月敕皆云〔二八〕，爲人後者爲其父母，即出繼之子於本生皆稱父母。臣案禮法必須指事立文，使人曉解。今欲言爲人後者爲其父母之服，若不謂之父母，不知如何立文，此乃政府欺罔天下之人，謂其皆不識文理也。」又言：「漢宣帝、光武皆稱其父爲皇考，臣案宣帝承昭帝之後，以孫繼祖，故尊其父爲皇考，而不敢尊其祖爲皇祖考[一九]，以其與昭帝昭穆同故也[二〇]。光武起布衣，誅王莽以得天下，名爲中興，其實創業。雖自立七廟猶非太過，況但稱皇考，其謙損甚矣。今陛下親爲仁宗之子以承大業，若復尊濮王爲皇考，則置仁宗於何地乎？」

秋七月，樞密使富弼累上章以疾求罷，至二十餘，上固欲留之，不可。癸亥，罷爲鎮海節度使、同平章事、判河陽。戊寅，觀文殿大學士賈昌朝卒，御篆墓碑曰「大儒元老之碑」。昌朝在侍從爲名臣，及執政，不爲善人所與，或以爲結宮人、宦官，數爲諫官、御史所攻。庚辰，淮南節度使兼侍中文彥博爲樞密使。初，彥博自河南入覲，上謂曰：「朕在此位，公之力也。備聞始議，公於朕蓋有恩者。」彥博遜避不敢當。樞密使張昪判許州。先是，韓琦、曾公亮欲遷歐陽脩爲樞密使，將進擬，不以告脩。脩覺其意，謂兩人曰：「今天子諒陰，母后垂簾，而二三大臣自相位置，何以示天下！」兩人服其言，遽止。及張昪去位，上遂欲用脩，脩又力辭不拜。辛巳，權三司使呂公弼爲樞密副使。權知開封府韓絳權三司使，請以川陝四路田穀輸常平倉[二一]，而隨其事任道里差次給直以平物價。上歎曰：「衆方姑息，卿能獨不徇時耶？」詔行之。內諸司吏有干恩澤者，絳執不可。上曰：「朕初不知，當爲卿改。」而干者不已，絳執益多，因爲上言：「即有飛語，願得究治。」上曰：「朕在藩邸，頗聞有司以國事爲人情，卿所守固善，其毋憚譏。」宫中所用財費，悉以合同憑由取之，絳請有例者悉付有司，於是三司始得會計。

八月庚寅，大雨。辛卯，地湧水壞官私廬舍，漂殺人民畜産不可勝數。乙未，詔：「中外臣僚並許上實封言時政闕失，及當世利害。執政大臣其協德交修，以輔不逮。」初，學士草詔曰：「執政大臣其惕思天變。」上書其後曰：「淫雨爲災，專以戒朕不德。」故更曰「協德交修」。司馬光上疏曰：「陛下即位以來，災異甚衆。日有黑子，淮江之水或溢或涸。去夏霖雨，涉秋不止，京畿東南十有餘州廬舍沈於深淵，浮苴棲於木末，老弱流離，捐瘠道路，許、潁之間積屍成丘。既而歷冬無雪，暖氣如春，草木早榮，繼以黑風。今夏疫癘大作，彌數千里〔三〕。至秋幸而豐熟，未及收穫，而暴雨大至，一苗半穗，蕩無一遺〔三〕。都城之内，道路乘桴，官府民居，覆没殆盡，死於壓溺者不可勝紀。陛下安得不側身恐懼，思其所以致此之咎乎？當陛下初得疾之時，外間傳言皇太后於先帝梓宫之前，爲陛下叩頭祈請，額爲之傷，豈可謂無慈愛之心。不幸爲讒賊之人交相離間，遂使兩宫之情介然有隙，就使皇太后有不慈於陛下，陛下爲人之子，安可遂生忿恨乎。先帝擢陛下於衆人之中，升爲天子，唯以一后數公主屬於陛下，而梓宫在殯，已失皇太后之歡心，長公主數人皆屏居閒宫，此陛下所以失人心之始也。陛下益事謙遜，深自晦匿，凡百奏請不肯與奪，知人之賢不能舉，知人不肖不能去，知事之非不能改，知事之是不能從。或非才而驟進，或有罪而見寬。此天下所以重失望也。國家置臺諫之官，爲天子耳目，防大臣壅蔽，陛下當自察其是非。今乃復付之大臣，彼安肯以己之所行爲非，而以他人所言爲是乎。此乃陛下所以獨取拒諫之名，而大臣坐得專權之利者也。」呂大防言：「雨水爲患，此陰勝陽之沴也。」即陳八事曰：「主恩不立，臣權太盛，邪議干正，私恩害公，夷狄連謀，盜賊恣行，群情失職，刑罰失平。」知制誥鄭獬時知荆南，上疏曰：「陛下詔求忠言，將欲用之邪，將欲因災異舉故事而藻飾之邪？苟欲藻飾之，則固無可議者，必欲用之，則宜選官專掌群臣所上章疏，許兩府及近臣番休更直，從容講貫。其可者則熟究而行之，不可則罷之，有疑焉則廣詢而後決之。群言得而衆事舉，此應天之實也。」知制誥宋敏求、韓維同修撰仁宗實録。

九月辛酉，編纂禮書成百卷，詔以「太常因革禮」爲名。司馬光言：「竊見陛下將有事於南郊，群臣循襲故事，請上尊號。屬者暴雨爲災，五稼漂没，陛下正宜深自抑損，伏乞拒而勿受。」呂誨亦言：「陛下思所以應變之實，洪名盛美，抑而弗居，望宣諭輔弼所上第五表批答宜丁寧訓告，以斷封章。」上嘉納之。己巳，策制舉人，又策武舉人。甲戌，以制科入等著作佐郎范百禄爲祕書丞，前和川縣令李清臣爲著作佐郎。百禄所對策言：「五行傳曰：簡宗廟，廢祭祀，則水不潤下。臣愚請因濮安懿王建國，爲之立長，以爲嗣王，世世奉祀，安懿王永爲一國太祖，則神靈享於禮義，人心悦而天意解矣。」清臣，安陽人，歐陽脩奇其文，以爲似蘇軾。及試秘閣，試文至中書未發也，脩迎語曰：「考官不置清臣第一則繆矣。」發視果第一。時同發策者四人，或謂清臣當以五行傳對所問災變，當復得第一。清臣曰：「此漢儒説，清臣不能知。民間得無疾痛不樂可上者乎。」因言：「天地之大，譬之於人，腹心肺腑有所攻塞，則五官不寧。民人生聚，天地之腹心肺腑也，日月辰宿，天地之五官也。善止天地之異者，不止其異，止民之疾痛不樂者而已。」清臣竟在次等。

冬十月，呂誨言：「臺諫者，人主之耳目。天聖、景祐間三院御史常有二十員，而後益衰減，蓋執政者不欲主上聞中外之缺失，然猶不下十數員。今御史臺缺中丞，御史五員差出者三人，封章十上，報罷者八九。諫官二員，司馬光遷領他職，傅堯俞出使虜廷〔二四〕。諍臣近同廢置〔二五〕，自古言路壅塞〔二六〕，未如今日之甚也。」

十一月壬申，祀天地於圜丘，以太祖配，大赦。

丙午治平三年春正月壬申，知制誥范鎮知陳州。初，鎮草韓琦遷官制稱，引周公、霍光，諫官呂誨駁之。於是，琦表求去位。鎮批答曰：「周公不之魯，欲天下之一乎周。」上以鎮不當引聖人比宰相，欲罷鎮内職。執政因諭鎮令自請外，而有是命。或曰：鎮與歐陽脩雅相善，及議濮王追崇事，首忤脩意，脩乘間爲上言鎮以周公待琦，則是以孺子待陛下也。鎮坐此出。上於制誥多親閲，有不中理，必使改之。嘗謂執政曰：「此人君謨訓，豈可褒貶失實也。」癸酉，契丹改國號曰大遼。辛巳，知徐州張方平爲翰林學士承旨。上嘗問治道體要，方平以「簡易誠明」爲對。上不覺前席曰：「朕昔奉朝請，望侍從大臣以謂皆天下選人，今而不然，聞學士之言，始知有人矣。」翰林學士馮京修撰仁宗實録。侍御史知雜事吕誨前後十一奏，乞依王珪等議，早定濮安懿王追崇典禮。皆不報。乞免臺職，又不報。是月壬戌，即與侍御史范純仁、監察御史裏行吕大防合奏：「歐陽脩首開邪議，妄引經據，欲累濮王以不正之號，將陷陛下於過舉之譏。韓琦飾非傅會，曾公亮、趙槩苟且依違，伏請下脩於理，及正琦等之罪。」戊辰，又奏：「脩博識古今，精習文史，明知師丹之議爲正，董宏之説爲邪，利誘其衷，神奪其鑒。今不正濮王之禮，則無以慰衆心；不罪首惡之臣，則無以清朝政。」誨等論列不已，而中書亦以劄子自辯於上，願陛下霈然下詔，明告中外，以皇伯無稽，決不可稱，而今所欲定者正名號爾，庶幾群疑可釋。上意不能不向中書，然未即下詔也。執政乃相與密議，欲令皇太后下手書，尊濮安懿王爲皇，夫人爲后，皇帝稱親。誨等因繳納御史告敕[三七]，居家待罪，乞早賜黜責。上以御寶封告敕，遣内侍陳守清趣誨等令赴臺供職，誨等以所言不用，雖受告敕，猶居家待罪。

吕中曰：人之言曰：濮邸有議〔二八〕，當以稱親爲非，稱伯爲是〔二九〕。愚謂稱親固非矣，稱伯亦未安也。程子曰：爲人後者，謂其所後者爲父母，而謂其所生者爲伯叔父母，此天地之大義、生人之大倫，不可得而廢易也。然所生之義至尊至大，雖當專意於正統，豈得盡絶於私恩。是以先王制禮，既降其服以正統緒，然不以正統之親疏而皆爲齊衰，期以别之，則所以明其至重，而與諸伯叔不同也。觀程子之言，則歐陽脩稱親之義其失禮固已甚矣〔三〇〕，而稱伯者又不能推其所生之至恩，以明尊崇之正禮，乃欲奉以高官大爵，但如期親尊屬故事，則亦非至當之論也。要當揆量事體，别立殊稱。若稱曰皇伯父、某國大王而使其子孫襲爵奉祀，則於大統無嫌疑之失，而在所生亦極尊崇之道矣。

純仁又獨奏：「皇太后自撤簾之後，未嘗預聞朝政，豈當復降詔令，有所建置。蓋是政府臣寮苟欲遂非掩過。且三代未嘗有母后詔令施於朝廷者。秦漢以來，母后方預少主之政。自此權臣欲爲非常之事，則必假母后之詔令，以行其志。伏望陛下深察臣言，追寢前詔。凡係濮王典禮，陛下自可采擇公議而行，何必用母后之命，施於長君之朝也。」

韓琦見純仁奏，謂同列曰：「琦與希文恩如兄弟，視純仁如子姪，乃忍如此相攻乎！」壬午，詔罷尚書省集議濮安懿王典禮。中書進呈呂誨等所申奏狀，上問執政當如何，韓琦對曰：「臣等忠邪，陛下所知。」歐陽脩曰：「御史以爲理難並立，若以臣等爲有罪，即當留御史。若以臣等爲無罪，則取聖旨。」上猶豫久之，乃令出御史。既而曰：「不宜責之太重也。」誨罷侍御史知雜事知蘄州，純仁以侍御史通判安州，大防落監察御史裹行知休寧縣。

二月乙酉朔，白虹貫日。殿中丞蘇軾直史館。上在藩邸，聞軾名，欲以唐故事召入翰林，便授知制誥。韓琦曰：「蘇軾遠大之器也。在朝廷培養之，使天下之士畏慕降服。今驟用之，適足累之也。且近例當召試。」上曰：「未知其能否，故試。如軾有不能邪？」琦言：「不可。」乃試而命之。他日，歐陽脩具以告軾，軾曰：「韓公所以待軾之意，乃古所謂君子愛人以德者也。」

三月己未，彗星晨見於東壁，長七尺許。辛酉，起居舍人同知諫院傅堯俞、侍御史趙鼎趙瞻自契丹使歸，以嘗與呂誨言濮王事，家居待罪。而堯俞辭新除侍御史知雜事告牒不受，稽首上前曰：「臣初建言在誨前，今誨等逐而臣獨進，不敢就職。」上數諭留堯俞等，堯俞等終求去，乃以堯俞知和州，鼎通判淄州，瞻通判汾州。司馬光言：「陛下至公，初無過厚於私親之意。今忽聞傅堯俞等三人相繼皆出，中外之人無不驚愕。此蓋政府欲閉塞來者，使皆不敢言，然後得專秉大權，逞其胸臆。伏望陛下特發宸斷，召見堯俞等，下詔更不稱親。」不從。光又奏：「臣與傅堯俞等七人同爲臺諫官，共論典禮。今堯俞等六人盡已外補，獨臣一人尚留闕下，伏望聖慈依臣前奏，早賜降黜。」凡四奏，卒不從。辛巳，彗昏見於昴，如太白，長丈有五尺。壬午，孛於畢，如月。

夏四月辛丑，命龍圖閣直學士兼侍講司馬光編歷代君臣事迹。於是，光奏曰：「紀傳之體，文字繁多，竊不自揆，嘗欲上自戰國，下至五代，正史之外，旁采他書，凡關國家之盛衰，生民之休戚，善可爲法，惡可爲戒，帝王所宜知者，略依左氏春秋傳體，爲編年一書，名曰通志。其書上下貫穿千餘載，固非愚臣所能獨修，伏見翁源縣令劉恕、將作監主簿趙君錫皆有史學，欲望特差二人與臣同修。」詔從之。其後君錫父喪不赴，命太常博士劉攽代之。司空致仕宋庠卒。庠自初執政，遇事輒分別是非可否，用是斥退。及再登用，遂浮沈自安。然天資忠厚，嘗曰：「逆詐恃明，殘人矜才。吾終身弗爲也。」殿前都虞候郭逵同簽書樞密院事。同簽書自逵始。於是，知制誥邵必言：「逵武力之士，不可置廟堂。」弗聽。或以咨韓琦，琦曰：「故事，西府當用一武臣。上欲命李端願，吾知端願傾邪，故以逵當之。」或曰：上本意欲用張方平，琦知方平不附己，猥曰西府久不用武臣矣，宜稍復故事。上督其人無以應，乃遽用逵。知諫院邵亢、御史吳申呂景交章論「逵黠佞小才，豈堪大用」。不報。

五月，詔：「在京文臣知雜御史以上、武臣觀察使以上，每歲舉幕職州縣官充京朝官二人，今後並罷。」是月，彗行至張而没。彗之未没也，言者多以爲憂，或告韓琦，琦曰：「借使復有一星出，欲何爲乎。」

六月辛卯，太常博士劉庠爲監察御史裏行。庠私議濮王事與執政意合，故命以言職。贈太常禮院編纂禮書蘇洵光禄寺丞。初，王安石名始盛，黨友傾一時，歐陽脩亦善之，勸洵與安石游，而安石亦願交於洵。洵曰：「吾知其人矣。」安石母死，士大夫皆弔，洵獨不往，作辨姦一篇，略曰：「今有人口誦孔老之言，身履夷齊之行，收召好名之士、不得志之人，相與造作言語，私立名字，以爲顔淵、孟軻復出，而陰賊險狠與人異趣，是王衍、盧杞合而爲一人也，其禍可勝言哉。夫面垢不忘洗，衣垢不忘澣，此人之至情也。今也不然，衣夷虜之衣，食犬彘之食，囚首喪面而談詩書，此豈其情也哉〔三〕。使斯人而不用也，則吾之言爲過，而斯人有不遇之歎，孰知禍之至於此哉。不然，天下將被其禍，而吾獲知言之名。悲夫。」洵既没三年而安石用事，其言乃信。張方平嘗論洵曰：定天下之臧否，一人而已。

呂中曰：司馬温公嘗嘆先見不如呂獻可，然獻可疏安石於參政之時，不若吴奎、唐介已見於熙寧初召之日。吴奎、唐介見於熙寧，又不若蘇老泉見於嘉祐也。然安石之心，不惟諸公知之，仁祖先知之矣。蓋安石之法可以用之一縣，而不可行之天下，安石之才可以備侍從獻納之選，而不可以爲參政、宰相者也。

壬子，改清居殿曰欽明，召直集賢院王廣淵書洪范於屏，謂廣淵曰：「先帝臨御四十年，天下承平，得以無爲。朕方屬大事〔三〕，豈敢自逸。故改此殿名。」因訪廣淵先儒論洪范得失。廣淵對以張景所得最深，遂進景論七篇。明日，復召對延和殿，謂廣淵曰：「景以三德爲馭臣之柄，尤爲善論。朕遇臣下常務謙柔，聽納之間，則自以剛斷。此屏置之坐右，豈特無逸之戒也。」

秋七月甲寅，屯田員外郎吴申爲殿中侍御史。自傅卞議濮王事稱旨，劉庠及申私論與卞協，故相繼並居言職。

八月己亥，龍圖閣直學士吕公著知蔡州。公著嘗言濮安懿王不當稱親，又請追還吕誨等，皆不從，即稱疾求補外官。家居者百餘日，上遣内侍敦諭，又數令公著兄公弼勸之，公著起就職才數月，復上章請出，而有是命。

九月，皇城司嘗捕銷金衣送開封府，推官竇卞上殿，請其獄，會有以内庭爲言者，上疑之。卞曰：「真宗禁銷金，自掖庭始。」上曰：「然『文王刑於寡妻，至於兄弟，以御於家邦』，正謂此爾。」詔卒如卞請。是月，夏國主諒祚舉兵寇大順城，又寇柔遠寨。諒祚中流矢遁去。鄜延經略安撫使陸詵言：「朝廷積習姑息，故虜敢狂悖，不稍加詰責，則國威不立。」即止其歲賜銀帛，牒宏州問故〔三〕。而諒祚果大沮，乃報言邊吏擅興兵，行且誅之。

冬十月丁亥，詔：「今禮部三歲一貢舉進士，以三百人爲額。明經諸科不得過進士之數。」同簽書樞密院事郭逵爲陝西四路沿邊宣撫使兼權判渭州。自呂餘慶以參知政事權知成都府，其後見任執政無守藩者。至逵始以同簽書樞密院事出鎮。甲午，詔宰臣、參知政事舉才行士可試館職者五人。先是，上謂中書曰：「水潦爲災，言事者多云不進賢，何也？」歐陽脩曰：「近年進賢之路太狹。」上曰：「如何？」脩曰：「往時入三館有三路，今塞其二矣。」上曰：「何謂三路？」脩曰：「進士高科一路也，大臣薦舉一路也，因差遣例除一路也。往時進士五人以上及第者皆得試館職，第一人及第有不十年即至輔相者。今第一人兩任方得試，而第二人以下無復得試，是高科一路塞矣。往時大臣薦舉之即召試，今止令上簿，候館閣缺人與試，是薦舉一路又塞矣。唯有因差遣例除者，半是年勞老病之人。此臣所謂進賢路太狹也。」上嘉納之，故有是詔。於是韓琦、曾公亮、歐陽脩、趙槩等所舉蔡延慶、夏倚凡二十人，上皆令召試。

十一月戊午，上不豫。至十二月。先是，上久服藥，一日，宰相韓琦等問起居退，潁王出寢門，憂形於色，顧琦曰：「奈何？」琦曰：「願大王朝夕勿離上左右。」王曰：「此乃人子之職。」琦曰：「非爲此也。」王感悟去。上自得疾，不能語，凡處分事皆筆於紙。辛丑，上疾增劇，琦復奏曰：「陛下久不視朝，中外憂惶，宜早立皇太子以安衆心。」上頷之。琦請上親筆指揮，上乃書：「立大大王爲皇太子。」琦曰：「必潁王也，煩聖躬更親書之。」上又批於後曰：「潁王頊。」琦即召學士草制。承旨張方平至榻前禀命，上憑几出數語，方平不能辨，因請進筆，上書：「來日降制，立某爲皇太子」十字，所書名不甚明，方平又進筆請之，上再書「潁王」二字，又書「大大王」三字。方平退而草制。上既用輔臣議立皇太子，因泫然下淚。文彦博退謂韓琦曰：「見上顔色否，人生至此，雖父子間亦不能無動也。」

丁未治平四年春正月庚戌朔，大風霾。丁巳，上崩於福寧殿。神宗即位。

二月，龍圖閣直學士韓維陳三事，其末又曰：「天下大事不可猝爲，人君施設自有先後，惟加意謹重。」上嘉納焉。

呂中曰：寬仁之主常失之不爲，剛果之君常過於有爲。是時安石未召也，而維之言及此矣。觀仲淹在慶曆之時，獨以爲事有先後，革弊於久安，非朝夕可能，況當神宗有鋭然必爲之志乎。

壬辰，手詔曰：「朕嘗侍先帝，恭聞德音，以舊制尚帝女者輒皆升行，以避舅姑之尊，豈可以富貴之故，屈人倫長幼之序也。可詔有司革之。朕恭承遺旨，敢不遂行。」〔三四〕下中書門下議降詔有司，以發揚先帝盛德。於是令陳國長公主行見舅姑之禮，王師約更不升行。公主行見舅姑之禮，自此始。

三月，樞密直學士、禮部郎中王陶爲右諫議大夫、權御史中丞。陶入對便殿，上引書「咸有一德」諭陶曰：「朕與卿一心，不可轉也。」問以時事，陶請「謹聽納，明賞罰，斥佞人，任正士，復轉對以通下情，省民力以勸農桑，先儉素以風天下，限年藝以汰冗兵」。權知貢舉司馬光等上言：「所考試合格進士許安世以下三百五人分四等，明經諸科二百一十一人分三等。」詔進士第一第二第三等賜及第，第四等賜同出身。明經諸科第一第二等並賜及第，第三等賜同出身。敕下貢院放榜。壬申，參知政事歐陽脩爲觀文殿學士、刑部郎中、知亳州〔三五〕。初，英宗以疾未親政，太皇太后垂簾，脩與二三大臣主國論，每簾前奏事，或執政聚議事有未同，脩未嘗不力爭。士大夫建明利害及所請，前此執政多媕阿不明白是非，至脩必一一數之曰：某事可行，某事不可行。用是怨誹者益多。英宗嘗稱脩曰：「性直不避衆怨。」脩亦嘗誦王曾之言曰：「恩欲歸己，怨使誰當？」既出守，遂連六表乞致仕，不從。脩年才六十也。癸酉，樞密使、禮部侍郎吴奎參知政事。奎入謝曰，上嘗語以追尊濮王事與漢宣帝異，奎對曰：「然宣帝，大臣所立，豈同仁宗能以義立先帝，追尊事誠牽私恩。」上深然之。又言此爲歐陽脩所誤。奎對曰：「韓琦於此事亦失衆心。」他日，奎進言：「帝王所職，惟在別判忠邪，自餘庶務，各有司存，但不使小人得害君子，君子常居要近則自治矣。」

閏三月甲申，夏國主諒祚遣使來獻方物謝罪。〔己丑〕詔自今館職試論一首、策一道。庚子，詔佈告内外文武群臣：「若朕知見思慮之所不及，至於朝之缺政，國之要務，邊防戎事之得失，郡縣民情之利害，各宜直言抗疏以聞，無有所隱。」工部郎中、知制誥王安石既除喪，詔安石赴闕。安石屢引疾乞分司，上語輔臣曰：「安石歷先帝一朝召不起，或爲不恭。今召又不起，果病耶？」曾公亮對曰：「安石文學器業宜膺大用，不敢欺罔。」吴奎曰：「臣嘗與安石同領群牧，備見其臨事迂闊，且護局〔三六〕，萬一用之，必紊亂綱紀。」公亮熒惑聖聽。」癸卯，詔王安石知江寧府。衆謂安石必辭，及詔到，即詣府視事。或曰：公亮力薦安石，蓋欲以傾韓琦也。〔甲辰〕慶曆中，嘗詔宰臣賈昌朝，凡軍國機務及沿邊兵馬事、知州、鈐轄，宜同樞密使陳執中參議。自後寢廢，至是復之。龍圖閣直學士司馬光、吕公著並爲翰林學士。光累奏固辭曰：「臣不能爲四六。」上曰：「如兩漢制詔可也。」光曰：「本朝故事不可。」上遣内侍强光受誥，光拜而不受。詔趣光入謝。

光入，詔以誥置光懷中，光不得已，乃受。它日上問王陶曰：「公著及光爲學士當否？」陶曰：「二人者臣嘗論薦矣。用人如此，天下何憂不治。」

夏四月，殿中丞唐淑問爲監察御史裏行。上諭曰：「朕以家世用卿，卿當謹家法。人臣病外交陰附，卿宜自結主知。比言者尚抉剔細故以爲能，濁亂人聰明，無益也。論事必務大體乃爲稱職。」淑問，介子也。先是，詔陝西沿邊宣撫使郭逵赴闕。御史中丞王陶斥逵乃文彦博之走吏，范仲淹之弄兒。上初許罷逵，尋復止之，以手劄諭陶等曰：「先朝用逵，今遽罷之，是先帝有任人之失也。朕爲人子，必不可彰父之過。朕寧負暗於知人之責耳。」辛酉，詔内外官所上封事，委翰林學士承旨張方平〔三七〕、學士司馬光詳定利害以聞。先是，御史臺以狀申中書云：「檢會皇祐編敕常朝日輪宰臣一員押班，尋常多據引贊官稱宰臣更不過來〔三八〕。竊慮上項編敕儀制別有衝替，伏乞明降指揮。」中書不報。中丞王陶因以狀白宰相，又不報。陶遂劾奏韓琦、曾公亮不臣，至引霍光、梁冀專恣等事爲諭，其略曰：「忽千官瞻視之庭，蔑如房闥，艱再拜表儀之禮，重若丘山。」

吕中曰：有權臣，有重臣，二者其迹相似，其心實異。天下之人惡權臣之專，重臣亦不容其間。夫權臣者，天下不可一日有；重臣者，天下不可一日無。徒見其外而不察其中，見其皆侵天子之權，而不察其所爲不類，亦過矣。國家置臺諫以察政府，固所以防權臣，然韓琦之在當時乃重臣，非權臣也。宰相不押班其事久矣，王陶遽劾其專權，何哉。

甲子，韓琦、曾公亮再上表待罪，屢請罷，不許，遂在告不出。上命翰林學士司馬光爲御史中丞〔三九〕，與王陶兩易其職。丁卯，光入對，曰：「言職人所憚，臣不敢辭。但王陶言宰相不押班竟不赴，而陶遽罷言職，則中丞不可復爲。臣請俟宰相押班然後受詔。」上許之。時光中丞誥已進入，而陶學士之命中書獨持之不下。戊辰，參知政事吳奎、趙槩堅請絀陶於外，上不許，請復授群牧使，許之。既而上直批送中書，以陶爲翰林學士。時宰相去位，奎即具奏曰：「閏月以來，寒暄不節，暴風屢作，今茲時雨愆亢，螟螣孳生，過不在他，止一王陶而已。今乃挾持舊恩，排抑端良，如韓琦、曾公亮不押班，事蓋以久來相承，非是始於二臣。今若又行内批指揮陶翰林學士，乃是由其過惡，更獲美遷，天下待陛下爲何如主哉！王陶不黜，陛下無以責内外大臣典布四體〔四〇〕，臣輒違制旨，亦乞必行典刑。」已巳，奎遂稱疾乞罷。上封奎劄子以示陶，陶復劾奎附宰相，欺天子六罪。侍御史吳申奏：「故事，御史中丞因言事待罪，朝廷降旨不允，或宣召入臺。王陶今日上章，明日除代，未有罷免遄速如此之甚也。乞留陶依舊供職。」並劾奎有無君之心，數其五罪。上以手劄賜知制誥、知諫院邵亢趣進入陶學士誥，亢遂言：「御史中丞職在彈劾，陰陽不和，咎由執政，奎所言顛倒。」庚午，上批付中書：「王陶、吳申、吳景過毀大臣。王陶知陳州，吳申、吳景各罰銅二十斤。吳奎位在執政，而彈劾中丞，以手詔爲内批三日不下，除知青州。司馬光權御史中丞。」光復奏：「外議皆以爲奎不當去，所以然者，蓋由奎之名望素重於陶。臣愚欲陛下且留奎在政府。」上不懌。先是，上封陶疏以示琦，琦奏曰：「臣非跋扈者，陛下遣一小黄門至則可縛臣以去矣。」上爲之動。辛未，公亮入對，懇請留奎，上許之，使復爲參知政事。奎既復位，邵亢更以爲言，上手劄諭亢曰：「此無他，欲起堅臥者耳。」堅臥者，蓋指琦也。初，建東宫，英宗命以蔡抗爲詹事，琦固薦陶，文彦博私謂琦：「盍止用抗。」琦不從。及琦爲陶所攻，彦博謂琦曰：「頗記除詹事時否？」琦大愧曰：「見事之晚，真宜受撻。」癸酉，司馬光始受御史中丞誥，奏疏曰：「臣蒙陛下委以風憲，敢先以人君修心治國之要爲言。修心之要有三：一曰仁，二曰明，三曰武。治國之要亦有三：一曰官人，二曰信賞，三曰必罰。仁宗時，臣初爲諫官，首曾敷奏此語。先皇帝時，臣曾進歷年圖，又以此語載之後序。今陛下始初清明之政，虚心下問之際，臣復以此語爲先者，誠以臣平生力學所得，至精至要，盡在於是。願陛下勿以爲迂闊，試加審察。」

五月甲辰，屯田員外郎張唐英爲殿中侍御史裏行。從翰林學士王珪、范鎮之薦也。英宗初立，唐英上謹始書言：「爲人後者，謂之子，恐他日有引定陶故事公惑聖聽者，願杜其漸。」既而臺諫官相次黜逐，珪、鎮謂唐英有先見之明，故薦之。乙巳，置寶文閣學士、直學士、待制，以翰林學士呂公著兼寶文閣學士，右司郎中邵必爲寶文閣直學士。先是，公著與必同編集仁宗御集藏寶文閣，故因授以此職。御史吳申言：「乞自今內外官並令久任，非經三載不得遷移，以合堯、舜考績之法。」

六月己未，遣官於永泰、景陽、通天、安肅四門賑濟河北流民米。司馬光言：「如此處置，欲爲恤人之名則可矣，其實恐有損無益。」監察御史裏行唐淑問亦以爲言。乃詔四門給米盡六月止，仍曉諭以河北近得雨，令歸本貫，不願歸者勿强。又令河北轉運司約束州縣，倍加存恤。同知諫院傅卞爲寶文閣待制兼侍講。龍圖閣直學士趙抃知諫院，既見，上謂曰：「卿匹馬入川，以一龜一琴自隨，爲政簡易稱是耶。」人言抃常獨處室中，惟有一龜對之，效其服氣故也。前此自蜀還者多歷省府官，大臣以爲言，上曰：「用抃爲諫官，賴其言爾。儻欲大用，何必省府乎。」抃獻疏言任道德，委輔弼，别邪正，去侈心，信號令，平賞罰，謹機密，備不虞，勿數赦，容諫諍十事。又言：「呂誨、傅堯俞、范純仁、呂大防、趙鼎、馬默皆骨鯁敢言，久讁不復，無以慰縉紳之望。」復論五費，謂宮掖、宗室、官濫、兵冗、土木之費，多見納用。辛未，詔：「逐路轉運司遍牒轄下州軍，如官吏有知差役利害可以寬減者，實封條析以聞。」先是，三司使韓絳言：「害農之弊，無甚差役之法。向聞京東有父子二丁將爲衙前役者，其父告其子云：『吾當求死，使汝曹免凍餒也。』遂自經死。又聞江南有嫁母及與母析居，以避役者。又有鬻田産於官户者，田歸不役之家，而役併增於本等户。欲望下哀痛之詔，令中外臣庶悉具差役利害以聞，委侍從、臺省官集議，使力役無偏重之害。」役法之議始乎此。陝西轉運使薛向言：「知青澗城种諤招西人朱令陵，最爲横山得力酋長，已給田十頃、宅一區，乞除一班行，使誇示諸羌，誘降横山之衆。」詔增給田五頃。向在英宗時，嘗獻西陲利害十五篇。去冬，又上疏陳禦邊五利：一曰任將帥以制其衝，二曰亟攻伐以罷其敵，三曰省戍兵以實其力，四曰絶利源以弊其國，五曰惜經費以固其本。疏奏，英宗稱善，嘗置諸左右。上見而奇之，會邊臣多言横山族帳可招納者，是日，召向入對，凡向所陳計策，上皆令勿語兩府，自以手詔指揮。知汀州周約進桐板二片，其木成文，有「天下太平」四字，賜獎諭，付史館。

乙亥，御史張紀言：「近歲以來，百司庶務，多禀決於中書。臣謂政府不當侵有司之職，有司亦不當以細務汩政府。」詔中書、樞密院，應細務合歸有司者條析以聞。後中書具三十一事，樞密院具六十二事，皆歸之有司。

秋七月戊寅，御史張唐英言：「河北安撫使陳薦乞留知磁州程珦再任。夫進能退否，使者之職，然不加考察，則賢否混淆。臣願下薦具珦治狀而任之，庶不失實。」中書言：「薦曾言珦廉勤而刑獄詳平，此爲實效。」遂如薦請，令珦再任。庚辰，翰林承旨張方平等言：「本朝典禮，循唐之舊，真宗、仁宗皆祀於明堂，以配上帝。今季秋大享明堂，伏請以英宗配。」詔恭依。上初即位，內臣以覃恩升朝者皆罷內職，獨勾當御藥院高居簡等四人留如故。司馬光疏言：「居簡性資姦回，工讒善佞，久處近職，罪惡甚多。」上曰：「祔廟畢自當去。」光曰：「闒闟小臣，何繫山陵先後。舜去四凶不爲不忠，仁宗貶丁謂不爲不孝。」上從之。癸巳，高居簡爲供備庫使，罷御藥。司馬光累劾居簡，言與居簡難兩留，求外郡。請對時，光立殿下，上指之曰：「已來矣。」呂公弼曰：「陛下欲留居簡，必逐光，欲留光，必逐居簡。居簡內臣，光中丞，願擇其重者。」光因曰：「凡左右之臣不須才智，但令謹樸小心，不爲過，斯可矣。」乙未，三司檢法官呂惠卿編校集賢院書籍。惠卿與王安石雅相好，安石薦其才於曾公亮，公亮遂舉惠卿館職。丙午，文州曲水縣令宇文之邵上書。之邵爲曲水令，歲飢，轉運使以輕薄絹高其賈，使縣配賣。之邵言縣有户九千六百，而役於公者二千五百，可耕之田無幾，不可以重困之。拂轉運使意，及上書不報。之邵曰：「吾不可仕宦。」乃以太子中允致仕，退居十五年，卒年五十五。司馬光曰：「吾聞志不行顧禄位如錙銖，道不同視富貴如土芥，今於之邵見之。」

八月丁未朔，太白晝見。辛亥，司馬光言：「臣竊聞陛下好令內臣采訪外事，及問以群臣能否。臣愚切以爲非宜。陛下内有兩府、兩制、臺諫，外有提、轉、牧守，皆腹心耳目股肱之臣也。陛下誠能精擇其人，使之各舉其職，則天下之事猶一堂之上，陛下何患於不知哉。今深處九重之内，詢於近習之臣，采道聽塗説之言，納曲躬附耳之奏，不驗虛實，即行賞罰，臣恐讒邪得以逞其愛憎，而陛下爲之受其譏謗也。」初，張方平、司馬光等受詔詳定内外所上封事。既奏上，又令中書參議。光對延和殿，言：「封事善者在陛下決行之。」上曰：「大臣多不欲行。」光曰：「陛下詢芻蕘以廣聰明，斯乃社稷之福，而非大臣之利也。」上曰：「如有言無行何？」光曰：「然不知言無以知人，要面詢仍試以事，則真僞自辨矣。」癸亥，詔詳定封事所：「奏如其中有商量不同或難行者，可召詳定官赴中書問難，令述利害以進。」己巳，京師地震。上謂輔臣曰：「地震何祥也？」曾公亮對曰：「天裂，陽不足，地震，陰有餘。」上曰：「誰爲陰？」公亮曰：「臣者，君之陰；子者，父之陰；婦者，夫之陰；夷狄者，中國之陰。皆宜戒之。」吴奎曰：「但爲小人黨盛耳。」上不懌。

呂中曰：國家自建隆以至治平，猶一陽之復，而漸進於正陽之月也。自熙寧以至靖康，猶一陰之姤〔四二〕，而漸進於純陰之月也。熙寧之初，其陰陽升降之會歟。曾公亮因地震之變而進陰陽之説，愚以爲小人之陰、夷狄之陰，皆胚胎於此矣。

癸酉，葬英宗於永厚陵。是月，判河陽富弼上疏曰：「帝王都無職事，惟别君子小人。

然千官百職，豈盡煩帝王辨之乎。但精求任天下之事所謂大臣者，不使小人參用於其間，則千官百職莫不得人矣。陛下勿謂所采既廣，便望所得必多，其間當防姦詐小人惑亂聖聽，姦謀似正，詐亂似忠，疑似之間，不可不早辨也。」

九月乙酉，祔英宗神主於太廟，廟樂曰「大英之舞」。知制誥、知江寧府王安石爲翰林學士。上嘗謂吴奎曰：「安石真翰林學士也。」奎曰：「安石文行實高出於人。」上曰：「當事如何？」奎曰：「恐迂闊。」上弗信。於是，卒召用之。韓琦數因入對，懇求罷相。辛丑，特授琦守司徒兼侍中、鎮安武勝軍節度使、判相州。上諭琦曰：「侍中必欲去，今日已降制矣。」上遂泣下，琦亦感激垂涕稱謝。擢琦子忠彦秘閣校理，端彦爲光禄寺丞。琦乞令忠彦赴試而命之。吕公弼爲樞密使，張方平爲參知政事。方平在翰林，上所草詔，上手詔褒之曰：「卿文章典雅，煥然有三代之風，而又善以多爲少，意博辭寡，雖書訓誥無以加也。」趙抃爲參知政事。抃嘗密奏：「臣僚有被謗於外，始疑而終釋者。有詭説於前，初惑而卒明者。願陛下察其言，觀其行，敢有挾情論奏，懷諼罔上，屏之遠方，罪在不赦。」手詔曰：「卿政事之餘，能時以經義啓沃，苟非博達治理，誠節内固，何以臻此。指意汎遠，罔究所謂，藥非瞑眩，厥疾弗瘳，宜不憚煩，悉陳覼縷。」抃復具奏，上嘉納之。三司使韓絳、權知開封府邵亢並樞密副使。先是，薛向、种諤言蕃部嵬名山有歸附意。壬寅，司馬光對延和殿，言趙諒祚稱臣奉貢，不當誘其叛臣，以興邊事。上曰：「此外人妄傳耳。」光曰：「陛下知薛向之爲人否？」上曰：「固非端方士也。但以其知錢穀及邊事耳。」光曰：「錢穀誠知之，邊事則未知也。」又言：「張方平文章之外，姦邪貪猥。」上曰：「有何實狀？」光曰：「請言臣所目見者。」上作色曰：「朝廷每有除拜，衆言輒紛紛，非朝廷好事。」光曰：「此乃朝廷好事也。知人帝堯難之，況陛下新即位，萬一用一姦邪，若臺諫循默不言，陛下從何知之。」上曰：「吴奎附宰相否？」光曰：「不知也。」上曰：「結宰相與結人主孰爲賢？」光曰：「結宰相爲姦邪，然希意迎合，覷人主趣向而順之者，亦姦邪也。」上曰：「兩府孰可留，孰可用？」光曰：「此乃陛下威權所當采擇，小臣豈敢與聞。然居易以俟命者，君子也，由逕求進者，小人也。陛下用人當用君子，不當用小人也。」癸卯，司馬光爲翰林學士兼侍讀學士，滕甫權御史中丞。光言：「臣昨論張方平參知政事不協衆望，臣識淺材下，其言不足采。向者仁宗時，包拯最名公直，與臺諫官共言方平姦邪貪猥，乞盡令檢取言方平章奏，及開封府陳升之兩處推勘劉保衡公案，即知臣所言非一人私論也。所有新命，臣未敢祗受。」光等告敕下通進銀臺司，吕公著具奏封駁。上手詔諭光曰：「適得卿奏，換卿禁林，復兼勸講，朕以卿經術行義爲世所推，今將開延英之席，得卿朝夕討論敷陳治道，以箴遺缺，故命進讀資治通鑑，此朕之意。呂公著所以封還者，蓋不知此意耳。」於是取告敕直付閤門趣光等令受。公著亦具奏：「朝廷既以臣言不當，當顯行黜責，其所降敕告，亦須經由本司。蓋臣雖可罪，而此職終不可廢。」他日登對，上獨留公著，謂曰：「朕以司馬光道德學問欲常在左右，非以其言事也。」又嘗謂公著曰：「光方直，如迂闊何？」公著曰：「孔子上聖，子路猶謂之迂。孟軻大賢，時人亦謂之迂。况光豈免此名。大抵慮事深遠則近於迂矣。願陛下更察之。」

冬十月甲寅，司馬光初讀資治通鑑，上親製序，面賜光，令候書成日寫入。又賜潁邸舊書二千四百二卷。先是，种諤奏：「諒祚累年用兵，人心離貳，嘗欲發横山族帳盡過興州，族帳皆懷土重遷，以故首領嵬名山者結綏、銀州人數萬，共謀歸順。」庚申，入綏州。壬戌，入銀州。嵬名山所部族帳悉降。諤尋得罪去。權發遣秦州李師中言：「夏人方入貢，徒起釁端，無益於事。」

十一月丁丑，文彦博等曰：「諸路帥臣、轉運使職任至重，一道慘舒繫焉，所宜審擇其人，久於其任。」又曰：「兩府堂陛之重，亦當久任，使其下不能傾危，乃可立事。」韓絳曰：「漢王嘉以爲二千石尊重，難危乃可使下，况堂陛之勢也。」戊寅，詔令御史臺，每遇起居日，令百僚轉對。丙戌，手詔曰：「故事，二府初拜，各舉所知者三人。自今宜各言其人才業所長，堪任何事，以副朕爲官擇人之意。」韓琦判相州，上諭以嵬名山事，欲令琦暫往相州，卻來永興經撫西邊。丙戌，改命琦判永興軍兼陝西路經略安撫使，賜手劄趣令治裝。琦即奏曰：「薛向始議招誘横山一帶蕃族，已而种諤擅取綏州，環慶李肅之領衆七千破蕩族帳，涇原蔡挺又欲合環慶兵直趨興靈，帥臣肆意妄作，取怨戎狄。臣朝夕引道非難，但須禀朝廷成算，願召二府大臣早決之。」丁亥，詔：「宜令天下州軍，各上所轄縣令治狀優劣，其條約令考課院詳定以聞。」乙未，詔令内外兩府、兩制、文臣〔四二〕、三司副使、武臣正任以上、臺諫、諸路監司於京朝官、使臣、幕職州縣官内各舉所知二人，見任兩府三人，或耻於自媒久淹下位，或偶因微累遂廢周行者，咸以名聞。己亥，新知澶州向傳範改知鄆州〔四三〕。諫官楊繪言：「傳範后族，不當領安撫使，無以杜外戚僥求之源。」上曰：「諫官如此言甚善，可以止他日妄干請也。」繪又嘗言宰相不當用其子判鼓院，上謂滕甫曰：「鼓院傳達而已，何與於事？」甫曰：「人有訴宰相者，使其子傳達可乎？且天下見宰相子在是，豈敢復訴事。」上悟，爲罷之。上諭樞密院曰：「近有投匭者，言知永寧軍魏康用公使錢興販收利。」因咨嗟久之，曰：「何以使官盡得人？」文彦博曰：「朝廷擇轉運使，轉運使檢察州縣吏，則庶幾得人也。」邵亢曰：「政治之本在於得人。若官得人，雖無法，事亦自舉，苟非其人，雖法密無補於事。」上曰：「將帥最難得人，唐三百年中惟一郭子儀耳。」又曰：「漢元好儒，而史稱孝元之業衰焉，何也？」亢曰：「漢元之患在優遊不斷，不在好儒也。」

十二月丙寅，手詔曰：「獄者，民命之所繫也。比聞有司歲考天下之奏而瘐死者多，其具爲令，提點刑獄歲終會死者之數以聞，委中書檢察，或死者過多，官吏雖已行罰，當更黜責。」是月，韓琦至長安。初，薛向、賈逵等議，欲留綏州。詔琦度其可棄可守以聞。已而西人誘殺楊定等。琦即奏：「賊今若此，綏州不可棄也。」諒祚戰數敗，國中饑困，將求和而諒祚病死，其子秉常嗣立。琦因奏當此變故，尤非棄州之時。樞密使文彥博、呂公弼恥於中變，督促棄州如初。琦亦條陳不已。上遣入内押班王昭明齎手詔訪琦利害，琦復具奏，乃詔綏州如琦議。

校　證

〔一〕知亳州　再造本、文海本同，長編卷二〇〇、宋史卷二八四宋庠傳、王稱東都事略卷六五宋庠傳、曾鞏隆平集卷五宰臣宋庠傳均作「判亳州」。

〔二〕太祖太宗　再造本、文海本、長編卷二〇〇等均同，惟徐松宋會要輯稿禮一四之三五、宋史卷一〇一禮志無「太祖」。

〔三〕司馬光言　李校：按，此劄子奏於嘉祐八年十一月十七日，見司馬公文集卷二七。長編卷二〇一「司馬光言」前有「先是」二字，是。汪按：李校是。

〔四〕後宮　李校：原脱「後」字，據長編卷二〇一、司馬公文集卷二七放宫人劄子補。汪按：再造本、文海本亦無此「後」字。李校是，今從之。

〔五〕三百二十五人　再造本、文海本同，長編卷二〇一作「三百三十五人」，宋會要輯稿崇儒七之七九、隆平集卷一作「一百三十五人」，宋史卷一三英宗紀作「百三十五人」。

〔六〕毋拜　「毋」原作「母」，據再造本、文海本、長編卷二〇一校改。

〔七〕慶曆　李校：原作「慶祐」，據文意改。汪按：再造本、文海本亦作「慶祐」，應據吕中宋大事記講義卷一三、明馮琦馮瑗經濟類編卷二一引「吕中曰」校改。

〔八〕尤懼不逮　再造本、文海本同，長編卷二〇二作「猶懼不逮」，似是。

〔九〕當罷侍講　再造本、文海本同，長編卷二〇二、陳均皇朝編年綱目備要卷一七均作「當罷講」，無「侍」字，而吕公著、司馬光此時是否都是侍講也有疑問。

〔一〇〕率皆市人　再造本、文海本同，宋大事記講義卷一三作「率市人」。

〔一一〕兵　再造本、文海本同，宋大事記講義卷一三作「民兵」。

〔一二〕丁丑　李校：原作「辛巳」，據長編卷二〇四改。汪按：李校是，今從之。

〔一三〕束帛　再造本、文海本同，長編卷二〇四、皇朝編年綱目備要卷一七、趙汝愚宋朝諸臣奏議卷一二一司馬光上英宗乞罷招軍、司馬光傳家集卷三五言招軍劄子均作「粟帛」，似作「粟帛」差强。

〔一四〕二月辛丑　李校：原脱「二月」，據長編卷二〇四補。汪按：李校是。

〔一五〕從來　原作「後來」，再造本、文海本同，作「後來」句不通，據長編卷二〇四、歐陽脩文忠集卷一一九奏事録校改。當因「從」、「後」形近致誤。

〔一六〕「崇奉」以下，爲司馬光、王珪奏議中文字，分入二人文集，參見長編卷二〇五、彭百川太平治迹統類卷一一議濮安懿王同異、傳家集卷三五與翰林學士王珪等議濮安懿王典禮狀、王珪華陽集卷四五濮安懿王典禮議。此作爲叙述語，頗不妥，然不詳何以致此。

〔一七〕乞從　再造本、文海本同，長編卷二〇五、太平治迹統類卷一一議濮安懿王同異作「乞早從」。

〔一八〕令文　原作「本文」，四庫本九朝編年備要卷一七、文獻通考卷九五宗廟考同，今據再造本、文海本、長編卷二〇五、太平治迹統類卷一一議濮安懿王同異、宋朝諸臣奏議卷八九司馬光上英宗乞行禮官所奏典故、傳家集卷三六言濮王典禮劄子校改。

〔一九〕皇祖考　原作「祖考」，據再造本、文海本、宋朝諸臣奏議卷八九司馬光上英宗乞行禮官所奏典故、傳家集卷三六言濮王典禮劄子補「皇」字，另長編卷二〇五作「皇祖」無「考」字。

〔二〇〕昭帝　二字原闕，再造本、文海本同，據長編卷二〇五、皇朝編年綱目備要卷一七及上引宋朝諸臣奏議、傳家集補。
〔二一〕川陝四路　再造本、文海本同，長編卷二〇五作「川峽四路」，按作「川峽」是。
〔二二〕千里　李校：原作「十里」，據長編卷二〇六、司馬公文集卷三四上引諸書皇帝書改。汪按：再造本、文海本亦作「千里」，李校是。
〔二三〕一遺　再造本、文海本同，長編卷二〇六、傳家集卷三六上皇帝疏、歷代名臣奏議卷一均作「孑遺」。
〔二四〕虜廷　原作「契丹」，據再造本、文海本、宋朝諸臣奏議卷五二呂誨上英宗乞添置言事官回改。
〔二五〕近同　再造本、文海本同，長編卷二〇六、宋朝諸臣奏議卷五二呂誨上英宗乞添置言事官、歷代名臣奏議卷一三五均作「僅同」，皇朝編年綱目備要卷一七作「已同」。
〔二六〕言路　原作「言務」，再造本、文海本同，據長編卷二〇六、宋史卷三二一呂誨傳、皇朝編年綱目備要卷一七、宋朝諸臣奏議卷五二呂誨上英宗乞添置言事官、歷代名臣奏議卷一三五校改。
〔二七〕繳納　原作「激納」，再造本、文海本同，作「激納」不文，今據長編卷二〇七、宋史卷二四五宗室傳、東都事略卷一六濮王世家校改。
〔二八〕濮邸有議　再造本、文海本同，宋大事記講義卷一三作「濮邸之議」。
〔二九〕宋大事記講義卷一三此下有「以歐陽脩之言爲非司馬光之言爲是然以禮考之」二十字而無

「愚謂」二字。

〔三〇〕稱親之義　再造本、文海本同，類編皇朝大事記講義卷一三作「稱親之議」。

〔三一〕豈其情　再造本、文海本、皇朝編年綱目備要卷一六、蘇洵嘉祐集卷九辨姦論、張方平樂全集卷三九文安先生墓表等均同，惟長編卷二〇八作「豈人情」。

〔三二〕方屬大事　再造本、文海本同，長編卷二〇八、范祖禹帝學卷七、章如愚群書考索卷二六經門、王應麟玉海卷九一器用卷一六〇宮室均作「方屬多事」。

〔三三〕宏州　再造本、文海本均同，長編卷二〇八、太平治迹統類卷一一治平西夏擾邊並作「宥州」，作「宥州」似是，因此時期有「宥州」，而不見有「宏州」。

〔三四〕遂行　原作「遵行」，據再造本、文海本、長編卷二〇九、宋大詔令集卷四〇公主行舅姑禮詔校改。

〔三五〕刑部郎中知亳州　「刑部郎中」，再造本、文海本、長編卷二〇九同，宋史卷三一九歐陽脩傳、東都事略卷七二歐陽脩傳、韓琦安陽集卷五〇歐陽脩墓誌銘、鄭獬鄖溪集卷九賜觀文殿學士刑部尚書知亳州歐陽脩乞致仕不允詔均作「刑部尚書」。按脩既非黜降，原任尚書左丞，不應降郎中，故作「尚書」是。另歐陽脩文忠集卷四四仲氏文集序自署「觀文殿學士刑部尚書知亳州廬陵歐陽脩序」可證。

〔三六〕護局　再造本、文海本同，長編卷二〇九、太平治迹統類卷一三神宗任用安石作「護前非」。

〔三七〕承旨　「承」原誤「丞」，再造本、文海本同，據宋史卷一六二職官志翰林學士院校改。

〔三八〕引贊官　原作「引替官」，文海本同。再造本作「引贊官」，即贊禮引導官，是。通鑑長編紀事本末卷五七宰相不押班作「贊引官」，與「引贊官」意同。今據校改。

〔三九〕司馬光　原作「司馬先」，據再造本、文海本及上下文校改。

〔四〇〕典布　再造本、文海本同，通鑑長編紀事本末卷五七宰相不押班、皇朝編年綱目備要卷一七作「展布」。

〔四一〕一陰之姤　再造本、文海本、類編皇朝大事記講義卷一三均作「一陰之遇」，「姤」、「遇」義同。四庫本宋大事記講義作「一陰之月」，「月」字似誤。

〔四二〕文臣　李校：原作「文武」，據文意改。汪按：再造本、文海本亦作「文武」，若作「文臣」亦有疑問，姑從李校，待考。

〔四三〕向傳範　原作「向傳範」，據再造本、宋史卷三一二楊繪傳卷四六四外戚傳、東都事略卷九二楊繪傳校改。